PUBLICATIONS

DE

L'ÉCOLE DES LANGUES ORIENTALES VIVANTES

VII

RECUEIL

D'ITINÉRAIRES ET DE VOYAGES

DANS L'ASIE CENTRALE

ET L'EXTRÊME ORIENT

PARIS — TYPOGRAPHIE A. HENNUYER, RUE D'ARCET, 7.

RECUEIL
D'ITINÉRAIRES
ET DE VOYAGES
DANS L'ASIE CENTRALE
ET L'EXTRÊME ORIENT

JOURNAL D'UNE MISSION EN CORÉE
MÉMOIRES D'UN VOYAGEUR CHINOIS DANS L'EMPIRE D'ANNAM
ITINÉRAIRES DE L'ASIE CENTRALE
ITINÉRAIRE DE LA VALLÉE DU MOYEN ZEREFCHAN
ITINÉRAIRES DE PICHAVER A KABOUL, DE KABOUL A QANDAHAR
ET DE QANDAHAR A HÉRAT

PARIS
ERNEST LEROUX, ÉDITEUR
LIBRAIRE DE LA SOCIÉTÉ ASIATIQUE DE PARIS,
DE L'ÉCOLE DES LANGUES ORIENTALES VIVANTES, ETC.
28, RUE BONAPARTE, 28
—
1878

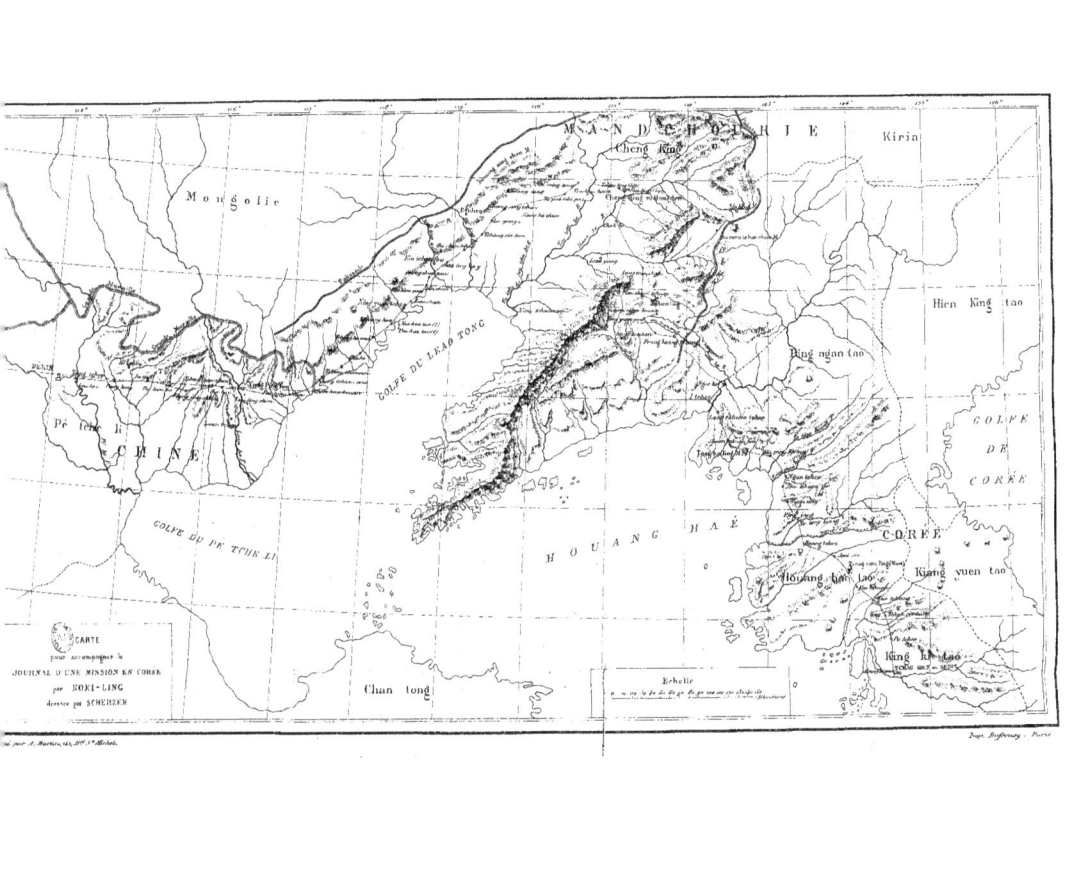

INTRODUCTION DU TRADUCTEUR

Depuis plusieurs années, l'attention des personnes qui s'occupent des choses de l'extrême Orient s'est portée plus spécialement sur la Corée; malheureusement ce pays est resté jusqu'ici fermé aux Européens; la plupart des courageux missionnaires qui ont tenté d'y pénétrer y ont trouvé le martyre, et les relations commerciales n'ont jamais pu s'y établir. C'est donc aux documents chinois que nous devons recourir si nous voulons avoir quelques renseignements précis sur cette contrée. La Corée est vassale de la Chine, et, par suite, à l'avénement de chaque nouveau souverain, le Fils du ciel envoie à ce dernier un ambassadeur chargé de lui remettre le brevet d'investiture. Il m'a paru intéressant de traduire la relation de la dernière de ces ambassades, envoyée en 1866 lors du mariage du jeune roi de Corée. C'est un récit écrit au jour le jour par le chef de la mission, qui y rapporte simplement et fidèlement tout ce qui lui paraît digne de remarque. Outre les renseignements géographiques qu'il renferme, on y trouve de nombreux détails sur le cérémonial chinois, si minutieux et si compliqué, mais conservé avec tant de soin depuis cinq mille ans comme la base des institutions de l'empire. Il nous permet de pénétrer dans la vie d'un homme d'État chinois, de le voir, pour ainsi dire, peint par lui-même, avec ses idées, ses mœurs, son caractère. On y voit aussi se manifester l'amour des Chinois pour la poésie; un des premiers soins de notre voyageur, en arrivant à son étape du soir, est de saisir le pinceau et de composer une pièce de vers, et l'on reconnaît bien vite dans notre ambassadeur un membre distingué de l'Académie de la Forêt des pinceaux, suivant l'expression chinoise. J'ai traduit quelques-unes de ces pièces de vers pour donner au lecteur une idée de la poésie chinoise, si maniérée, si difficile et si différente de la nôtre.

Mon seul désir, en faisant ce petit travail, a été d'ajouter quelques notions à celles que l'on possède déjà sur un pays d'ailleurs inexploré, et je me croirai amplement récompensé de ma peine si je puis inspirer à de plus dignes et de plus capables la pensée d'exploiter davantage les trésors que renferme la littérature chinoise, cette mine si féconde en renseignements de toute espèce sur l'histoire, la géographie et les mœurs de l'extrême Orient.

F. Scherzer.

Pékin, le 15 juillet 1874.

JOURNAL

D'UNE

MISSION EN CORÉE

Le 4ᵐᵒ jour de la 7ᵐᵉ lune de la 5ᵐᵉ année du règne Tong-tche [1] parut le décret suivant :

« Nous envoyons en Corée [2], pour remettre à la
« reine (de Corée) le brevet d'investiture [3], le vice-pré-
« sident du tribunal Koei-ling [4] en qualité de premier
« envoyé et le « San-tche-ta-tchen » Si-yuan [5] en qualité
« de second envoyé.

« Respectez ceci [6]. »

Le 3ᵐᵉ jour de la 8ᵐᵉ lune [7]. — Je demande à S. M. l'Empereur ses instructions.

Le 12ᵐᵉ jour de la 8ᵐᵉ lune [8]. — Nous nous rendons au tribunal des Rites pour y prendre le caducée impérial [9] et de là nous mettre en route. Nous faisons le salut des trois agenouillements et des neuf prosternements devant le caducée et le brevet d'investiture; je prends ce dernier des deux mains et, l'élevant à la hauteur des yeux, je le dépose dans la chaise aux dragons précédée de porteurs d'emblèmes [10].

Nous sortons de la ville par la porte Tchao-yang-men [11] et nous poursuivons notre route jusqu'à Tong-tcheo [12], où nous nous arrêtons.

Poésie composée lors de la remise du caducée impérial.

« Courbé humblement, je reçois, dans le tribunal du Printemps [13], le caducée impérial, puis j'élève respectueusement au-dessus de la tête le rouleau aux phénix et le livre aux dragons [14]. Par ma scrupuleuse observance des rites, je veux marquer le plus profondément possible le respect que je dois à l'empereur. Je sens pourtant combien il est difficile de s'acquitter d'une pareille mission sans avoir à encourir un seul blâme [15]. »

Le 14ᵐᵉ jour de la 8ᵐᵉ lune [16]. — Nous quittons Tchang-tcheo de bonne heure, par une pluie battante. Déjeuner à Pang-kun [17]. Tout à coup, après le déjeuner, le vent d'ouest se lève et la pluie cesse; la chaleur de l'automne, qui a été très-forte ces jours derniers, décroît dès ce moment. Coucher à Pié-chan [18].

Ce jour-là, je reçus la visite du chef du district de Ki-tcheo [19] nommé Ou-fou-yen. C'était un de nos anciens collègues de Tong-tcheo.

Le 15ᵐᵉ jour de la 8ᵐᵉ lune. — Nous nous levons de bonne heure, nous passons le pont Tsaé-ting-kiao [20]. A midi, déjeuner à Iu-tien [21]. Je reçois la visite du chef intérimaire du canton. Coucher à Cha-leou-ho [22]. Cette nuit-là, le second envoyé et moi avons contemplé le clair de lune.

Le 16ᵐᵉ *jour de la* 8ᵐᵉ *lune.* — Départ de bonne heure. A midi, arrivée à Feung-jong-hien ²³ ; le chef de ce canton, nommé Tchou-li-kan, vient nous faire visite. Il prend congé après une courte conversation. Ce jour-là la route fut très-mauvaise et nous n'arrivâmes à Tcheun-tzeu-tchen ²⁴ qu'à la première veille. Ce canton dépend du district de Loan-tcheo ²⁵, dont les fonctionnaires s'abstinrent de venir nous faire visite.

Le 17ᵐᵉ *jour de la* 8ᵐᵉ *lune.* — Départ de bonne heure. Après avoir fait 50 lis, nous arrivons à Cha-ho-y ²⁶, où nous déjeunons. Le chef du canton de Tsien-ngan ²⁷, nommé Tchou-pei-kin, envoie un de ses gens, avec une carte de visite, s'informer de l'état de ma santé.

Ce jour-là nous faisons 110 lis. Après avoir passé dans la nuit la rivière Loan-ho ²⁸, nous arrivons à Yong-ping-fou ²⁹, qui comprend le canton de Lou-long-hien ³⁰, dont le chef, nommé Lin-Kaè-to, et le juge, nommé Tchen-yuan-tié, viennent nous voir ³¹.

Le 18ᵐᵉ *jour de la* 8ᵐᵉ *lune.* — Nous nous mettons en route de bonne heure. Déjeuner à Chouang-ouang ³².

Sur les murs de l'hôtel ³³, je lis des poésies composées par un de mes amis, lors de son retour de Chan-haé-kouan. A midi, nous traversons le village Pei-ing-pou ³⁴ et la passe Lou-feung-ko ³⁵. Le soir, coucher à Fou-ning ³⁶, hors de la porte de l'Est. Le chef du canton, accompagné du chef de la police, vint me voir. Ce magistrat me parut doué des plus heureuses dispositions.

Le 19ᵐᵉ *jour de la* 8ᵐᵉ *lune.* — Déjeuner à Cheun-ho-y ³⁷, Coucher à Chan-haé-kouan ³⁸.

A mon arrivée dans cette ville, le général tartare, dont

le nom est Tchang-chan, et le petit nom : Lo-tchou, vint au temple du génie Kouan [39] s'informer de la santé de l'Empereur. Je le reçus au nom de Sa Majesté, et, la cérémonie terminée, je me rendis à l'hôtel. Le chef du canton de Ling-iu [40], nommé Shu-tchong, nous fit alors visite. Lo-tchou vint dans la soirée me voir et causer avec moi. Nous étions liés d'amitié depuis longtemps, et je fus fort aise de le revoir.

Le 20me jour de la 8me lune. — Nous nous levons de bonne heure et nous rendons la visite faite par Tchang-lo-tchou. Après un court entretien nous nous mettons en route. Nous exhibons la passe qui nous a été délivrée par le Tribunal de la guerre, et nous passons la grande muraille. Le vent d'ouest souffla ce jour-là avec violence. Le pays, en dehors de la muraille, offrait un aspect morne et triste, bien différent de celui sous lequel je l'avais vu autrefois. Déjeuner à Tchong-tsien-souo [41]. Le commandant tartare, nommé To-haé, vient nous faire visite.

Cette localité est dans le ressort du district de Ning-yuan-tcheo [42], dont le chef n'avait pas reçu l'annonce de notre arrivée ; ce fut le maître de poste de Cha-ho [43] qui nous fournit les relais et les voitures nécessaires au transport des caisses remplies de soie que nous emmenions avec nous. De cette façon notre voyage put se poursuivre sans retard. Le soir nous couchons à Tsien-toun ouei [44].

Le 21me jour de la 8me lune. — Arrivée à midi à Tchong-ho-souo [45] ; c'est une des places les plus considérables du pays situé au-delà de Chan-haé-kouan ; le chiffre de sa population est très-élevé et son commerce très-important. L'année dernière, après s'être emparées de Sin-ming-toun [46], les troupes de cavalerie rebelles concentrèrent leurs efforts sur cette forteresse ; mais, à la nouvelle de l'approche de Ouen [47], tuteur honoraire de l'Empereur, qui était sorti de Chan-haé-kouan à la tête de son armée, elles s'enfuirent en abandonnant leurs projets, et la ville fut ainsi sauvée.

Le commandant tartare Ho-eur-ting-ho et le lieutenant tartare Ouang-lan fournirent les relais et vinrent tous les deux nous faire visite. Coucher à Ouang-haé-tien [48].

Nous montons sur les collines pour y contempler le spectacle de la mer.

Le 22me jour de la 8me lune. — Arrivée à Ning-yuan-tcheo [49], où nous déjeunons. Le district de Chan-haé-kouan est éloigné de 200 lis de Ning-yuan-tcheo, et tout ce pays est placé sous la juridiction du magistrat de cette dernière ville, aussi lui est-il bien difficile, à cause de la distance, de s'acquitter de ses devoirs d'hôte ; pourtant, dès qu'il eut appris mon arrivée, il s'empressa de venir me faire visite. Son attitude exprimait la crainte d'avoir tardé à accomplir son devoir. Je le rassurai par ces mots : « Je n'ai point envoyé de courrier pour annoncer mon arrivée, et sur ma route on prépare les relais au moment même de mon passage ; votre district est très-étendu, et je me rends compte de la difficulté que vous auriez éprouvée en voulant prévoir mon arrivée. » Je vis la tranquillité renaître sur le visage de ce magistrat, qui nous accompagna jusqu'à Ou-tao-ho [50]. Là il nous quitta pour revenir sur ses pas.

Coucher à Lien-chan [51]. Les jours étant courts et les

étapes longues, nous n'arrivâmes à l'hôtel que vers neuf heures du soir, mais heureusement la douceur de la température et l'absence de vent firent ressembler notre voyage à une promenade aux lanternes.

Ce jour-là, le commandant tartare de Ning-yuan-tcheo, appelé So-pou-kang-ho, vint nous faire visite après avoir fait préparer les relais. Les populations en-deçà de la grande muraille vivaient autrefois dans des transes continuelles, mais cette année, les cultivateurs ayant pu rentrer leurs récoltes, le moral du peuple s'était relevé.

Le 23ᵐᵉ jour de la 8ᵐᵉ lune. — Nous déjeunons à Kao-kiao-pou [52] et arrivons à midi à Sin-chan [53]. Le commandant tartare de Siao-ling-ho [54], appelé Tching-yun, vient nous faire visite après avoir fait changer les chevaux. Le soir, nous couchons à Soung-chan-pou [55]. Le général tartare de Kin-tcheo, appelé Tching-tchoun, vient s'informer de la santé de Sa Majesté avec le même cérémonial que celui qui a été observé précédemment. Le préfet de Kin-tcheo, Ouen-che-lin et le chef du canton Liou-soung-yun vinrent tous les deux me faire visite. Après une conversation qui se prolongea pendant quatre heures, nous nous séparâmes bien à regret.

Le 24ᵐᵉ jour de la 8ᵐᵉ lune. — Déjeuner à Ta-ling-ho [56]. Le vent du nord souffle avec violence. Tseun-ho-tien, magistrat du district de I-tcheo, vient à notre rencontre et prend congé après une entrevue de près de quatre heures.

Ce magistrat est un neveu de ma femme, et j'avais surveillé son éducation. Il avait été successivement chargé de l'administration des cantons de Tchang-to [57] et de Kaé-ping [58]. J'avais entendu dire beaucoup de bien de lui ; aussi, sur ma route, interrogeai-je diverses personnes à son sujet, et comme les réponses furent toutes favorables, je suis heureux d'avoir à constater que les bons principes que je m'étais efforcé d'inculquer à mon élève ont porté leurs fruits.

Coucher à Sse-taé-tzeu [59]. Les officiers et les soldats du district tartare Che-chan-tchan [60] viennent tous à notre rencontre vers huit heures.

Le 25ᵐᵉ jour de la 8ᵐᵉ lune. — Déjeuner à Tchang-sin-tien [61]. Les commandants tartares de district : Fou-kouei, Li-kouo-ouen, le capitaine tartare Tchi-chan, vinrent à ma rencontre au milieu de la route. A Lu-yang-y [62] nous trouvons les relais. Le commandant tartare de Siao-r'hé-chan [63], qui devait se porter à notre rencontre, manqua à ses devoirs ; mais Yu-ping, magistrat de Kouang-ning [64], nous accompagna de Tchang-sin-tien à Kouang-ning-tchan, où il nous quitta. Coucher à Tchong-ngan-pou [65]. Ce jour-là je n'avais pas écrit une seule pièce de vers lorsque, au souvenir des conseils du tuteur honoraire de l'Empereur Paé [66], qui m'avait engagé, lors de mon départ, à ne pas négliger la poésie, je me mis à composer une pièce de vers.

Le 26ᵐᵉ jour de la 8ᵐᵉ lune. — Dans la matinée, le commandant tartare du district de Siao-r'hé-chan, Mou-ko-to-ko, vient à notre rencontre. A midi, nous déjeunons à Hou-kia-pou [67]. Le vent s'était élevé violemment dès le matin, le ciel était obscurci par les nuages, l'air était rempli de brouillards, il tombait une petite pluie que le froid changeait en grésil, et nous dûmes revêtir des vêtements ouatés. Nous pûmes nous faire une idée de la différence qui existe entre le climat des pays situés en-deçà de la grande muraille, et celui des pays situés au delà.

L'après-midi, les commandants tartares de district, Paé-shi, Jong-hoei et autres, se portèrent à notre rencontre. Le maître de poste Tchang-ouei-han fit changer les relais. Coucher à I-pan-la-men [68].

Le 27me jour de la 8me lune. — Déjeuner à Ta-paé-tchi pou [69], dont le commandant tartare et deux officiers nous accompagnèrent jusqu'à Tcha-pang-ngan [70].

Le chef du district de Tsu-leou-ho [71], qui devait se porter à notre rencontre, manqua à ses devoirs. A midi, la pluie se mit à tomber et fut accompagnée d'un vent froid. Tsan-tchen [72] et moi, qui étions à cheval, avions le frisson sous nos habits tout trempés. Coucher à Sin-ming-toun [73], dont le magistrat, appelé Ouen-ting, vint nous voir; c'était le frère cadet de mon condisciple Ouen-han-tchou, et nous eûmes ensemble une conversation fort agréable. Dans la soirée, Koui-tchoun, commandant tartare de Tsu-leou-ho, du grade de lieutenant, vint nous rendre ses devoirs.

Le 28me jour de la 8me lune. — Dans la matinée nous passons la rivière Tsu-leou-ho [74]. A midi, nous déjeunons à Kou-kia-tzeu [75]. Le soir, coucher à Ta-che-kiao [76]. Nous ne pûmes, ce jour-là, faire qu'une demi-étape, car les routes étaient inondées, et nous dûmes suivre des chemins détournés sur une longueur de 80 lis. Le soir, vers huit heures, nous arrivons à l'hôtel, où le magistrat de Tchang-to-fou [77], nommé Feung-ti-iao, vient nous faire visite. Le maréchal tartare envoya trois ordonnances [78] à ma rencontre ; le vice-président du tribunal des rites de la province envoya également plusieurs de ses gens à ma rencontre ; je renvoyai ces derniers avec ma carte et mes compliments.

Le 29ᵐᵉ jour de la 8ᵐᵉ lune. — Vers huit heures, je passe respectueusement devant la sépulture impériale Tchao-ling [79], que je salue en me prosternant. A dix heures, nous arrivons à l'entrée occidentale de Cheng-king [80]. Le maréchal tartare, les vice-présidents des cinq tribunaux, le gouverneur de la province, le grand examinateur, étaient venus là à notre rencontre. Ils s'informèrent de la santé de Sa Majesté avec le même cérémonial que dans les occasions précédentes.

Les officiers de la suite de tous ces personnages étaient venus, plus avant sur la route, à notre rencontre. A midi, nous arrivons à l'hôtel San-i-tien, où le maréchal tartare Tou-sin-ha vint nous faire une visite pendant laquelle nous eûmes une longue conversation. Un secrétaire du tribunal de la justice, nommé Tchang-ien, vint nous rendre visite, ainsi qu'un grand nombre de fonctionnaires appartenant à l'administration locale et à chacun des cinq tribunaux.

Le vice-président du tribunal des fonctionnaires Tsing, le gouverneur Ngen, vinrent nous rendre visite ; un de mes condisciples, nommé Tche, et Ho-siao-chan, Koei-lien-fang, Ien-chou-nan, Ouang-han-kiao, qui étaient mes anciens, vinrent tous les uns après les autres me voir ; j'éprouvai le plus grand plaisir de cette rencontre et des conversations que nous eûmes ensemble.

Le 30ᵐᵉ jour de la 8ᵐᵉ lune. — Nous arrivons vers dix

heures à la sépulture impériale Fou-ling [81], devant laquelle nous nous prosternons. Cette sépulture est à une distance d'un peu plus de 20 lis de l'enceinte de Chengking. Les chemins étant inondés, nous ne pûmes rentrer pour déjeuner qu'à deux heures. L'après-midi fut employée à rendre des visites.

Le 1er jour de la 9me lune. — Nous nous levons de bonne heure et nous nous rendons à la grotte du génie [82], où je brûle des bâtons parfumés [83]. L'après-midi, le maréchal tartare et les hauts fonctionnaires nous donnèrent un dîner d'adieu dans l'hôtel du gouverneur; nous ne revînmes qu'à l'heure où l'on allume les lampes.

Le 2me jour de la 9me lune [84]. — Départ à neuf heures; le maréchal et Leurs Excellences nous accompagnent jusqu'au temple du génie Kouan, situé au dehors de la porte méridionale de la ville. Après avoir échangé quelques paroles, nous nous séparons.

A midi, nous passons la rivière Houn-ho [85], qui n'est autre chose que le Siao-leao-choui [86]. Dans les commentaires du *Choui-king* [87], on lit que le Siao-leao-choui prend sa source dans la montagne Leao [88], située dans le canton de Kao-kiu-li [89]. On lit d'autre part, dans le même ouvrage, que le Houn-ho prend sa source au nord-ouest de Tchang-paé-chan [90], traverse le district de Ing-ho [91], puis, se dirigeant vers le sud-ouest, traverse le district de Sin-king [92], la sépulture impériale Yong-ling [93], située entre le versant sud de la montagne Lao-long-to [94] et le versant nord de la montagne Ien-tong [95]; de là, se dirigeant vers l'ouest, il prend le nom de Sou-tzeu-ho [96], entre dans la Mantchourie, où il est appelé Houn-ho; enfin, se dirigeant vers le sud, d'où il arrive à Taé-ouang-toun [97], en obliquant vers le sud-est, il va se jeter dans le Taé-tzeu-ho [98]. J'eus autrefois l'occasion de vérifier ces observations lorsque je fus chargé d'inspecter les travaux du domaine impérial dans le Sin-king.

Coucher à Cha-ho-pou [99]. Le commandant tartare de ce canton, nommé Hoei-lin, se porta à notre rencontre sur la route.

Le 3ᵐᵉ jour de la 9ᵐᵉ lune. — Nous passons la rivière Che-li-ho [100] et arrivons à Ouan-pao-kiao [101], où nous déjeunons. Le nom ancien du Che-li-ho est Tcho-leou-ho [102], Ouan-pao-kiao s'appelait autrefois Ko-li-ho [103]. Sous les Ming, l'étape que nous venons de faire s'appelait Hou-pi-i [104].

L'après-midi, nous passons deux fois le Taé-tzeu-ho. Ce fleuve prend sa source à la montagne Sa-mou-tchan [105], dans le Ki-lin [106], passe à Ouei-tzeu-iu [107], et arrive dans le Leao-yang; là, se dirigeant vers le sud-ouest, il se réunit au Houn-ho, puis, se dirigeant vers l'ouest, se réunit au Ta-leao-ho; enfin, se dirigeant vers le sud-ouest, il reçoit le San-tcha-ho [108]. Ces trois fleuves réunis se jettent dans la mer à Niou-tchouang [109]). Ce jour-là, les lieutenants tartares du canton, nommés To-iu, Ha-long-ha, Hoei-siang, le sous-lieutenant Yong-chang, les maîtres de poste nommés Youan-kouo-chang, Ho-yun-tchang, vinrent tous à notre rencontre.

Coucher dans la ville de Leao-yang [110], dont le colonel tartare, nommé Ouan-fou, et le chef de district, nommé Tchang-tche-tcheng, qui avait passé ses examens en même temps que moi, vinrent au-devant de nous à Ouan-pao-kiao; nous fûmes bien heureux de cette rencontre.

Le soir, l'examinateur littéraire, nommé Io-shué-tchang, et le secrétaire du chef du district, nommé Tchen-iu-ouen, vinrent me voir. La population de ce district est animée d'excellents sentiments, et, certes, l'aisance et la paix ne peuvent qu'y régner.

Le 4me jour de la 9me lune. — Déjeuner à Ouang-pao-taé [111]. Le colonel tartare et le chef du district retournent chez eux. L'après-midi, le maître de poste Tchang-tcho vient au-devant de nous à mi-chemin. Coucher à Lang-tzeu-chan [112].

Ce jour-là, nous n'eûmes à parcourir que des chemins montagneux. Tantôt nous apercevions une montagne dont le sommet semblait vouloir percer le ciel, tantôt nous côtoyions des torrents qui roulaient leurs masses d'eau d'abîme en abîme. La route ne pouvait pourtant pas être comparée à celles du Sse-tchuen [113], bien que les chariots les plus pesants eussent de la peine à avancer. Nous fûmes heureusement favorisés par un beau temps, et, au fond, la journée ne fut point aussi rude que l'on eût pu le craindre.

Le 5me jour de la 9me lune. — Déjeuner à Tien-choui-tchan [114]. Coucher à Lien-chan-kouan [115], dont le maître de poste, nommé Lieou-lan-feun, vint à notre rencontre et ne nous quitta pas de la journée. A midi, nous traversons le mont Mo-tien-ling [116] dont le sommet s'élève au-dessus des nuages. Dans le Leao-yang, sur un parcours de 300 lis la route est montagneuse et la partie la plus difficile est celle-ci. Le site que nous avons sous les yeux répond bien à la description que les anciens poëtes ont faite de montagnes très-élevées sur lesquelles paissent des chevaux en liberté.

Le 6ᵐᵉ jour de la 9ᵐᵉ lune. — Départ à dix heures. La pluie, qui n'avait cessé de tomber toute la nuit, continue ; au point du jour s'élève un grand vent du nord. Nous sommes transis de froid, et les sommets des montagnes se couvrent d'une blanche couronne de neige. A midi, nous avions fait 50 lis sous la pluie, par des chemins montagneux, sinueux et remplis de précipices. Le soir, nous dûmes nous arrêter, à Tong-yuan-pou [117], dans la maison d'un bachelier nommé Lou-to-tchen, qui appartient aux bannières chinoises et dont la famille possède beaucoup de terres.

Ce jour-là le lieutenant tartare Hoei-siang, après s'être acquitté de ses devoirs, retourna à Leao-yang. Le lieutenant tartare de Feung-hoang-tchang [118] et d'autres officiers vinrent à ma rencontre.

Le maître de poste Kouo-tshuan avait disposé les relais et était venu à notre rencontre à moitié chemin.

Le 7ᵐᵉ jour de la 9ᵐᵉ lune. — Le vent du nord souffle avec violence durant la journée entière. Lorsqu'il s'élève à travers la montagne, il rappelle le rugissement du tigre ; en passant à travers la forêt, il ressemble au mugissement des bœufs ; l'eau des torrents gronde en roulant des monceaux de sable dans ses flots impétueux. Le vent qui descend des montagnes accumule des amas de feuilles sèches sur les villages, déracine les plus grands arbres, en arrache les nids d'oiseaux. Ce n'est pas là un de ces vents qui font tomber les brindilles, et il ne serait pas prudent de se risquer sur un bac par un pareil temps. C'est un véritable ouragan. Dans la campagne toutes les plantes sont brisées. Coucher à Sie-li-tchan [119]. Le maître de poste, Lo-tien-taé, dispose les relais et vient nous faire visite. Cette localité est du ressort de Sio-yen; le sol en est maigre et peu fertile; la population nombreuse, mais pauvre.

Le 8ᵐᵉ jour de la 9ᵐᵉ lune. — Arrivée à Feung-hoang tchang [120], dont le gouverneur I-jong vient s'informer de l'état de la santé de Sa Majesté avec le même cérémonial que dans les cas précédents.

Le lieutenant tartare Ngan-pang-ha était venu au-devant de nous à mi-chemin et le maître de poste Iu-si avait disposé les relais. Tous ces officiers vinrent nous faire visite. Le commandant tartare So-pou-tsin et autres vinrent également nous faire visite.

Le régent du royaume de Corée, nommé Piao-naé-sin, suivi de deux officiers de la garde du roi, nommés Li-taé tseng et Li-ing-in, et des interprètes, vint à ma rencontre. Les interprètes de la ville, nommés Koei-feun et To-koei, nous présentèrent leurs cartes.

Le chef de la police, nommé Ouang-ouei-fan, vint nous voir dès son retour de l'intérieur de la province. Le soir, nous couchons dans le temple de l'Etre suprême.

Le 9ᵐᵉ jour de la 9ᵐᵉ lune. — Les fonctionnaires civils et militaires de Feung-hoang-tchang viennent en corps nous faire visite et nous accompagnent à notre départ. A midi, nous présentons nos passe-ports à la frontière, que nous franchissons. Déjeuner à Tchong-sio [121]. Le soir, nous campons dans un endroit désert situé à plus de 100 lis de I-tcheo [122], et où l'on rencontre des montagnes, des forêts, des rivières, mais pas un être humain.

Notre campement consiste en fosses creusées dans la terre et recouvertes de nattes. Ces abris sont étroits et peu élevés, de telle sorte qu'il est impossible de s'y tenir debout, le feu qu'on y fait nous incommode tellement, que nous nous trouvons dans la position des crabes que l'on jette dans l'eau bouillante. Nous ne pûmes fermer l'œil de la nuit.

Le 10ᵐᵉ jour de la 9ᵐᵉ lune. — Déjeuner à Ngaé-ho [123]. L'escorte militaire qui nous avait accompagnés depuis Feung-hoang-tchang retourne à son poste. Le préposé à la barrière de Tchong-kiang [124], nommé Fo-pao, vient nous voir. A midi, nous arrivons à I-tcheo, où nous logeons à l'hôtel Long-ouan-kouan. Cette ville se trouve à mi-côte sur la montagne et on y jouit d'une très-belle vue.

Le roi de Corée [125] envoya demander de mes nouvelles; je renvoyai l'officier en le chargeant de transmettre au roi mes compliments et mes remercîments. Le corps des fonctionnaires vint nous faire visite. On avait préparé à notre intention 20 boisseaux de sel et autant de boisseaux de riz; en outre, on avait mis à notre disposition, ainsi que le veulent les rites, des interprètes, des voitures avec leurs conducteurs et une escorte.

Le 11ᵐᵉ jour de la 9ᵐᵉ lune. — Déjeuner à Siao-hoa-kouan [126]. Après quelques instants de repos nous nous remettons en route pour Long-tchuen-tcheo [127], où nous couchons à l'hôtel Leang-tso-kouan. Nous allâmes très-vite ce jour-là.

Le 12ᵐᵉ jour de la 9ᵐᵉ lune. — Déjeuner à Tcho-nien [128]. A midi, nous traversons la ville de Tong-lin-tchang. Coucher à Siuen-tchuen-fou [129] à l'hôtel Lin pan-kouan [130]. Un des chefs de la garde royale, nommé Piao-naé-sin, vint me parler affaires; nous nous entre-tînmes à l'aide du pinceau pendant près de quatre heures.

Le 13ᵐᵉ jour de la 9ᵐᵉ lune. — Déjeuner à Yun-sin-kouan [131]. A midi, nous passons le mont Tang-ho-ling [132], en suivant un chemin fort escarpé.

Nous arrivons le soir à Ting-tcheo-tchang [133], où nous couchons à l'hôtel Ien-shun-kouan.

Ce jour-là, le corps des fonctionnaires de Ting-tcheo se porta à la rencontre de l'Ordre Impérial avec un cortége de musiciens, et demanda des nouvelles de la santé de Sa Majesté, le second envoyé et moi suivîmes le même cérémonial que dans les cas précédents.

Le 14ᵐᵉ jour de la 9ᵐᵉ lune. — Nous nous mettons en route vers quatre heures. A midi, nous passons la montagne Siao-sin-ling [134], les chemins que nous suivions semblaient vouloir nous mener aux étoiles, mais avec l'aide des chaises à porteurs nous pûmes passer la montagne sans encombre.

A mi-côte, nous trouvons les relais à un endroit appelé Ti-choui-tong [135]. Coucher à Kia-ping-kouan [136].

Le 15ᵐᵉ jour de la 9ᵐᵉ lune. — Nous traversons le fleuve Ta-ting-kiang [137]. A midi, nous passons le Tsing choui-kiang [138]; nous allons jusqu'à la ville de Ngan-tcheo ¹³⁹, où nous descendons à l'hôtel Ngan-sin-kouan ¹⁴⁰.

Le corps des fonctionnaires de Ngan-tcheo vint à la rencontre de l'Ordre Impérial et s'informa de la santé de l'Empereur avec le même cérémonial que dans les cas précédents.

Le roi avait envoyé de la capitale un eunuque me porter ses compliments, tout se passa avec le même cérémonial que précédemment. J'acceptai les quelques friandises qu'il m'offrit de la part du roi.

Le 16ᵐᵉ jour de la 9ᵐᵉ lune. — Nous quittons Ngan-tcheo à quatre heures du matin. Déjeuner à Sou-tchuen ¹⁴¹, arrivée le soir à l'hôtel des postes de Ngan-ting ¹⁴², où nous couchons. Ce jour-là nous fîmes 120 lis; pourtant, vers les quatre heures, s'était levé un grand vent d'ouest qui ne cessa de souffler que vers huit heures, et le voyage avait été pénible pour tout le monde.

Le 17ᵐᵉ jour de la 9ᵐᵉ lune. — En quittant Ngan-ting nous traversons Ta-tong-fou ¹⁴³. Cette ville est protégée en avant par des murailles, en arrière par les montagnes, et son aspect est très-pittoresque.

J'ai ouï dire que cette ville était autrefois la capitale de la Corée lorsque, sous les Tcheou, Ki-tzeu ¹⁴⁴ y fut envoyé. Sous les Han, cette ville s'appelait Lo-lang-kun ¹⁴⁵. A l'époque de la dynastie des Soung ¹⁴⁶, la capitale fut transférée à Kaé-tcheng. Maintenant encore le nom vulgaire de cette ville est Ping-jang ¹⁴⁷.

Le corps des fonctionnaires de Ta-tong-fou se porta à la rencontre de l'Ordre Impérial et s'informa de la santé de Sa Majesté avec le même cérémonial que dans les cas précédents. Le roi avait envoyé un chef de cabinet, nommé Tchao-ping-ché, me porter ses compliments, tout se passa de la même manière. Le gouverneur de Ping-jang, nommé Piao-kouei-cheo, envoya un de ses secrétaires me transmettre ses compliments.

Le 18ᵐᵉ jour de la 9ᵐᵉ lune. — Vers six heures nous traversons le fleuve Ta-tong-kiang [148], ce fleuve s'appelle aussi Pei-kiang [149]. Le temps est couvert, il bruine et l'on pourrait se croire au printemps. A midi, nous arrivons à l'hôtel des postes de Cheng-yang [150], où nous déjeunons [151]. Coucher à Hoang-tcheo-fou [152]. Cette ville est située à mi-côte sur une montagne. Derrière l'hôtel des postes, se trouve un pavillon de construction ancienne et qui est appelé le Pavillon des Cieux [153]. Ce pavillon est peu élevé; mais comme il est bâti sur la montagne, il domine la plaine. Ses murs sont tapissés d'inscriptions et de poésies dues au pinceau des personnages qui sont descendus successivement à cet hôtel.

Le corps des fonctionnaires de la ville s'était porté à la rencontre de la Mission Impériale et s'était informé de la santé de Sa Majesté. Le cérémonial observé fut le même qu'à l'ordinaire.

Le roi avait envoyé le conseiller au tribunal des finances, nommé Li-iu-ming, me porter ses compliments, le cérémonial fut le même que celui qui a été observé précédemment; le gouverneur de la province de Hoang-haé [154], nommé Li-tchong-tchang, vint nous voir. Nous ne reçûmes la visite d'aucun autre fonctionnaire.

Le 19ᵐᵉ jour de la 9ᵐᵉ lune. — Nous nous mettons en route vers quatre heures et nous passons en chaise à portours la montagne Tong-sien-ling [155]. Arrivés au sommet, nous voyons les nuages planant à peu de distance au-dessus de nos têtes ; à nos pieds s'ouvraient des précipices béants, et, certes, cette partie du voyage fut difficile et périlleuse. A midi, nous arrivons à l'hôtel des postes de Tong-sien [156], où nous déjeunons.

L'après-midi, nous trouvons les relais à Tien-choui [157]. Outre la halte du déjeuner, nous nous arrêtâmes pour boire du thé, à trois endroits, sur la route, qui fut longue de plus de 110 lis. Par suite de la hauteur de la montagne que nous eûmes à franchir, et de la longueur de la route, nous n'arrivâmes à Joei-hing [158] qu'à huit heures du soir, là nous descendîmes à l'hôtel Long-siuen-tsuan-kouan.

Le 20me jour de la 9me lune. — Déjeuner sur la montagne Tsong-sio-ling [159]. Dans le flanc de cette montagne est creusée une caverne, d'où sort une source appelée Iu-liou-siuen-tsan [160]. Cette source donne une eau limpide et claire comme un miroir, c'est un site renommé pour sa beauté.

Le 21me jour de la 9me lune. — Nous traversons Tchou-tan [161], et nous déjeunons à l'hôtel Kin-tchuen-kouan [162]. A midi, nous traversons Tsing-che-kouan [163]. Cette ville est située sur le sommet d'une montagne et a autant d'importance au versant septentrional qu'au versant méridional. Le gouverneur de la province de Houang-haé, après nous avoir conduits jusque-là, retourna sur ses pas. Nous passons la barrière, et entrons dans la province appelée King-ki-tao [164] sur les cartes. Arrivée à Kaé-tchang [165], où nous couchons.

Cette ville était, à l'époque de la dynastie des Yuan, la capitale de la Corée. Elle a gardé des vestiges de son ancienne splendeur, mais elle est abandonnée aujourd'hui. Le corps des fonctionnaires de Kaé-tchang se porta à la rencontre de l'Ordre Impérial et demanda des nouvelles de la santé de Sa Majesté. On observa les mêmes rites que dans les cas précédents. Le roi envoya spécialement un officier chargé de s'informer de ma santé; ce dernier était accompagné d'un chef de cabinet nommé Cheun-sou; je me comportai avec ces officiers de la même façon que précédemment.

Le gouverneur de la province de King-ki, Iu-tche-chan, le commissaire du gouvernement à Kaé-tchang et le sous-préfet vinrent me faire visite. Aucun des autres fonctionnaires ne vint nous voir.

Le 22ᵐᵉ jour de la 9ᵐᵉ lune. — Déjeuner à l'hôtel Lin-touan-kouan [166]. A midi nous passons le fleuve Lin-tsun-kiang [167]. En face de nous se dressent deux montagnes entre lesquelles se trouve située Tchen-si-tchang [168]. Cette ville est très-importante par suite de sa situation dans la vallée. Coucher à Po-tcheo [169], à l'hôtel Po-ping-kouan.

Le « Ta-yuan-kun [170] », Li-che-yu, envoya un officier me porter ses compliments. Je renvoyai ce dernier en le chargeant de transmettre mes remercîments. « Le Ta-yuan-kun » est le père du roi, et a en main la haute direction des affaires de l'Etat. Il envoya aussi un officier de la garde royale faisant les fonctions de chef d'état-major, nommé Tching-ti-hoan. Toutes les fois que cet officier vint me voir, il me fit le salut du prosternement.

Le 23me jour de la 9me lune. — Déjeuner à l'hôtel des postes Pi-ti-kouan [171]. Arrivée à midi au Hong-ti-yuan [172]. Le roi avait envoyé un membre de première classe du grand conseil du royaume nommé Kin-ping-shuo, et le chef du cabinet du roi nommé Li-taé-mien, qui vinrent me faire des compliments de sa part et qui me demandèrent de fixer le jour et l'heure de la cérémonie de l'investiture. Je désignai le lendemain et l'heure de dix heures. A partir de la huitième lune dans laquelle j'avais quitté Pékin, j'avais employé quarante-deux jours à faire la route.

Le 24me jour de la 9me lune. — Vers huit heures, le roi envoie des officiers qui m'invitent à entrer dans la capitale [173]. A neuf heures nous nous mettons en route, le roi vint à la rencontre de l'Ordre Impérial, à 10 lis en dehors de la porte Yng-ngen-men [174]. Après avoir accompli les cérémonies exigées par les rites, il prit les devants et rentra dans la ville. Le second envoyé et moi, nous entrâmes dans la ville extérieure par la porte Tchong-li-men [175], et nous nous rendîmes à la ville intérieure par la porte Tchoun-hoa-men [176], puis, nous dirigeant vers l'est, nous arrivons en dehors de la porte Kin-chan-men [177], où nous descendons de nos chaises à porteurs. Nous pénétrons dans le palais Jen-tchang-tien [178]. Aux deux côtés de ce pavillon, on avait dressé des tentes où nous pûmes changer de vêtements et revêtir nos robes de cérémonie et nos insignes. Le roi, portant son costume à dragons, sortit à notre rencontre, il salua l'Ordre Impérial, dont il fit la lecture à haute voix; cette cérémonie fut accompagnée du salut des trois agenouillements et des neuf prosternements. Aux commandements qui furent donnés par les maîtres de cérémonie, la musique se fit entendre trois fois, et à trois reprises différentes on poussa des vivat [179] en l'honneur de l'Empereur. La cérémonie fut alors terminée. Nous changeons de costume, puis nous rentrons avec le roi dans le palais Jen-tchang-tien. L'hôte étranger était assis à l'ouest, le maître était assis en face, à l'est. Le roi avait désigné trois interprètes qui transmirent ses questions suivant les rites antiques qui règlent la réception des hôtes. Le roi demanda des nouvelles de la santé de Sa Majesté, de celle des deux Impératrices. Je me levai, et me tournant vers la gauche, je répondis : « La santé de Sa Majesté est bonne, les santés des deux Impératrices sont toutes deux excellentes. » Le roi s'informa de la santé des princes et ducs de l'empire. Je répondis qu'ils se portaient tous très-bien, puis, par un échange de questions et de réponses, nous eûmes, le roi et moi, un entretien des plus importants. Des intermédiaires furent envoyés par le roi pour me dire respectueusement qu'il allait me saluer, je m'excusai et refusai jusqu'à trois fois, puis enfin je le remerciai, et après avoir échangé un salut nous nous assîmes au banquet qui avait été préparé; nous bûmes plusieurs coupes de vin au son de la musique, et la cérémonie ne fut terminée que lorsque l'on m'eut offert de neuf espèces de plats.

Le soir, nous couchâmes au palais Nan-pié-kong [180]. Ce jour-là, le père du roi m'amena deux de ses neveux et ses deux gendres. Ces derniers occupent de très-hautes positions. Son fils Li-taé-mien vint le soir avec quelques membres de l'Académie, nous conversâmes à l'aide du pinceau, et ne nous séparâmes que vers quatre heures du matin.

Le roi envoya ce jour-là demander à diverses reprises des nouvelles de ma santé. Les officiers civils et militaires vinrent tous me voir, ils étaient très-nombreux, et je dus les recevoir jusqu'à dix heures.

Le 25ᵐᵉ jour de la 9ᵐᵉ lune. — Le roi vint en personne me rendre visite; un banquet semblable à celui de la veille avait été préparé; nous nous fîmes beaucoup de politesses, et, suivant la coutume, je reçus de lui des présents [181]. J'avais apporté avec moi des productions de la Chine, de huit espèces différentes, que j'envoyai au roi. Le soir, le roi me rendit ma politesse en m'envoyant des productions de la Corée [182], de douze espèces différentes, que je refusai d'abord, puis que je finis par accepter sur ses instances réitérées.

J'eus ce jour-là, du matin au soir, à recevoir beaucoup de monde. Le père du roi, Che-po, le frère aîné du roi, Io-che; tous les membres de l'Académie vinrent me rendre visite et converser au moyen du pinceau, beaucoup d'entre eux me demandèrent des autographes et des poésies, et plusieurs m'offrirent en présent des vers autographes; je ne pus reposer de la nuit, aussi fus-je harassé de fatigue.

Le 26ᵐᵉ jour de la 9ᵐᵉ lune [183]. — Vers dix heures, ma mission étant accomplie, je me mets en route pour retourner à Pékin. Le roi avait fait disposer des porteurs d'emblèmes et des musiciens dans un terrain vague en dehors de la porte de l'Ouest, Ing-ngen-men. Une collation était dressée à cet endroit sur des tables placées les unes en face des autres sur les deux côtés de la route. Nous nous fîmes là beaucoup de politesses, et deux heures se passèrent en conversations et en libations : nous ne pouvions nous décider à nous séparer. Enfin le roi et les autres fonctionnaires vinrent m'offrir du vin en me souhaitant un heureux voyage et m'exprimer leurs regrets de me voir partir.

Ce jour-là nous descendîmes à l'hôtel Pi-ti-Kouan de la ville de Kao-yang [184]; le roi avait envoyé quatre secrétaires, l'un de première, les autres de deuxième, de troisième et de quatrième classe, pour m'escorter jusqu'à la frontière, je leur fis présent de poésies autographes.

Le 27ᵐᵉ jour de la 9ᵐᵉ lune. — Nous descendons à l'hôtel Po-ping-Kouan de Po-tcheo, où nous consacrâmes une longue nuit au sommeil : en effet, nous nous couchâmes avant la fin du jour. Le roi avait envoyé le président du tribunal des rites, nommé Li-tchang-fou, qui vint me faire visite et me fit le salut du prosternement. J'offris à ce dernier une pièce de vers autographe.

Le 28ᵐᵉ jour de la 9ᵐᵉ lune. — Nous descendons à l'hôtel Taé-ping-Kouan de la ville de Kaé-tchang-fou. Le roi avait envoyé un eunuque nommé Tsing-tsaé-Kouan pour veiller sur notre voyage et un conseiller du tribunal des travaux publics pour s'informer de notre santé. Je les priai de présenter à leur retour mes compliments au roi et je leur fis présent de pièces de vers autographes. La journée fut extrêmement chaude ce jour-là.

Le 29ᵐᵉ jour de la 9ᵐᵉ lune. — Coucher à l'hôtel des postes de Ping-chan; le gouverneur de la province de

Hoang-haé, nommé Li-tchoun-tchang, vint me rendre visite et me salua en se prosternant. Ce jour-là le vent du sud-est souffla avec violence, la première moitié de la journée fut très-chaude et la seconde très-froide, nous ne faisions tous qu'éternuer.

Le 1ᵉʳ jour de la 10ᵐᵉ lune. — Nous entrons dans l'hiver. Un vent d'ouest souffle avec violence, dans la matinée nous arrivons à la source Iu-liou-siuen-tsuan. Le paysage n'était plus le même que lors de mon premier passage, mais je ne pus m'empêcher d'admirer encore les beautés du tableau qu'offraient à mes yeux la montagne et la source, je me sentis inspiré et me mis à composer une poésie.

Nous descendons au pavillon Ing-po-lo [185] de l'hôtel Long-siuen-tsuan. La journée fut très-froide, c'était un vrai jour d'hiver.

Le 2ᵉ jour de la 10ᵐᵉ lune. — Nous nous mettons en route à trois heures, déjeuner à Tien-choui. A midi, nous passons le mont Cheo-jen-ien [186]. Le soir, nous descendons à l'hôtel Tchi-ngan-Kouan de Hoang-tcheo. Le vent soufflait du nord-ouest et la journée fut très-froide.

Le 3ᵐᵉ jour de la 10ᵐᵉ lune. — Déjeuner à Tchong-ho [187] à l'hôtel Cheng-yang-kouan. Coucher à Ping-jang à l'hôtel Ta-tong-kouan. Le roi avait envoyé un chef de cabinet, nommé Houng-shuen-tchong, demander de mes nouvelles; je le renvoyai immédiatement en le chargeant de transmettre mes compliments au roi. En passant par Ping-jang j'avais composé une pièce de vers sur les rimes de laquelle le préfet de la ville, nommé Chen-iu, en fit une autre qu'il m'offrit après l'avoir transcrite sur un éventail.

Je repris alors ces rimes et je m'en servis pour composer une nouvelle pièce de vers que je lui dédiai.

Le 4ᵐᵉ jour de la 10ᵐᵉ lune. — Déjeuner à Ngan-ting. Coucher à l'hôtel de Sou-tchuen.

Le 5ᵐᵉ jour de la 10ᵐᵉ lune. — Coucher à Ngan-tcheo. Le roi avait envoyé un eunuque, nommé Tchoang-tchuen-jong-ting, me présenter ses compliments; je le renvoyai immédiatement en le priant de transmettre mes compliments au roi.

Le 6ᵐᵉ jour de la 10ᵐᵉ lune. — Nous passons dans la matinée les deux fleuves Tsing-choui-kiang et Ta-ting-kiang. A midi, nous passons la montagne Siao-sin-ling. Le soir, nous couchons à Ting-tcheo dans l'hôtel Jen-shun-kouan. Nous fîmes ce jour-là 110 lis et, par suite de la longueur de nos étapes, ce ne fut que vers huit heures du soir que nous arrivâmes à l'endroit où nous devions passer la nuit.

Le 7ᵐᵉ jour de la 10ᵐᵉ lune. — Déjeuner à l'hôtel Yun-sin-kouan. A midi nous traversons la montagne Tang-ngo-ling. Coucher à l'hôtel Ling-pan-kouan. La température s'était adoucie, il dégelait, et on eût pu se croire au printemps.

Le 8ᵐᵉ jour de la 10ᵐᵉ lune. — Déjeuner à Tié-chan [188] à l'hôtel Tcho-nien-kouan. Le soir nous couchons à Leang-tso. Cette nuit-là nous dûmes nous lever à trois heures du matin de façon à arriver au point du jour à l'hôtel de So-tchouan.

Le 9ᵐᵉ jour de la 10ᵐᵉ lune. — Déjeuner à So-tchouan. Arrivée à midi à Itcheo. Le roi avait envoyé le vice-gouverneur de Han-tchang-fou [189], nommé Po-lo-yuan, pour me faire ses compliments; tout se passa comme précédemment. Le frère aîné du roi, appelé Li-io-che, m'envoya du jen-cheng[190] accompagné d'une lettre des plus aimables et de trois poésies ; je me servis des rimes de ces poésies pour en composer trois autres que je lui envoyai en retour.

Le seigneur de la grande cour Che-po m'envoya deux peintures représentant des orchidées. Je lui envoyai en retour une pièce de vers rhythmée dont ces fleurs étaient le sujet.

Le 10me jour de la 10me lune. — Lever de bonne heure. Le fonctionnaire chargé de m'accompagner, Li-tchong-fou, me fit hommage de trois pièces de vers sur les rimes desquelles j'en composai trois nouvelles que je lui dédiai en retour. Après toutes ces politesses nous nous mîmes en route. Je fis ce jour-là des cadeaux aux interprètes. Je leur fis présent de plus de cent vingt paires d'étuis à couteau et bâtonnets, de cent cinquante paires de petites bourses brodées, de plus de deux cents éventails et briquets ; enfin, d'un millier et plus de bonnets de feutre.

Les mœurs de la Corée sont d'une simplicité extrême.

Excepté dans le palais du roi, je n'y ai vu aucun objet d'art. Le peuple porte de préférence des vêtements blancs. Sa nourriture est très-frugale, les objets dont il se sert sont peu ornés, mais, en revanche, tenus très-proprement. Les Coréens s'assoient par terre et, par suite, leurs tables sont peu élevées au-dessus du sol ; à l'entrée de chaque maison on trouve des souliers (pour en changer avant d'entrer). Dans toutes leurs manières les Coréens ont gardé les vieilles traditions; leur langue écrite est la même [191] que la nôtre, mais leur langue parlée est différente, et, sans l'aide du pinceau, il nous serait impossible de nous faire comprendre par eux.

Le 11me jour de la 10me lune. — Nous partons vers la cinquième veille de l'endroit désert appelé Ma-tchuan-po [192]. A midi, nous passons la frontière. Le soir, nous arrivons à Feung-hoang-tchang. Le corps des fonctionnaires vint me faire visite comme lors de mon premier passage [193].

Le 12me jour de la 10me lune. — Nous nous arrêtons à Feung-hoang-tchang. Je me lève de bonne heure pour aller faire des visites et je donne les ordres nécessaires pour la location des voitures et pour l'emballage des bagages. A midi, un habitant de la ville vint me prier de lui laisser emporter un autographe de moi. Ce ne fut que vers huit heures que je quittai le pinceau. Je ne fis point de poésies ce jour-là.

Le 13me jour de la 10me lune. — Nous ne nous mettons en route qu'après déjeuner, vers midi. Les officiers du district de Feung-hoang-tchang nous reconduisent dans la campagne jusqu'au dehors de la porte de l'Ouest. Le magistrat intérimaire du canton de Sio-yen, nommé Mo-in-koun, et le chef de police, nommé Ouang-ouei-fan, nous accompagnèrent jusqu'à Siué-li-tchan, où nous couchâmes.

Le 14me jour de la 10me lune. — Nous nous mettons en route vers huit heures; nous passons une montagne très-élevée, puis nous traversons la rivière Kin-kia-ho, [194] sur le bord de laquelle se trouve l'hôtellerie appelée Li-yong-tien, où nous nous arrêtons. Là un nommé Kia me pria de lui laisser un autographe de ma main, je lui donnai trois sentences accouplées et nous partîmes. Arrivée le soir à

Tong-yuan-pou, où nous descendons dans la maison du bachelier Lou.

Le 15ᵐᵉ jour de la 10ᵐᵉ lune. — Nous passons plusieurs petites collines et couchons à Lien-chan-kouan. Dans la matinée il y avait beaucoup de givre, un vent très-froid soufflait, et je fus obligé de revêtir une grande robe fourrée de renard ; pourtant, vers midi, le temps se radoucit [195].

Le 16ᵐᵉ jour de la 10ᵐᵉ lune. — La neige tombe à gros flocons dans la matinée. Nous passons le mont Mo-tien-ling. Arrivée à Tien-choui-tchan, où nous déjeunons. A midi, nous passons la montagne Tsing-che-ling, la neige se résout en pluie et nous poursuivons notre route par des chemins de montagnes durant plusieurs dizaines de lis ; la boue qui couvrait les routes rendait la marche difficile au point d'exténuer hommes et bêtes de somme.

Au coucher du soleil nous arrivons à Leang-kia-chan [196], où nous couchons.

Le 17ᵐᵉ jour de la 10ᵐᵉ lune. — Déjeuner à Ouang-pao-taé ; coucher à Leao-yang-tchang.

Le 18ᵐᵉ jour de la 10ᵐᵉ lune. — Nous nous mettons en route vers quatre heures du matin. Déjeuner à Ouan-pao-kiao. Nous arrivons à l'heure de la première veille à Paé-ta-pou, où nous couchons. Dans la nuit il gela, et le vent s'éleva violemment de l'ouest. Je souffris d'un violent mal de tête.

Le 19ᵐᵉ jour de la 10ᵐᵉ lune. — Vers dix heures nous arrivons à Cheng-king ; les hauts fonctionnaires de la ville vinrent tous à ma rencontre au dehors de la ville au temple de Che-ta-jen [197]. Ils me demandèrent des nouvelles de mon voyage. Après quelques moments de conversation nous entrons dans la ville. Nous logeons dans l'hôtellerie appelée San-cheng-tien.

Le maréchal tartare, les vice-présidents des cinq tribunaux, le gouverneur et les fonctionnaires de chaque administration vinrent tous me voir. Ce jour-là le vent fut très-froid, nous eûmes les oreilles et les mains gelées [198].

Le 20ᵐᵉ jour de la 10ᵐᵉ lune. — Nous éprouvons plus de fatigues dans les allées et venues nécessitées par les échanges de visites que dans une journée de voyage; mais comme il s'agit de voir des connaissances de vieille date, nous n'en ressentons aucunement les suites.

Le 21ᵐᵉ jour de la 10ᵐᵉ lune. — Les fonctionnaires de la ville vinrent en corps nous souhaiter un heureux voyage. Je distribuai à ces personnages quelques produits de la Corée que j'avais rapportés avec moi ; on m'offrit en échange des productions de la province de Cheng-king ; toutes les politesses qui accompagnent les échanges de présents ne me laissèrent un seul instant de liberté durant toute la journée. Tout se passa conformément à ce précepte du Che-king [199] : « A celui qui vous offre une pêche, offrez une poire. »

Le 22ᵐᵉ jour de la 10ᵐᵉ lune. — Nous nous mettons en route ; chacun des hauts fonctionnaires nous accompagna jusqu'au dehors de la porte de l'Ouest au Chan-yuan-sse, où ils demandèrent des nouvelles de la santé de Sa Majesté ; le second envoyé et moi nous observâmes respectueusement le cérémonial usité précédemment.

Coucher à Ta-che-kiao, endroit appelé aussi Yong-ngan-kiao [200].

Le 23ᵐᵉ jour de la 10ᵐᵉ lune. — Déjeuner à Kou-kia-tzeu; à midi, nous traversons la rivière Tsu-liou-ho. Coucher à Sin-ming-toun.

Le général tartare de Chen-king, nommé Ting-kin-tsoun, avait envoyé un officier du grade de major nommé Tchen-ling-ko avec des soldats pour m'escorter jusqu'à l'étape. Cet officier — âgé de vingt-cinq ans — était originaire de Ho-kien-fou [201]. Sa stature et sa physionomie révélaient la force et l'énergie ; il était rompu à l'art du commandement, car il avait fait ses premières armes à l'âge de dix-huit ans. Il a dû à ses actes de bravoure et aux nombreuses captures qu'il a faites, un avancement rapide et la réputation d'un guerrier intrépide, et l'on compte le faire arriver au premier rang, s'il tient les promesses qu'ont données ses débuts [202].

Le 24ᵐᵉ jour de la 10ᵐᵉ lune. — Déjeuner à Kou-kia-tzeu. Arrivée vers huit heures du soir à I-pan-la-men, où nous couchons. Comme le lendemain (*le 25ᵐᵉ jour de la lune*) nous devons déjeuner à Hou-kia-pou et faire une étape de 120 lis et plus pour coucher à Tchang-han-pou, nous n'osons pas nous livrer au sommeil. Après un léger repos nous nous levons ; nous éveillons nos gens et nous partons. Depuis deux heures du matin, heure de notre départ, jusqu'à huit heures du soir, heure de notre arrivée, nous eûmes à passer une nuit sereine, mais froide, pendant laquelle le froid et la gelée nous éprouvèrent rudement, et, dans la journée, le vent nous coupait le visage et engourdissait nos membres. Il est impossible d'imaginer un voyage aussi pénible que le fut celui-ci.

Le 26ᵐᵉ jour de la 10ᵐᵉ lune. — Déjeuner à Tchang-sin-tien. Coucher à Sse-taé-tzeu.

Le 27ᵐᵉ jour de la 10ᵐᵉ lune. — Nous passons la montagne Che-chan-tchan [203], appelée aussi Che-san-chan-tchan; ce nom vulgaire tire son origine des treize pics qui la couronnent. Coucher à Ta-ling-ho. Ce jour-là soufflait un vent du nord très-froid.

Le 28ᵐᵉ jour de la 10ᵐᵉ lune. — A midi, nous traversons la rivière Siao-ling-ho. Coucher à Soung-chan-pou. Un vent de tempête souffla toute la journée en nous lançant du sable à travers la figure. Les chemins de montagne furent aussi très-difficiles.

Le 29ᵐᵉ jour de la 10ᵐᵉ lune. — Vers huit heures du matin, le général tartare de I-tcho, nommé Y-jong, et qui venait d'être promu, vint nous voir à l'hôtel et s'informa respectueusement de la santé de Sa Majesté. Je me levai et suivis les rites comme dans les cas précédents. A midi, nous arrivons à Kao-kiao-pou. Le soir, nous descendons dans un hôtel de Lien-chan.

Le 30ᵐᵉ jour de la 10ᵐᵉ lune. — Déjeuner à Ning-yuan. Coucher à Ouang-haé-tien. Sur la muraille, Tsao-pao, dont le surnom est Yu-fang, avait écrit quatre pièces de vers sur les rimes d'un poëte nommé Fou-ouei-tsing; ces vers étaient remarquablement bien faits. Aussi passai-je la nuit, à la lumière de la lampe, à composer une pièce de vers sur ces mêmes rimes.

Le 1ᵉʳ jour de la 11ᵐᵉ lune. — Je me mets en route à la cinquième veille. Déjeuner à Tchong-ho-souo, coucher à

Tien-toun-ouei. Il fit assez chaud dans le milieu de la journée, la rivière Tsing-choui était dégelée.

Le 2ᵐᵉ jour de la 11ᵐᵉ lune — Déjeuner à Tchong-tshien-souo ; vers quatre heures nous entrons à Chan-haé-kouan, où nous nous arrêtons. Le général tartare Tchang et moi nous échangeâmes des visites et nous eûmes ensemble une conversation très-intéressante. Après quelques quarts d'heure d'entretien nous prîmes congé l'un de l'autre.

Le 3ᵐᵉ jour de la 11ᵐᵉ lune. — Vers huit heures nous quittons Ling-in. A midi, nous nous arrêtons à Cheun-ho-y, où nous déjeunons ; nous arrivons vers huit heures du soir à Fou-ning-hien, où nous descendons à l'hôtel des postes. Ce jour-là, la température fut très-douce.

Le 4ᵐᵉ jour de la 11ᵐᵉ lune. — Déjeuner à Chouang-ouang-pou. Coucher à Yong-ping-fou. Ce jour-là le temps fut extrêmement agréable. Les sources étaient dégelées et l'eau roulait en grondant sur les chemins. Vers le soir, nous trouvâmes à Lu-tsao [204] des chemins de montagne resserrés et accidentés. Nous eûmes beaucoup de peine à parcourir cette route sinueuse.

Le 5ᵐᵉ jour de la 11ᵐᵉ lune. — Nous nous mettons en route dès le matin ; nous passons le Loan-ho et le Tsing-chouei-ho sur des bacs. Depuis quelques jours l'hiver se montre fort doux, la glace des rivières est à moitié fondue. A midi, nous traversons Yé-ki-to [205], où nous nous reposons. Coucher à Cha-ho-y. Sur une longueur de plusieurs lis nous eûmes à parcourir des chemins inondés de sable dans lesquels les chevaux et les voitures avaient bien de la peine à avancer.

Le 6ᵐᵉ jour de la 11ᵐᵉ lune. — Nous nous levons vers

quatre heures du matin par un temps très-agréable. Arrivée à midi à Tcheun-tzeu-tchen. Le soir nous arrivons à Feung-jong-hien. Nous avions eu un peu de vent dans la journée. Ce jour-là un vieillard, habitant de Feung-jong-hien et nommé Tchang-tchoun-to, vint de très-loin avec sa femme, nommée Tchang-kao-che, jusqu'à l'hôtel où nous étions descendus. Ils étaient venus tout en larmes porter plainte et s'obstinaient à rester là. Comme en ce moment le magistrat de la ville, nommé Pang-tsaé-ngen, était retenu hors de son tribunal par les affaires, je fis venir le chef de la police, nommé Kouo-ouei-sin, et je lui ordonnai de s'occuper de ces gens, de les interroger et d'enregistrer leur plainte ; je fis sortir des archives du tribunal le dossier de l'affaire en question, j'interrogeai les plaignants à diverses reprises afin de compléter mon instruction, et enfin j'ordonnai aux autorités locales d'examiner avec soin cette réclamation et d'y faire droit au plus vite. Les deux époux s'en retournèrent satisfaits. J'étais à peine couché, qu'il fallut me lever et me mettre en route, de sorte que je ne dormis point cette nuit-là.

Le 7me jour de la 11me lune. — Déjeuner à Cha-leou-ho. En me rappelant mon passage à cet endroit au milieu de l'automne, le 15me jour de la 8me lune, je retraçai par la pensée le tableau des trois mois qui venaient de s'écouler.

Dans l'après-midi s'éleva un grand vent. Coucher à Iu-tien-hien, dont le magistrat, nouvellement promu, vint me voir pour la première fois. Je rencontrai là le général tartare de Mi-yun [206], qui était en tournée d'inspection. Il demanda des nouvelles de la santé de l'Empereur. Le cérémonial fut le même que précédemment. Le soir, nous échangeâmes des visites et éprouvâmes beaucoup de plaisir dans nos conversations.

Le 8ᵐᵉ jour de la 11ᵐᵉ lune. — Déjeuner à Pié-chan. Arrivée le soir à Pan-kun, où nous couchons. Ce jour-là le temps fut splendide. En deçà de la muraille, sur une étendue de plus de 700 lis, il n'était pas tombé un flocon de neige depuis le commencement de l'hiver. C'était une calamité.

Le 9ᵐᵉ jour de la 11ᵐᵉ lune. — Nous nous mettons en route au milieu de la nuit. Déjeuner à Tsao-ling-tsoun. Coucher à Ien-kiao tcheun. La température s'était un peu abaissée.

Le 10ᵐᵉ jour de la 11ᵐᵉ lune. — Lever de bonne heure. Le Tao-taï de Tong-tcheo et de Yang-ping-fou [207], nommé Ing-hao-tien, qui avait été mon collègue au tribunal des travaux publics et était de mes amis, m'invita à déjeuner. Je le quittai après avoir passé quatre heures avec lui. La journée fut très-belle. Les officiers civils et militaires, ainsi que les officiers subalternes, vinrent tous me voir et me faire le salut du prosternement. Je reçus ainsi bien du monde, et en revoyant ces gens je me rappelai les rapports agréables que nous avions autrefois eus ensemble.

Le 12ᵐᵉ jour de la 11ᵐᵉ lune. — Nous entrons à Pékin vers midi par la porte Tong-pien-men [208], puis par la porte Tchang-yang-men [209], et arrivons au pavillon Lu-tsou-ko [210], où nous descendons. Nous écrivons respectueusement notre rapport au Trône, annonçant à Sa Majesté l'achèvement de notre mission et lui demandant des nouvelles de sa santé. Les fonctionnaires des différentes administrations dont je fais partie et qui avaient à me parler affaires, vinrent me voir [211].

Le 13ᵐᵉ jour de la 11ᵐᵉ lune. — J'entre dans le palais vers quatre heures (du matin), je demande respectueusement des nouvelles de la santé de Sa Majesté. L'Empereur m'interrogea durant cette audience sur les affaires de la Corée; je fis des réponses respectueuses et détaillées sur tous les points. Je rentrai chez moi vers midi.

J'ai pu reconnaître que parmi les lettrés qui ont été autrefois envoyés en mission dans un pays étranger, voire même dans une province éloignée, aucun n'a laissé échapper les occasions qui se sont offertes à lui d'observer le climat, les mœurs, les coutumes, la configuration des pays qu'il visitait. Tous ont pris note de ce qu'ils entendaient et de ce qu'ils voyaient, afin de ne jamais en perdre le souvenir et de ne pas passer pour des hommes qui visent à l'extraordinaire. Or, si un lettré ignore la moindre des choses, n'est-ce pas un sujet de honte pour lui, et, d'un autre côté, ne doit-il pas craindre de faire mal ce qu'il a entrepris? Aussi n'ai-je rien écrit qu'après un mûr examen, ne me suis-je pas laissé entraîner par mon imagination et, en suivant cette règle de conduite, ai-je agi dans les meilleures intentions.

Cette année Ping-ing, au milieu de l'automne, ayant reçu l'ordre d'aller en mission vers l'orient jusqu'en Corée, j'ai passé par Moukden, j'ai franchi la frontière de la Chine et parcouru une route de quelques milliers de lis. J'ai vu beaucoup de monde et je me suis appliqué, dans mes paroles et dans ma conduite, à ne rien faire de répréhensible pour ne pas encourir à la fois les reproches des étrangers et de mes compatriotes. C'est dans cet esprit que j'ai écrit cette relation, en prenant les anciens pour modèles. Mon journal exposera clairement à mes contemporains tout ce qui s'est fait pendant mon voyage, tant à l'aller qu'au retour. Je ne l'ai pas publié dans l'intention de mettre en évidence mes talents, car j'eusse pu, en m'abstenant de l'écrire, éviter toute critique ; mais, en affrontant les satires (de mes lecteurs), je n'ai qu'un but, celui d'exposer sincèrement des faits véridiques.

Koa-eur-kia [212], originaire de Tchang-paé [213], (*nom*) Koei-ling, (*surnom*) Hoa-feung [214], a écrit ceci dans la 11ᵐᵉ lune de la 5ᵐᵉ année de Tong-tche [215], devant la fenêtre exposée au midi de sa bibliothèque du Travail vigilant.

Pékin, le 15 juillet 1874.

F. SCHERZER.

NOTES ET ÉCLAIRCISSEMENTS

1. Cette date correspond à celle du 13 août 1866.

2. Les Chinois désignent la Corée sous le nom de *Tchao-sien*, 朝鮮.

3. Le brevet d'investiture s'appelle en chinois *tso*, 册.

4. Le *Ta-tsing-kin-chen*, 大淸搢紳, ou « Annuaire de l'empire », nous donne sur l'auteur chinois les renseignements suivants : « Koei-ling, 魁齡, surnom « Hoa-feung » mandchou de la bannière rouge; décoré du bouton de première classe, vice-président du Tribunal des fonctionnaires, général de brigade de la bannière mandchoue blanche bordée de rouge; inspecteur du Hoei-tong-sse-i-kouan, 會同四譯館, ou Bureau des interprètes, membre du conseil suprême de l'administration du palais ou Nai-ou-fou, 內務府. »

5. *San-tche-ta-chen*, 散秩大臣, veut dire « haut dignitaire à la disposition ». Ce titre est purement honorifique et correspond à celui de grand officier de la maison impériale. L'*Annuaire général* cité plus haut donne sur Si-yuan, 希元, les informations suivantes : « Si-yuan, surnom « Tsan-tchen », mongol de la bannière jaune, maréchal de Han-tcheo, 杭州將軍, généralissime honoraire, marquis de la Bravoure intimidatrice, Ouei-jong-ho, 威勇侯. »

6. « La princesse même, épouse du roi, ne prend le titre de reine qu'après l'avoir reçu de l'empereur. Comme le cérémonial est réglé, il n'y a jamais aucune semence de querelle ni de guerre. » (Extrait de la *Description de la Chine* du P. Duhalde, édition de 1736, vol. IV, p. 537.)

7. C'est-à-dire le 11 septembre 1866.

8. Le 20 septembre 1866.

9. Ce caducée, appelé en chinois *Tsié*, 節, et dont on peut voir la description et un dessin dans la traduction de M. Devéria relative au mariage de l'empereur, est une marque des pouvoirs que le souverain a conférés à son envoyé. Le Tsié correspond en Chine aux lettres de créance délivrées à nos ambassadeurs.

10. Voyez la traduction de M. Devéria du *Cérémonial du mariage de l'empereur*, à laquelle ont été annexés les dessins de cette chaise aux dragons et de ces différents emblèmes.

11. *Tchao-yang-men*, 朝陽門, c'est-à-dire « la Porte qui regarde le soleil ». Cette porte est située à peu près au centre de la muraille Est de la ville tartare de Pékin ; elle s'appelait sous les Yuan, 元, Tchi-hoa-men, 齊化門, nom que le peuple lui laisse de préférence au nom qui lui a été donné sous les Ming, 明.

12. D'après l'*Annuaire général*, Tong-tcheo, 通州, est situé à 40 lis de Pékin (le li vaut 567 mètres). Cette sous-préfecture est très-importante et le chiffre de sa population flottante est très-élevé. Tong-tcheo, situé sur le Pé-ho, 北河, est le port de Pékin ; c'est sur ce point que sont dirigés tous les riz provenant des impôts. Cette ville, placée sur la route de la Mandchourie, est en communication avec l'intérieur de la Chine par le grand canal qui se jette dans le Pé-ho, au-dessus de Tien-tsin, 天津.

13. C'est-à-dire le Tribunal des rites. Dans l'antiquité, l'administration de l'empire se partageait entre six tribunaux suprêmes : celui du Ciel, celui de la Terre, celui du Printemps, celui de l'Été, celui de l'Automne, celui de l'Hiver.

14. Style fleuri pour désigner le brevet d'investiture.

15. Suivent, dans le texte chinois, deux pièces de vers. Nous cesserons à l'avenir de traduire les poésies dont l'envoyé chinois a émaillé son récit et qui n'y ajoutent d'ailleurs aucun intérêt.

16. Le 22 septembre 1866. — Il manque un feuillet dans l'exemplaire que j'ai sous les yeux, et qui est tombé fortuitement en ma possession : ce feuillet contient la journée du 13me jour de la 8me lune (21 septembre). Malgré tous mes efforts, je n'ai pu réussir à me procurer un second exemplaire de cette relation, qui ne se trouve pas

dans le commerce, et parvenir à combler cette lacune. Cette journée a dû se passer en visites, Koei-ling, qui avait été autrefois intendant de Tong-tcheo, y ayant gardé beaucoup de relations. (*Note du traducteur.*)

17. *Pang-kun,* 邦均. « Le souverain de la contrée. »

18. *Pié-chan,* 別山, c'est-à-dire « la Montagne qui se distingue. » Nous emprunterons quelques détails, sur une partie des localités citées par Koei-ling, au journal d'un voyage entrepris en 1870 par le savant philologue russe M l'archimandrite Palladius, et publié en Russie sous le titre suivant : *Notes de voyage de Pékin à Blagoweshtchensk par la Mandchourie en* 1870 — *archimandrite Palladius* (Pétersbourg, 1872, broch. in-8°) : « Pié-chan est situé au pied d'une montagne qui, ainsi que son nom l'indique, est isolée de la chaîne principale. » (Extrait du *Voy. de l'archimandrite Palladius.*)

19. *Ki-tcheo,* 州. « La sous-préfecture aux chardons. »

20. *Tsaé-ting-kiao,* 綵亭橋, c'est-à-dire « le Pont aux pavillons décorés ». « Il n'existe aucun kiosque sur ce pont. » (Palladius.)

21. *Iu-tien,* 玉田. « Nous longeâmes le mur qui entoure la ville pour arriver à l'hôtellerie située dans le faubourg. Iu-tien signifie « le champ de jade »; pourtant la ville est bâtie au milieu d'une plaine de sable. On y rencontre énormément de porcs destinés au marché de Pékin; les montagnes dont nous semblions vouloir nous rapprocher s'éloignent dans la direction du nord-ouest. » (Palladius.)

D'après l'*Annuaire général,* 220 lis séparent Tong-tcheo de Iu-tien, en passant par les étapes officielles, qui sont San-ho, 三河, à 70 lis de Tong-tcheo, et Ki-tcheo, à 140 lis de cette même ville.

22. *Cha-leou-ho,* 沙流河, c'est-à-dire « la Rivière où coule le sable ».

23. L'*Annuaire général* donne 80 lis pour la distance de Iu-tien à Feung-jong-hien, 豐潤縣, « ville très-riche, mais ancienne. Le sol en est très-riche, d'où son nom qui signifie « canton fertile. » (Palladius.)

24. *Tcheun-tzeu-tchen,* 榛子鎮, « grand village, très-propre, avec des rues bordées de trottoirs. Son nom signifie « faubourg des « Noisettes », et pourtant ce fruit n'y existe pas. » (Palladius.)

25. L'*Annuaire général* donne 100 lis pour la distance entre Feung-

jong-hien et Loan-tcheo, 欒州. « Tous les porcs, ânes et mules rencontrés sur la route venaient de Loan-tcheo. » (Palladius).

26. « *Cha-ho-y*, 沙河驛, signifie « la Station de la rivière de « sable »; on n'y voit pas de rivière de sable, mais bien un lit de sable ». (Palladius).

27. *Tsien-ngan*, 遷安, c'est-à-dire « la Tranquillité amélioratrice ».

28. *Loan-ho*, 欒河, c'est-à-dire « la Rivière qui coule goutte à goutte ».

29. *Yong-ping-fou*, 永平府, c'est-à-dire « la Préfecture éternellement pacifique ». « Yong ping fou a toujours eu une grande importance dans toutes les guerres. Le département de Yong-ping borne à l'est le pays désigné dans le style officiel par le nom de King-tong, 京東. » (Palladius).

30. *Lou-long-hien*, 盧龍縣, c'est-à-dire « le Canton du dragon noir ». L'*Annuaire général* donne 60 lis pour la distance de Loan-tcheo à Lou-long-hien.

31. Le voyageur chinois place ici le commentaire suivant : « Le Loan-ho s'appelle aussi Tsing-choui-ho, 清水河 [a]; vu l'absence de bacs, nous dûmes le passer à gué au moment où la lune se levait. Vers la première veille, nous traversâmes la rivière que l'on rencontre au-delà de Yong-ping-fou. Dans l'automne de la 7ᵐᵉ année de Hien-feung [b], lors de mon retour de Cheun-yang, 瀋陽, la rivière ayant grossi, je dus prendre un bateau à l'endroit appelé I-tshi-miao [c], 夷齊廟, et, par suite de la violence du courant, je mis six heures à passer d'un bord à l'autre. »

32. « *Chouang-ouang*, 雙望, signifie « se regarder mutuelle-

---

[a]. C'est-à-dire « la Rivière aux eaux claires ».

[b]. C'est-à-dire en 1857.

[c]. Ce qui signifie « le temple de I et de Tchi. » Ce temple est dédié aux deux personnages célèbres Po-i, 伯夷, et Chou-tshi, 叔齊, qui, lorsque Ou-ouang, 武王, fonda la dynastie des Tcheou, 周, après avoir détrôné Tcheo-ouang, 紂王, de la dynastie des Chang, 商, se laissèrent mourir de faim plutôt que de prendre aucun aliment sous le règne de l'usurpateur, et furent divinisés après leur mort, qui eut lieu vers 1122 avant Jésus-Christ.

ment ». Ce nom est dû à l'existence de deux mamelons situés vis-à-vis l'un de l'autre au sud de la ville. » (Palladius.)

33. Par « hôtel » nous désignerons la maison officielle où descennent les fonctionnaires en voyage. Le Kong-kouan, 公館, ou « hôtel officiel » est ordinairement voisin de la demeure du chef de la poste et est désigné quelquefois sous le nom de I-kouan, 驛館, expression qui est traduite exactement par ces mots : hôtel des postes.

34. *Pei-ing-pou*, 背陰堡, c'est-à-dire « la Citadelle ombragée ». « Dans toute cette contrée, on remarque la grande quantité d'ormeaux qui y croît. » (Palladius.)

35. *Lou-feung-ko*, 盧峯口, c'est-à-dire « la Passe du pic du laboureur ».

36. *Fou-ning-hien*, 撫寧縣, c'est-à-dire « le Canton de la tranquillité protectrice ».

37. *Cheun-ho-y*, 深河驛, signifie « Halte de la rivière profonde ». « Cheun-ho-y est situé près des montagnes. » (Palladius.)

38. *Chan-haé-kouan*, 山海關, ce qui veut dire « Barrière entre la montagne et la mer ». Cette ville est bâtie à 40 lis de la mer et est très-importante par sa situation sur la grande muraille. « La grande muraille qu'on y voit de nos jours date de la dynastie des Ming, mais on m'a raconté que près de la mer on trouve des vestiges de l'ancienne grande muraille bâtie par Che-hoang-ti, 始皇帝, vers la fin du troisième siècle avant Jésus-Christ, » (Palladius.)

39. En chinois, *Kouan-ti-miao*, 關帝廟. Le génie Kouan est un célèbre guerrier, originaire du Chen-si, 陝西, et qui vivait dans le troisième siècle avant Jésus-Christ. Il défendit énergiquement la dynastie des Han 漢 contre les attaques qu'elle eut à subir sous Liou-pé, 劉備. Il fut divinisé par Ouan-li, 萬歷, empereur de la dynastie des Ming, et est actuellement adoré comme le dieu de la guerre.

40. « A Ling-iu, 臨榆, se trouve le poste de douane; il y passe une petite rivière appelée Iu-ho, 玉河, « la rivière de Jade », et dont le nom actuel est Che-teou-ho, 石頭河, «rivière des Pierres». Cette localité a un commerce très-important. » (Palladius.)

41. *Tchong-tsien-souo*, 中前所. « ... Forteresse en bon état de défense : c'était un point militaire très-important sous les Ming. Aujourd'hui il s'y fait un grand commerce. » (Palladius.)

42. *Ning-yuan-tcheo*, 甯遠州, qui signifie « la Sous-préfecture de la bienveillance éloignée ».

43. *Cha-ho*, 沙河, ce qui signifie « la Rivière de sable ».

44. *Tsien-toun-ouei*, 前屯衛. « Les forteresses désignées sous les noms de Ouei, 衛, et de Souo, 所, ont été construites sous les Ming, qui entretenaient une armée considérable dans cette contrée, pour y garantir contre les attaques des Coréens. Les *ouei*, ou forteresses de première classe, contiennent jusqu'à 5600 hommes de garnison. Les *Souo*, ou forteresses de deuxième classe, contiennent jusqu'à 1120 hommes de garnison. Ces forteresses sont désignées par les combinaisons des mots *Tsien*, 前, « avant », *Heou*, 後, « arrière », *Tchong*, 中, centre, milieu... Le service de ces forteresses est fait par des cultivateurs organisés en milices [a]. » (Palladius.)

45. *Tchongho-souo*, 中後所.

46. *Sin-ming-toun*, 新民屯, ce qui signifie « le Village à la population renouvelée ».

47. *Ouen-siang*, 文祥, tuteur honoraire de l'empereur, a depuis été promu aux premières dignités de l'empire ; c'est un des hommes du parti tartare les plus populaires et les plus écoutés en haut lieu. Il est, après le prince Kong, 恭, le membre le plus en vue du « conseil des affaires étrangères » ou *Tsong-li-ko-ko-uo-che-ou-ya-men*, 總理各國事務衙門, institué en 1860. Ouen-siang a demandé à différentes reprises, vu son état de santé, à se retirer de la scène publique, autorisation qui lui a été refusée jusqu'ici.

48. *Ouang-haé-tien*, 望海店, ce qui signifie « Hôtellerie qui regarde la mer ». « Petit village d'où l'on aperçoit, à une distance d'environ un kilomètre, la mer et deux petites îles, l'une appelée *Tsu-hoa-tao*, 菊花島, « l'île des Chrysanthèmes », l'autre *T'ao-hoa-tao*, 桃花島, « l'île des Fleurs de pêcher ». (Palladius.)

---

[a]. Comme les Cosaques dans l'armée russe. (*N. du trad.*)

49. « Cette ville est entourée d'une grande muraille. On voit près de là les vestiges d'une ancienne ville du même nom. » (Palladius.)

50. *Ou-tao-ho*, 五道河, ce qui signifie « la Rivière des cinq chemins ».

51. *Lien-chan*, 連山, ce qui signifie « la Montagne réunie ». « Bourgade très-commerçante. Après avoir passé cette ville, on aperçoit de nouveau la mer, sur les côtes de laquelle se trouvent plusieurs îles. » (Palladius.)

52. *Kao-kiao-pou*, 高橋堡, « village du Pont élevé », est à une distance de 60 lis de Ning-yuang-tchéo, suivant l'*Annuaire général*. « Village assez riche. On commence déjà à y fabriquer de l'huile de pois, extraite des semence de *soya hispida*, et plus on avance dans le pays, plus on voit s'étendre cette industrie. » (Palladius)

53. *Sin-chan*, 杏山, « la Montagne aux abricots ».

54. *Siao-ling-ho*, 小凌河, ce qui veut dire « la Rivière aux petits glaçons », est situé à une distance de 55 lis de Kao-kiao-pou. Voir l'*Annuaire général de l'empire*. « Le Siao-ling-ho est une petite rivière que l'on passe à gué. A 20 lis de là, sur cette même rivière, se trouve la ville de Kin-tcheo-fou, 錦州府. » (Palladius.)

55. *Soung-chan-pou*, 松山堡, « village de la Montagne aux sapins ».

56. *Ta-ling-ho*, 大凌河, c'est-à-dire « la Rivière aux grands glaçons ». « Cette localité avait une très-grande importance sous les Ming. La rivière y a une largeur de plus de 200 mètres, et pourtant on la passe à gué. Par les temps de pluie, on est obligé de se servir d'un bac. » (Palladius.)

57. *Tchang-to-hien*, 承德縣, canton de la Mandchourie.

58. *Kaé-ping-hien*, 蓋平縣, est aussi un canton de la Mandchourie.

59. *Sse-taé-tzeu*, 四台子, ce qui veut dire « les quatre Élévations ».

60. *Che-chan-tchan*, 石山站, ce qui signifie « l'Étape de la montagne de la pierre », est situé à 66 lis de Siao-ling-ho. Voir l'*Annuaire général de l'empire*.

61. *Tchang-sin-tien,* 常興店, signifie « l'Hôtellerie de la constante prospérité ». « Devant nous se dresse une chaîne de montagnes appelée *Kouang-ning-chan,* 廣甯山. » (Palladius.)

62. *Lu-yang-i,* 閭陽驛, est une station de poste.

63. *Siao-r'hé-chan,* 小黑山, c'est-à-dire « la petite Montagne noire », est situé à 67 lis de Kouang-ning. Voir l'*Annuaire général.* « Village très-populeux et commerçant. » (Palladius.)

64. « Les montagnes de Kouang-ning s'appelaient autrefois *Jou-lu* et sont très-célèbres, car elles sont citées dans les classiques. Le premier empereur de la dynastie des Leao, 遼 ou (Ki-tan), au dixième siècle, y est enterré. » (Palladius.)

65. *Tchong-ngan-pou,* 中安堡, c'est-à-dire « le Village au centre tranquille ». « On y cultive beaucoup de pois, dont l'huile remplace celle de sésame. Les tourteaux provenant de cette fabrication sont envoyés dans le sud de la Chine, où ils servent d'engrais. » (Palladius.)

66. *Paé,* 佩, est le petit nom de Pao-kun, 寶鋆. Ce personnage est actuellement membre tartare du grand conseil de l'empire, président du tribunal de la guerre et membre du conseil des affaires étrangères.

67. *Hou-kia-pou,* 胡家堡, ce qui signifie « le Village de la famille Hou ».

68. *I-pan-la-men,* 一半拉門, ce qui veut dire « la Porte à demi ouverte ».

69. *Ta-paé-tchi-pou,* 大白旗堡, « le Village du grand drapeau blanc ».

70. *Tcha-pang-ngan,* 茶棚菴, « Pagode où l'on vend du thé sous un abri », situé à 80 lis de Kouang-ning. Voir l'*Annuaire général.* « Le Leao-ho passe près de cette ville. » (Palladius.)

71. *Tsu-leou-ho,* 巨流河, c'est-à-dire la « Rivière au grand courant ».

72. *Tsan-tchen,* 贊臣 ; c'est le petit nom de Si-yuan, le deuxième envoyé.

73. *Sin-ming-toun.* Voir plus haut, note 46. « … C'est presque une petite ville. » (Palladius.)

74. « … Le Tsu-leou-ho n'est navigable qu'après les fortes pluies.

Entre le Tsu-leou-ho et le Ta-che-kiao se trouve une portion de pays appelée *Lao-pien*, 老邊 ou *Kiou-pien*, 舊邊, ce qui signifie « l'Ancienne Frontière ». Elle doit ce nom à une construction ancienne qui passe par là et que les géographes chinois croient avoir été la frontière militaire de la Chine sous les Ming. C'est ici qu'on entre dans la province désignée sous le nom de *Leao-tong*, 遼東. La route appelée *Iu-lou*, 榆路, est, comme son nom l'indique, bordée d'ormeaux. » (Palladius.)

75. *Kou-kia-tzeu*, 孤家子, ce qui signifie « l'Enfant de la famille abandonnée ».

76. *Ta-che-kiao*, 大石橋, « le Grand Pont de pierre ». « On y voit un grand pont de pierre jeté sur une petite rivière. » (Palladius.)

77. *Tchang-to-fou*, 承德府; c'est le chef-lieu du canton cité note 57.

78. En chinois *kouo-che-r'ha*, 郭什哈, traduction phonétique d'un mot mandchou qui sert à désigner les gens de la suite des grands officiers tartares. Les kouo-che-r'ha sont revêtus d'un caractère officiel et sont généralement armés.

79. *Tchao-ling*, 昭陵, ce qui signifie « la Sépulture impériale brillante ». Cette sépulture est celle de l'empereur Tien-tsoung, 天聰, dont le nom posthume est Taé-tsoung-ouen-hoang-ti, 太聰文皇帝. Cet empereur fut le sixième de la dynastie tartare des Tsing et mourut en 1644.

80. *Cheng-king*, 盛京, ce qui signifie « la Capitale florissante ». « La première résidence des empereurs mandchous était Are tou ha la, dont le nom chinois est Sin-king. Vers le commencement du dixième siècle, on transporta la capitale à Cheun-yang, dont le nom fut changé en chinois en celui de Cheng king, et en tartare en celui de Moukden. C'est à cette ville qu'aboutissent les routes de Niou-tchouang, de Corée, de Mandchourie, de Mongolie. On y voit beaucoup de Chinois venus du Chan-si, 山西 et de Yong-ping-fou... La ville de Niou-tchouang en est éloignée de 360 lis... Au sud de Moukden coule le Houn-ho, qui se jette dans le Leao-ho... Le nom vulgaire de Moukden est King [a] ou Cheun-yang; son nom comme

---

a. *King*, 京, signifie « la Cour ». (*N. du trad.*)

chef-lieu de province est Foung-tien-fou, 奉天府. C'est là où sont les sépultures des premiers empereurs mandchous. Jusqu'au commencement de ce siècle, les empereurs de la dynastie actuelle se croyaient obligés de faire un pèlerinage à ces sépultures, mais depuis Kia-king [a], 嘉慶, on a aboli cette coutume. Depuis lors les routes, qui étaient très-belles, ont cessé d'être entretenues et les arbres qui les bordaient ont été coupés... » (Palladius.)

« Chin-yang ou Moukden est la capitale de tout le pays. Les Tartares Mandchous ont pris soin de la faire bien rétablir, de l'orner de plusieurs édifices publics et de la pourvoir de magasins d'armes et de vivres. Ils la regardent comme la cour du royaume que forme leur nation, de sorte qu'après même leur entrée dans la Chine, ils y ont laissé les mêmes tribunaux souverains qui sont à Pékin, excepté celui que l'on nomme Li-pou. (Ce tribunal est le premier des six tribunaux souverains. Il propose, il casse les officiers qui gouvernent le peuple, etc.). » (Extrait de la *Description de la Chine* du père Duhalde, vol. IV, p. 4.)

81. *Fou-ling*, 福陵, ce qui signifie « la Sépulture impériale bienheureuse ». « Non loin des portes de la ville sont deux magnifiques sépultures des empereurs de la famille régnante, qui prirent le titre d'empereur dès qu'ils commencèrent à dominer dans le Leao-tong. L'une est du grand-père de l'empereur, l'autre de son bisaïeul ; toutes deux sont bâties selon les règles et les dessins de l'architecture chinoise ; mais, ce qui n'est pas ailleurs, elles sont fermées d'une muraille épaisse garnie de ses créneaux et un peu moins haute que celle de la ville. Plusieurs mandarins mandchoux de toute sorte de rang sont destinés à en avoir soin, et à faire dans le temps marqué certaines cérémonies qu'ils pratiquent avec le même ordre et les mêmes témoignages de respect que si leurs maîtres vivaient encore. » (Père Duhalde, vol. IV, p. 4.)

82. « La Grotte du génie », en chinois *Sien-jen-tong*, 仙人洞, contient un autel voué à un des nombreux génies à l'existence desquels croient une grande partie des Chinois. Les bouddhistes désignent

---

[a]. Kia-king régna de 1796 à 1804. — L'archimandrite Palladius ne suivit dans son voyage l'itinéraire de l'envoyé chinois que jusqu'à Moukden. De là il poursuivit sa route vers le nord-est.

par les mots de *Sien-jen* ou *Chen-sien,* 神仙, les personnages historiques qui ont été sanctifiés ou les rishis immortels, dont ils distinguent cinq classes : céleste, spirituelle, humaine, matérielle et diabolique.

83. Le voyageur chinois place ici la note suivante : « Dans la septième année de Hien-feung [a], 咸豐, j'étais au Chin-yang lorsque, éprouvant des douleurs d'estomac que plusieurs médecins s'étaient reconnus impuissants à guérir, j'allai consulter le génie, et je fus guéri en suivant les prescriptions qu'il me donna [b]. Je fis suspendre dans son temple une tablette commémorative ainsi conçue : « Sa « grande puissance ramène le printemps. Cette tablette [c] était suspen- « due au mur oriental du temple. Encore maintenant, à chaque repas, « je me rappelle ce bienfait et j'en suis reconnaissant à son auteur. »

84. Cette date correspond au 10 octobre 1866.

85. *Houn-ho,* 渾河, ou « la Rivière trouble ».

86. *Siao-leao-choui,* 小遼水, ou « la Petite Eau éloignée ».

87. *Choui-king,* 水經, en français « le classique de l'eau ». Cet ouvrage est dû à Sang-kin, qui l'écrivit vers le commencement de notre ère, et a été commenté par Li-tao-yuan, qui vivait sous les Ouei [d], 魏, du Nord. Ce livre, très-estimé des érudits chinois, contient une description des eaux de l'empire chinois dans l'antiquité.

88. *Leao-chan,* 遼山, c'est-à-dire « la Montagne éloignée ».

89. *Kao-kiu-li,* 高句麗, ce qui veut dire « Élégance exquise », d'où l'on a tiré Kao-li, 高麗, nom vulgaire donné aux Coréens,

---

a. C'est-à-dire en 1857.

b. Après avoir brûlé des bâtonnets parfumés sur l'autel du génie et fait le salut des trois prosternements devant son idole, le consultant tire au hasard une fiche en bois d'un vase qui en contient un grand nombre portant chacune un caractère distinct; il va ensuite la présenter au gardien du temple, qui, moyennant une faible rétribution, lui donne en échange une feuille imprimée correspondant au caractère gravé sur la fiche tirée. Cette feuille contient les indications du régime et des remèdes qui devront guérir le malade.

c. Les médecins chinois suspendent à la façade de leur maison des tablettes du même genre célébrant et qui sont le témoignage de la reconnaissance de leurs clients.

d. Les Ouei du Nord, ou maison de To ba, régnèrent sur une portion de la Chine de 386 à 416 après Jésus-Christ.

est le nom d'une tribu de la Tartarie orientale, qui, vers le commencement de notre ère, fut soumise et contribua à la formation de la nation coréenne.

90. *Tchang-paé-chan*, 長白山, ce qui veut dire « la Montagne toujours blanche ». C'est la chaîne de montagnes qui occupe le centre de la Mandchourie.

91. *Ing-ho*, 英河, le Fleuve florissant ».

92. *Sin-king*, 興京, est appelée en mandchou *In den*, nom sous lequel les missionnaires jésuites l'ont désignée sur leurs cartes.

93. *Yong-ling*, 永陵, c'est-à-dire « la Sépulture impériale de l'éternité ». « Le trisaïeul de l'empereur est enterré à In den. » (Père Duhalde, vol. IV, p. 4.)

Le trisaïeul de Chun-tche était Fou-ouang, 福王. Son nom posthume est Hien-tsou-suen-hoang-ti, 顯祖宣皇帝.

94. *Lao-long-to*, 老龍頭, mot à mot « la Tête du vieux dragon ».

95. *Ien-tong-chan*, 煙筒山, mot à mot « la Montagne cheminée ».

96. *Sou-tzeu-ho*, 蘇子河, c'est-à-dire « la Rivière des sou tzen ». Le sou-tzeu est une espèce de lophantus cultivé dans le nord de la Chine et dont on extrait une huile employée pour l'éclairage.

97. *Ta-ouang-toun*, 大王屯, « le Village du grand prince ».

98. *Taé-tzeu-ho*, 太子河, « la Rivière des princes, fils de l'empereur ».

99. *Cha-ho-pou*, 沙河堡, « le Village de la rivière de sable ».

100. *Che-li-ho*, 十里河, mot à mot « la Rivière de dix lis ».

101. *Ouan-pao-kiao*, 萬寶橋, c'est-à-dire « le Pont des dix mille choses précieuses ».

102. *Tcho-leou-ho*, 稠柳河, « la Rivière aux saules pleureurs ».

103. *Ko-li-ho*, 蛤蜊河, « la Rivière aux coquillages ».

104. *Hou-pi-i*, 虎皮驛, « la Halte de la peau de tigre ».

105. *Sa-mou-tchan-chan*, 撒木禪山.

106. *Ki-lin,* 吉林 . « Le second grand gouvernement (de la Tartarie chinoise) est celui de Kirin ou La-ho-toun : il comprend tout ce qui est enfermé entre la palissade orientale de la province de Leao-tong qui lui reste à l'ouest, entre l'Océan oriental qui le termine à l'est, entre le royaume de Corée qui est au sud, et le grand fleuve Saghalien-oula, dont l'embouchure est un peu au-dessous du 53ᵉ parallèle, dont il est borné au septentrion : ainsi son étendue en latitude n'est pas moindre de 12 degrés et en comprend presque 20 en longitude. » (Père Duhalde, vol. IV, p. 6 et 7.)

Le troisième gouvernement de la Tartarie chinoise est celui de R'hé-long-kiang, 黑龍江 , « le Fleuve du dragon noir », dont le nom mandchou est Noun. Le nom mandchou de cette province est Tsitcicar, qui est aussi celui de sa capitale.

107. *Ouei-tzeu-iu,* 葦子 , « l'Étang aux roseaux ».

108. *San-tcha-ho,* 三汊河 , « la Rivière des trois fourches ».

10). *Niou-tchouang,* 牛莊 . Cette ville, située au fond du golfe du Leao-tong, est un des ports de la Chine ouverts au commerce étranger. Les principaux objets d'exportation sont : les pois, les tourteaux et l'huile de pois, et le Jen-seng.

110. C'est de Leao-yang que partit l'ambassadeur Ni-kien, 倪謙 , envoyé en Corée, sous la dynastie des Ming, en l'année 1450. Cet envoyé a laissé, sous le titre de « Memorandum sur les affaires coréennes », *Tchao-sien-ki-che,* 朝鮮紀事 , une relation de son voyage à laquelle nous ferons des emprunts fréquents.

111. *Ouang-pao-taé,* 望寶台 , « la Tour qui regarde la chose précieuse ».

112. *Lang-tzeu-chan,* 浪子山 , « la Montagne des prodigues ».

113. *Sse-tchuen,* 四川 , « les Quatre Rivières », province du nord-ouest de la Chine.

114. *Tien-choui-tchan,* 甜水站 , « l'Étape de l'eau douce ».

115. *Lien chan-kouan,* 連山關 , « la Barrière des montagnes réunies ». D'après le *Tchao-sien-ki-che,* cité plus haut, cette localité s'appelait autrefois Tong-chan-kouan, 東山關 , « la Barrière de la montagne de l'Est », et était sur la frontière de la Corée sous les Ming.

116. *Mo-tien-ling,* 摩天嶺, « le Mont qui touche au ciel ».

117. *Tong-yuan-pou,* 通遠堡, « Village sur la route qui mène au loin ».

118. *Feung-hoang-tchang,* 鳳凰場, « la Ville du Feung-hoang ». Le feung-hoang est le phénix des Chinois. Cet oiseau fabuleux et le dragon sont les emblèmes de la dignité impériale.

119. *Sie-li-tchan,* 薛禮站.

120. « ... La ville de Fong-hoang-tchang est meilleure, beaucoup plus peuplée et assez marchande, parce qu'elle est comme la porte du royaume de Corée ; c'est par cette ville que les envoyés du roi, aussi bien que les marchands ses sujets, doivent entrer dans l'empire, ce qui y attire grand nombre de Chinois, qui ont bâti dans le faubourg de bonnes maisons...

« La principale marchandise qui s'y débite est une espèce de papier fait de coton, mais il n'est ni bien blanc ni bien transparent. La montagne Fong-hoang-tchang donne le nom à la ville et, quoiqu'elle soit la plus célèbre du pays, nous sommes obligés de dire qu'elle n'a rien de particulier, ni dans sa hauteur ni dans sa figure, ni dans ce qu'elle produit. Les gens du pays ignorent ce qui lui a fait donner ce nom. » (Père Duhalde, vol. IV, p. 4 et 5.)

121. *Tchong-sio,* 叢秀, c'est-à-dire « les Beautés réunies ».

122. *I-tcheo,* 義州.

123. *Ngaé-ho,* 曖河, « la Rivière chaude ».

124. *Tchong-kiang,* 中江, « le Fleuve du centre ».

125. Le roi de Corée avait alors quatorze ans ; mais, comme les Coréens sont nubiles très-jeunes, il n'y a pas lieu de s'étonner de son mariage, qui pourrait paraître précoce en Europe.

126. *Siao-hoa-kouan,* 小化館, « le Petit Hôtel fleuri ». Cette localité s'appelait autrefois So-tchuan-kouan, 所串館. Voir le *Tchao-sien-ki-che.*

127. *Long-tchuen-tcheo,* 龍川州, « le District du ruisseau au dragon ». D'après le *Tchao-sien-ki-che,* cette ville est située à 50 lis de Siao-hoa-kouan.

128. *Tcho-nien,* 車輦. D'après le *Tchao-sien-ki-che,* Tcho-nien est

situé à 40 lis de Long-tchuen-tcheo. Tcho-nien est le nom de l'hôtel ; nous verrons, au retour de l'envoyé chinois, que cette localité s'appelle Tié-chan. Voir la note 188.

129. *Siuen-tchuen-fou,* 宣川府 , « la Préfecture du ruisseau ».

130. L'hôtel Lin-pan est situé à 50 lis de celui de Tcho-nien. Voir le *Tchao-sien-ki-che.*

131. *Yun-sin-kouan,* 雲興館 , « l'Hôtel du nuage qui s'élève ».

132. *Tang-ho-ling,* 唐峨嶺 .

133. *Ting-tcheo-tchang,* 定州城 , « la Ville du district de la certitude ».

134. *Siao-sing-ling,* 曉星嶺 ,« la Montagne de l'étoile du matin ».

135. *Ti-choui-tong,* 滴水洞 , « la Caverne où l'eau tombe goutte à goutte ».

136. *Kia-ping-kouan,* 嘉平館 , « l'Hôtel de la paix et de la vertu ».

137. *Ta-ting-kiang,* 大定江 , « le Fleuve de la grande certitude ».

138. *Tsing-choui-kiang,* 清水江 , « le Fleuve de l'eau claire ».

139. *Ngan-tcheo,* 安州 , « le District de la tranquillité ». On voit dans le *Tchao-sien-ki-che* que Ngan-tcheo est situé à 50 lis de Kia-ping-kouan.

140. Dans une pièce chinoise que l'envoyé chinois place ici, ce dernier cite une montagne située à 10 lis de Ngan-tcheo, et qui s'appelle Fo-yun-ling, 浮雲嶺 , « le Mont aux nuages mobiles ». Il cite également un pavillon nommé Ouang-je-lo, 望日樓 , « le Pavillon qui regarde le soleil », et qui surmonte la porte de l'Est de Ngan-tcheo.

141. *Sou-tchuen,* 肅川 . Cette localité s'appelle en coréen Souck-tch'eun.

142. *Ngan-ting,* 安定 , « la Tranquillité certaine ». Cette ville est située à 70 lis de l'hôtel Ngan-sin de Ngan-tcheo. Voir le *Tchao-sien-ki-che.*

143. *Ta-tong-fou,* 大同府 , « la Préfecture de l'union ». Cette ville est située à 60 lis de l'hôtel des postes de Ngan-ting. Voir le *Tchao-sien-ki-che.*

144. Ki-tzeu, 箕子, était l'oncle de l'empereur Tche-ouang, cité plus haut, dans la note 31. « ... Il (Ou-ouang) fit venir à sa cour Ki-tzeu, cet oncle du tyran (de Tcheo-ouang) qui, pour sauver sa vie, avait été obligé de faire le personnage d'insensé, et il eut avec lui de fréquents entretiens sur l'astronomie, sur la politique et sur la science du gouvernement. Ses instructions se lisent dans le livre appelé *Chou-king*, 書經... Il récompensa ensuite ce savant homme en lui donnant, et à sa postérité, le royaume de Corée en titre de souveraineté presque indépendante, car il n'imposa à ces princes d'autre obligation que de venir à chaque changement de règne demander l'agrément et la protection de l'empereur. » (Père Duhalde, vol. I, p. 309.)

145. *Lo-lang-Kun*, 樂浪郡.

146. Les Soung, 宋, régnèrent de 970 à 1126 après Jésus-Christ.

147. *Ping-jang*, 平壤, en coréen Pien-ngiang. Ce fut à Ping-jang que le gendre du roi de Corée vint à la rencontre de l'ambassadeur Ni-Kien. (Voyez le *Tchao-sien-Ki-che*.)

148. *Ta-tong-Kiang*, 大同江, le « Fleuve de l'union ».

149. *Pei-Kiang*, 浿江.

150. *Cheng-yang*, 生陽, « le Jour naissant ». Cheng-yang est situé à 60 lis de Ping-jang. (Voyez le *Tchao-sien-Ki-che*.)

151. L'auteur place ici une poésie avec la note suivante : « A l'est de cette ville (Ta-tong-Kiang) se trouve au bord de l'eau un pavillon appelé *Lien-kouang-lo*, 練光樓, « le Pavillon de la nappe d'eau resplendissante ». Dans la ville on trouve une tablette portant cette inscription : « La beauté de ses fleuves et de ses montagnes fait de ce « district le premier du pays ».

152. *Hoang-tcheo-fou*, 黃州府. Cette ville est située à 60 lis de Cheng-yang. (Voyez le *Tchao-sien-ki-che*.)

153. En chinois *Taé-hou-lo*, 太虛樓, mot à mot « le Pavillon du grand espace ».

154. *Hoang-haé-tao*, 黃海道, « la Province de la mer Jaune ». C'est une des huit provinces de la Corée ; elle est située à l'ouest de ce royaume.

155. *Tong-sien-ling*, 洞仙嶺, « le Mont du génie de la caverne ».

156. *Tong-sien*, 洞仙.

157. *Tien-choui*, 劍水, ce qui signifie « l'Eau qui coule droit comme une épée »; en coréen, Kom-sou.

158. *Joei-hing*, 瑞興. Cet endroit est situé à 35 lis de Tien-choui; en coréen, Sen-heung.

159. *Tsong-sio-ling*, 葱秀嶺; en coréen, Tchong-siou.

160. *Iu-liou-tsiuen*, 玉溜泉, source d'eau d'où coule le *jade*.

161. *Tchou-tan*, 豬灘.

162. *Kin-tchuen*, 金川, ce qui signifie « le Ruisseau d'or ».

163. *Tsing-che-kouan*, 青石關, c'est-à-dire « la Barrière de lapis-lazuli ».

164. *King-ki-tao*, 京畿道, c'est-à-dire « la Province de la cour ». Cette province est située au centre du royaume.

165. *Kaé-tchang*, 開城, appelée en coréen Kaé-seng ou Fou-to. Cette ville est située à environ 190 lis de l'hôtel Long-tshuen-kouan. (Extrait du *Tchao-sien-Ki-che*.)

166. *Lin-touan-kouan*, 臨湍館, « l'Hôtel voisin du tourbillon ».

167. *Lin-tsun-kiang*, 臨津江. « Ce fleuve coule à 40 lis de Kaé-tchang-fou. » (Voyez le *Tchao-sien-ki-che*.)

168. *Tchen-si-tchang*, 鎮西城, ce qui signifie « Ville en plein Ouest ».

169. *Po-tcheo*, 坡州 ; en coréen, P'a-tchou.

170. *Ta-yuan-kun*, 大院君, mot à mot le « Seigneur de la grande cour » est le titre donné au père du roi. Le roi de Corée étant mort en 1864 sans laisser d'enfants, la reine adopta le fils d'un noble nommé Li. Ce dernier parvint bientôt à supplanter la reine douairière qui devait, d'après la loi, être seule régente. Pendant neuf ans le régent fit peser sur la Corée un pouvoir tyrannique qu'il sut maintenir par son énergie et sa cruauté. Ce ne fut qu'au milieu du mois de novembre 1873 que le jeune roi, poussé par sa mère adoptive, qui, dit-on, est chrétienne, secoua le joug paternel et régna par lui-même

en inaugurant cette ère nouvelle par la suppression d'impôts vexatoires et par des réformes administratives importantes.

171. *Pi-ti-kouan*, 碧蹄館, est situé à 65 lis du fleuve Lin-tsing-kiang. (Voyez le *Tchao sien-ki-che*.)

172. *Hong-ti-yuan*, 洪濟院, ce qui signifie « le Temple au torrent de bienfaisance ».

173. La capitale de la Corée est marquée sur les cartes chinoises par le nom de Tchao-sien ; son nom coréen est Seoul.

174. *Yng-ngen-men*, 迎恩門, ce qui signifie « la Porte de la réception bienfaisante ».

175. *Tchong-li-men*, 崇禮門, ce qui signifie « la Porte de la politesse exaltée ».

176. *Tchoun-hoa-men*, 淳化門, « la Porte de la conversion parfaite ». Ce caractère tchoun, qui s'écrit 淳, étant le nom personnel de l'empereur actuel, a été altéré et s'écrit sous la forme suivante : 淳, la seule dont il soit permis de se servir.

177. *Kin-chan-men*, 進善門, c'est-à-dire « la Porte de l'entrée de la vertu ».

178. *Jen-tchang-tien*, 仁政殿, c'est-à-dire « la Salle du trône du gouvernement humain ».

179. L'expression du texte chinois *chan-hou*, 山呼, signifie « l'Exclamation des montagnes » et sert à désigner les cris de *ouan-souei*, 萬歲, « dix mille années », que l'on adresse à l'empereur. L'origine de cette expression remonte à la dynastie des Han. L'empereur Ou-ty, 武帝, se trouvant sur une montagne, entendit les esprits qui l'habitaient pousser les cris de « ouan-souei » en sorte de vivat.

180. *Nan-pié-kong*, 南別宮, ce qui signifie « le Palais réservé du sud ».

181. Ni-kien détaille dans sa relation les divers présents qu'il a reçus : des pelisses, des bonnets fourrés, des vêtements, des mets variés, de la toile fabriquée dans le pays. (Voyez le *Tchao-sien-ki-che*.)

182. Les principales productions de la Corée sont : le riz, le coton, le lin, le chanvre, le tabac, la rhubarbe et le « Jen-cheng ». La Corée est également très-riche en mines d'or, d'argent, de cuivre, de fer, de charbon. Il n'y est pourtant permis que d'exploiter les mines de fer et de cuivre.

183. Cette date correspond au 3 novembre 1866. Le voyageur chinois avait donc mis quarante-trois jours à faire le trajet entre les deux capitales.

184. *Kao-yang*, 高陽; cette ville porte le même nom en coréen.

185. *Ing-po-lo*, 映波樓, nom qui signifie « le Pavillon de la vague réfléchissante ».

186. *Cheo-jen-ien*, 舍人巖.

187. *Tchong-ho*, 中和, « le Parfait Accord ».

188. *Tié-chan*, 鐵山, « la Montagne de fer ».

189. *Han-tchang-fou*, 漢城府.

190. Le *Jeu-cheng*, 人參, « panax quinquefolium », est une plante dont la racine mucilagineuse est considérée par les Chinois comme une panacée universelle. La plus grande partie du Jen-cheng consommé en Chine vient de la Mandchourie et surtout de la Corée, dont il est un des principaux objets d'exportation.

191. C'est une erreur: les Coréens ont, comme les Mandchoux, un alphabet qui leur permet d'écrire leur langue parlée. Quant à la langue chinoise, elle ne se parle plus en Corée, mais son écriture est encore employée dans les documents officiels et dans les productions littéraires des érudits coréens.

192. *Ma-tchuan-po*, 馬轉坡.

193. L'auteur chinois place ici la note suivante: « Trois fleuves arrosent le pays, à savoir: le Haé-ho, le Tchong-kiang et le Ia-lu-kiang. Le pays étant désert depuis la frontière jusqu'à I-tche, nous dûmes entourer notre campement d'un cordon de feux afin d'empêcher les tigres et les loups de venir nous attaquer. »

194. *Kin-kia-ho*, 金家河, « la Rivière de la famille Kin ».

195. Le voyageur chinois place ici la note suivante: « Lors du voyage d'aller, je me trouvais le 15me jour de la 8me lune à Cha-leou-ho, le 15me jour de la 9me lune j'étais à Han-tcheo; aujourd'hui, 15me jour de la 8me lune, je me trouve à Lien-chan-kouan, où je puis pour la troisième fois depuis mon départ contempler la pleine lune. »

196. *Leang-kia-chan*, 亮甲山, c'est-à-dire « la Montagne de la cuirasse exposée à l'air ».

197. *Che-ta-jen*, 施大人, Son Excellence Che. Nous verrons plus bas que l'auteur croit que ce personnage est Che-che-loun, fonctionnaire moderne qui vivait sous Kang-hi, 康熙, et qui fut célèbre par son intégrité.

198. Note de l'auteur : « Je ne sais pas à quelle époque a été construit le temple de Che-ta-jen. J'ai interrogé les gens du pays, qui m'ont dit que la statue de ce génie portait un costume de la dynastie actuelle. On représente ce génie sous la forme d'un homme borgne et bancal. Je présume qu'on a voulu représenter Che-che-lon, 施世倫. »

199. Le *Chi-king*, 詩經, ou « livre d'odes », est le troisième des livres classiques de la Chine. Il contient une collection de ballades répandues parmi le peuple des divers Etats qui composaient la Chine dans l'antiquité. Ces ballades, au nombre de trois cent onze, ont été choisies et arrangées par Confucius.

200. *Yong-ngan-kiao*, 永安橋, « le Pont de la tranquillité éternelle ». Note de l'auteur : « A San-ling, 三陵, dans la province de Cheng-king, on voit tous les arbres recouverts de la plante appelée *Tong-tsing*, 凍青, et dont le vrai nom est *Ti-Seng* [a], 寄生. Ce n'est qu'à cet endroit que l'on rencontre cette plante curieuse. »

201. *Ho-kien-fou*, 河間府, c'est un chef-lieu de préfecture situé dans le sud de la province du Tche-li, 直隸, à 480 lis de Péking.

202. L'auteur place ici une pièce de vers qu'il fait suivre de la note suivante : « Quant au torrent Leou-ho-ko, 柳河溝, son lit se déplace et le volume de ses eaux est également variable ; on dit ce torrent habité par un poisson génie. Chaque année, lors des pluies de la canicule, ce torrent se remplit d'eau sur une largeur de plusieurs lis; ce qui le fait ressembler à un bras de mer. Dans la 7me lune de la 6me année de Hien-feung (juillet 1857), je passai par cet endroit

---

a. C'est le gui.

en revenant du Cheun-yang. Je fis ce voyage par une pluie torrentielle et, sur une longueur de 50 lis, ma voiture versa à plusieurs reprises ; mais, grâce aux secours que l'on m'apporta, je pus sortir sain et sauf de ce passage périlleux. Aujourd'hui même, je tremble encore en pensant aux dangers que j'ai courus. Ce jour-là, le maréchal tartare avait envoyé deux des officiers de sa suite pour m'escorter. »

203. *Che-san-chan-tchàn*, 十三山站, c'est à-dire « l'Etape des treize montagnes ».

204. *Lu-tsao*, 驢槽.

205. *Yé-ki-to*, 野雞.

206. *Mi-yun*, 密雲, c'est-à-dire « le Nuage élevé ».

207. Le *Tao-tai*, 道台, ou intendant de Tong-tcheo, a également ment sous sa juridiction Youg-ping-fou.

208. *Tong-pien-men*, 東便門, c'est-à-dire « la Porte du côté oriental ».

209. *Tchang-yang-men*, 正陽門, c'est-à-dire « la Porte méridienne », est communément appelée *Tsien-men*, 前門, « la Porte de front ».

210. *Lu-tsou-ko*, 呂祖閣, c'est-à-dire « le Pavillon de Lu-tsou.

211. L'auteur place ici une pièce de vers qu'il fait suivre de la note suivante : «Dans la 11ᵐᵉ année de Hien-feung*ᵃ*, alors que j'étais attaché au Tribunal des travaux publics, je consultai Fou-io-ti-kun *ᵇ*, 孚佑帝君, par le moyen des fiches divinatoires et maintenant je dois relater ici la parfaite exactitude de ses prédictions. »

212. *Koa-eur-kia*, 瓜爾佳, c'est le nom mandchou de Koei-ling.

a. En 1861.

b. Nom posthume qui fut donné à Lu-yen, 呂岩, un des plus remarquables parmi les philosophes qui dans l'antiquité prêchèrent la doctrine de Tao, 道. Lu-yen mourut en l'an 755 avant Jésus-Christ, et ce ne fut qu'au douzième siècle que l'on éleva des temples en son honneur. Lu-yen est aussi connu sous le nom de Lu-tsou.

213. Tous les Tartares se disent originaires de Tchang-paé-chan. (Voyez la note 90.)

214. *Hoa-feung*, 華峯, c'est le petit nom de Koei-ling.

215. C'est-à-dire en décembre 1866.

VOYAGE D'UN LETTRÉ CHINOIS

DANS L'EMPIRE D'ANNAM

Le travail qu'on va lire est traduit du russe, et c'est à cette circonstance que je dois l'honneur inattendu de collaborer aux publications de l'École des langues orientales. Mais le texte russe n'est lui-même que la traduction d'un texte original chinois qui jusqu'ici avait échappé à l'attention des orientalistes. Cette traduction, qui paraît très-fidèle, est due à l'un des membres de la mission de Pékin, feu l'hiéromonaque Evlampii. Elle a paru en 1872, à Saint-Pétersbourg, dans le recueil intitulé *Vostočnyj Sbornik* (Revue orientale, fascicule I, p. 67-145, année 1872). J'ai suivi le texte russe aussi littéralement que possible et me suis attaché à reproduire ses transcriptions, dont je n'avais point d'ailleurs à endosser la responsabilité. Pour tous les noms importants de localités ou de personnes, M. Desmichels, professeur de langue annamite près l'École des langues orientales, a bien voulu rétablir l'orthographe et la transcription scientifiques. Je le prie de vouloir bien agréer ici tous mes remercîments.

Les notes, d'ailleurs fort rares, que l'on trouvera au bas des pages sont dues au traducteur russe. Ses indications géographiques se réfèrent à la carte de l'Indo-Chine publiée en 1867 par Kiepert, pour le troisième volume du voyage de Bastian (*Die Vœlker des Œstlicher Asiens*, Band III, REISEN IN SIAM, 1867).

L. LEGER.

PRÉFACE DE L'ÉDITEUR CHINOIS

Tsaï-tin-lang, auteur des *Mémoires sur l'Annam*, était originaire de l'une des îles de Pyn-hu (îles des Pêcheurs), qui appartiennent à la province de Fu-tsziang. Sur cette île pauvre et avec des ressources médiocres, il étudia assidûment les sciences et y fit de grands progrès; à l'examen de la province il fut proclamé premier étudiant et reçut une bourse de l'État. Il fut ensuite nommé instituteur dans une école de l'État, dans la ville chef-lieu de Taï-van-fu, sur l'île de ce nom. Au printemps de la quinzième année du règne de Dao-huan, il alla par mer au chef-lieu de la province de Fu-tsiang et y subit l'examen pour le grade de licencié (*tsioï jeng*). Après avoir passé cet examen, Tsaï-tin-lang s'embarqua sur un bâtiment de commerce pour retourner à l'île de Taï-vang. Une tempête s'éleva durant ce voyage et le navire fut jeté sur les côtes de l'empire d'Annam. L'année suivante, Tsaï-tin-lang revint par terre dans son pays; il se présenta à son ancien maître, le procureur Tchjou-jung-hao, et lui soumit ses notes de voyage. Le procureur, après les avoir lues, les trouva très-curieuses et dignes d'être imprimées, tant pour le fond que pour la forme. C'est pourquoi on les publie aujourd'hui, en la dix-septième année du règne de Dao-huan (1837).

MÉMOIRES

D'UN

VOYAGEUR CHINOIS

SUR L'EMPIRE D'ANNAM

Dans la quinzième année du règne de Dao Huan, à la fin de l'automne, je retournai dans ma ville natale après mes examens dans la ville chef-lieu de Fu tsziang. En passant, je m'arrêtai dans la ville de Sia myn (Amoï), autrement appelée Lu dao. Là je rencontrai mon précepteur Tchjou jung hao et le procureur Chou tcheng. Après avoir passé chez eux quelques jours, j'allai dans l'île de Tszing Myng pour y rendre visite à mon oncle. Au poste maritime de Liao lo (au sud de l'île de Tszing Myng) je pris place sur un bateau pour me diriger vers l'île de Pyn hu, où je voulais rencontrer ma mère. De là je comptais en moins de dix jours arriver à l'île de Taï vang (Formose), où j'occupais les fonctions de professeur dans un établissement de l'Etat. Le deuxième jour de la deuxième lune, le bâtiment s'apprêtait à partir, mon frère

Tin ïan et moi nous courûmes au rivage. Déjà on levait les ancres (elles sont faites d'un bois lourd et très-propre à maintenir le bâtiment en place), on tendait les voiles ; nous louâmes une barque et ce n'est que grâce au zèle des rameurs que nous atteignîmes le bâtiment prêt à prendre la mer. Le soleil se couchait. Au sud-est des traînées de nuages flottaient sur la mer ; elles changeaient de forme à chaque instant et peu à peu disparaissaient à l'horizon. La nuit commença claire et étoilée, mais les étoiles brillaient d'une lueur tremblante, inégale. C'était à mon sens un présage de vent ; aussi je conseillai au pilote de retarder le départ ; mais il ne voulut pas m'écouter. Quelques bâtiments voisins du nôtre quittèrent aussi peu à peu le rivage. Me sentant fatigué, j'entrai dans ma cabine et, retenant mon haleine, je restai couché dans l'attente de je ne sais quoi de nouveau pour moi. A la troisième veille (une heure après minuit) la tempête commença ; le vent sifflait, les vagues déferlaient impétueusement sur le navire, rongeaient et perçaient la cale ; c'était un bruit insupportable pour l'oreille. Mais, comme le vent soufflait du rivage vers la mer, nous restâmes sans inquiétude. Nous allumâmes une nouvelle lumière pour indiquer l'heure, et la marche du bateau s'accéléra [1]. Après que deux bougies eurent encore brûlé, nous supposâmes que nous avions franchi le Canal noir

---

1. Sur les bâtiments, pour mesurer le temps, on emploie des bougies qui brûlent sans flamme ; elles sont faites en sciure de bois et brûlent avec beaucoup d'égalité. On les appelle *gen* (veille) ; il en brûle dix en vingt-quatre heures : les marins chinois divisent les vingt-quatre heures en dix *veilles*.

(on appelle ainsi un courant maritime qui va de l'est à l'ouest) et que le lendemain matin nous serions près du rivage. Cependant la tempête augmentait, le vaisseau volait comme une flèche ; le vent tourbillonnait et nous enveloppait de tous côtés. L'homme de quart remarqua au nord-ouest quelques nuages noirs. En quelques minutes ils s'étendirent sur tout l'horizon. En un instant tout changea. Un vent violent, impétueux souffla avec une nouvelle force ; la mer bouillonnait avec plus de rage ; le vaisseau sautait d'un flanc sur l'autre, prêt à se renverser. Il me jetait d'un côté sur l'autre, malgré tous mes efforts pour me cramponner à mon lit. Au milieu de ces terreurs j'entends crier : « La terre est proche à l'orient. Tournez la barre, afin que le vaisseau ne se brise pas. » Mais le vent nous chasse avec impétuosité ; le gouvernail touche le fond, s'empêtre dans la vase ; dix hommes s'y attellent et ne peuvent remettre le bâtiment à flot. On serre les voiles, on commence à jeter à la mer tous les objets lourds, les marchandises. Quand l'aube parut, la mer, sur une immense étendue, présentait un affreux aspect. Des vagues écumantes se soulevaient comme des montagnes, et notre bâtiment tantôt courait sur leurs crêtes, tantôt s'engloutissait dans leurs intervalles. La boussole indiquait que nous naviguions vers le sud-est. Mais nous ne savions pas en quel endroit nous nous trouvions. Ainsi s'écoulèrent trois journées.

Le patron du bâtiment me dit : « Nous aurons du bonheur si nous atteignons le royaume de Siam ou les îles de Luçon : de là nous pourrons encore retourner dans votre pays ; mais si nous tombons sur les gouffres du Sud [1], je n'espère pas que personne d'entre vous reste parmi les vivants. » Quand le vent se fut un peu calmé, nous allumâmes du feu et, ayant fait cuire nos vivres, nous dînâmes convenablement pour la première fois. Au bout de quelque temps nous hissâmes le pavillon de Ma-tszor (la reine de la mer). Le vent changea, il soufflait tantôt du nord-est, tantôt de l'est, tantôt du nord ; ses sifflements perçants nous remplissaient de terreur. L'écume de la mer était emportée dans l'air et ses jaillissements nous couvraient de la tête aux pieds comme de la pluie ; l'humidité et le froid nous pénétraient les cheveux et les os, et nous étions pâles comme des morts. Tout à coup une énorme vague fond sur la poupe du bâtiment avec un choc aussi violent que s'il était tombé sur un rocher. Le bâtiment disparaît dans les vagues ; il en ressort, mais les planches qui couvrent le pont sont emportées et l'eau pénètre dans les cabines. Je tombai dans l'eau et je crus ma fin venue, mais mon frère me jeta une corde et me pria en pleurant de m'en entourer ; j'y réussis et avec de grands efforts il me ramena à bord. Tout le monde tomba à genoux et pria Dieu de sauver notre vie ; on n'entendait que des pleurs et des gémissements. Je me tournai vers le patron et lui dis : « Nos pleurs ne nous mèneront à rien ; il faut abattre au plus tôt le grand mât. » Ce qui fut fait. Le bâtiment se re-

1. D'après les hydrographes chinois, au sud de Formose se rencontre un courant maritime très-violent, d'un côté duquel se trouvent les rochers appelés Tsiang-li-chy-chang (rochers de 1000 lis), et de l'autre côté des bas-fonds nommés *Van-li-tchang-chi* (les bas-fonds sans fin). Ceux qui tombent dans ce courant périssent généralement.

leva ; il sautait sur les vagues comme un canard sauvage. Puis j'examinai les tonneaux d'eau fraîche et les cachetai; car il ne restait plus beaucoup d'eau. Craignant avant tout qu'il ne nous restât plus d'eau douce, je fis prendre matin et soir de l'eau de mer et cuire sur la vapeur de cette eau des racines douces de pommes de terre ; ce fut le déjeuner et le dîner. Durant toute la journée nous ne mangeâmes guère plus d'une demi-racine, et cependant nous ne songeâmes guère à la faim ou à la soif.

Quatre ou cinq jours après, nous remarquâmes quelques oiseaux blancs qui volaient au-dessus de nous; l'eau de la mer ne paraissait plus aussi noire, elle devenait bleue : nous en conclûmes que nous approchions du rivage. Avant le coucher du soleil, en regardant au loin nous aperçûmes à l'horizon une ligne noire qui s'étendait immobile sur l'eau comme un fil tendu et nous conclûmes que ce devait être une chaîne de montagnes. Le matin, quand le brouillard se dissipa, nous aperçûmes des montagnes se développant en amphithéâtre les unes au-dessus des autres. Devant nous, à un li environ du bateau [1], s'élevaient sur l'eau trois petites îles rocheuses ; elles étaient couvertes d'une épaisse verdure d'herbes et d'arbres et sur leurs côtés se dressaient des rochers inabordables de formes diverses. Notre bâtiment louvoya et, luttant contre le reflux, entra dans une baie couverte de petits bateaux à voile. Dans le fond du golfe s'élevait une véritable forêt de mâts ; nous en conclûmes que c'était un port important. Saisis d'une joie indicible, nous nous

---

1. Une li chinoise vaut 288 sagènes russes; la sagène vaut $2^m,134$.

réunîmes en cercle, tombâmes à genoux et remerciâmes le ciel de notre salut. L'après-midi une pluie fine tomba à plusieurs reprises ; les nuages s'épaissirent bientôt ; le vent et la pluie augmentèrent ; les éléments se déchaînèrent ; une affreuse obscurité se produisit ; non-seulement elle cachait les montagnes voisines, mais encore nous pouvions à peine nous voir sur le vaisseau. L'eau bouillonnait avec un bruit épouvantable ; les vagues s'élevaient jusqu'au ciel ; notre pauvre bâtiment, comme un copeau de bois, volait de côté et d'autre. La tempête dura ainsi jusqu'au soir, et à neuf heures nous craignions fortement d'échouer sur un banc de sable. Chacun ne songeait qu'à soi-même et je me disais : « Suis-je donc destiné, après une longue navigation en pleine mer, à périr près du rivage ? » Dans ces pensées je pris mon frère par la main et j'attendis paisiblement mon sort. Mais peu de temps après le vent se calma, la pluie cessa et la tempête se calma. Je sortis de la cabine, je vis la lune apparaître à l'orient. La lumière du ciel éclaira l'ombre qui nous entourait. Je fixai mes yeux, je regardai de tous côtés et je remarquai que des montagnes nous entouraient à droite et à gauche et que tout l'endroit ressemblait à une rade. Nous jetâmes la sonde ; elle indiquait 20 à 30 pieds de profondeur et un lit de sable ; nous pouvions sans crainte rester à l'ancre. Je comptai le temps et je supposai qu'il devait être le 11 de la dixième lune. La nuit finit. Le lendemain à l'aube nous remarquâmes une barque de pêcheurs ; nous l'appelâmes et nous voulûmes savoir où nous étions. Mais le pêcheur ne comprit pas notre langue ; avec le doigt il traça en l'air les signes :

Ang Nang [1]. Peu de temps après une autre barque arriva près de nous ; il s'y trouvait un homme qui parlait chinois. Il se présenta comme un homme de Tan (Tan hen), parce que c'est le nom qu'on donne aux Chinois en Annam. En montant sur le vaisseau, il dit avec étonnement : « Nos honorés hôtes, à ce qu'il paraît, viennent de Chine ; je ne comprends pas comment, ignorant la route, vous avez pu atteindre ce port. » Nous nous mîmes tous à lui conter notre malheureuse navigation. Il hocha la tête, fit claquer sa langue et dit : « Si les esprits ne vous avaient pas protégés, vous n'auriez pu vous sauver par vos propres forces. A partir des premières petites îles s'étend une série de rochers *Tchang-bo-lo* près de laquelle, à l'orient et à l'occident, le courant de la mer est très-fort et le chenal très-étroit ; de là, sans le secours du flux, un bâtiment ne peut entrer dans le port ; il tombe sur les écueils, se brise et périt. En suivant la rive occidentale dans la direction du sud, on peut entrer dans le port, mais vous n'avez ni mâts ni voiles et vous n'auriez pu entrer contre le courant. De l'ouest à l'est le passage est surtout considéré comme dangereux ; il est parsemé d'écueils et de bancs de sable ; le chenal est très-tortueux et les plus expérimentés des pêcheurs ne le connaissent pas exactement. Presque tous les bateaux qui tombent sur ce chemin sont brisés. »

Je fus épouvanté à ces paroles ; il faut savoir que je suis moi-même marin ; je suis né et j'ai été élevé dans l'île de Pyn-hu, j'ai navigué plusieurs fois, mais toujours

---

1. An nam.

avec un bon vent, tranquillement et sans nulle inquiétude. J'ai eu quelquefois des grains, mais ils n'étaient pas trop forts, ils ne ressemblaient pas à la tempête qui nous atteignit dans notre dernière navigation. La tempête était telle, que de mille vaisseaux atteints par elle un seul échappa. J'ai d'ailleurs entendu dire que les anciens hommes, hommes de conscience pure et de ferme volonté, traversaient paisiblement comme une route unie les mers orageuses et les abîmes périlleux ; tantôt ils menaçaient de leurs armes les éléments révoltés, tantôt ils les apaisaient par des sacrifices, jetant dans la mer des objets peu importants ; ils s'irritaient et plaisantaient toujours avec un visage paisible et résigné. Mais c'étaient des saints ou des sages ou de rares héros. Le ciel épargnait leur vie pour offrir en eux aux contemporains et à la postérité des objets dignes d'être imités. Et moi, humble herbe, homme médiocre, puis-je me comparer à eux ? Il est vrai, ma conscience est pure ; je suis franc et sévère pour moi-même ; mais, rencontrant ces dangers inévitables, pouvais-je rester sans nulle frayeur ? Je le reconnais, mon cœur était dans une vive inquiétude. D'autre part, je me rappelais que ma mère est au déclin de l'âge et je pensais qu'après la mort de ma mère, moi, fils insoumis [1], je ne devais pas désirer de prolonger une inutile vie. Dans ces pensées je m'abandonnai complétement à la volonté du ciel ; je n'ai pas péri et je vis encore. Il est possible que le ciel, désirant me montrer sa grande bonté, ait voulu me faire errer sur mer et sur terre pour

---

1. *Fils insoumis,* expression chinoise de respect et d'humilité.

me procurer la connaissance des pays d'outre-mer que je ne connaîtrais pas sans ces aventures. Et voici que tout s'est heureusement terminé ! Ayant jeté l'ancre, notre premier soin fut de préparer le dîner, qui nous parut excellent ; puis nous nous assîmes au soleil pour sécher nos vêtements, et moi je pris un pinceau et me hâtai d'écrire mes aventures tandis que les traces de mes larmes n'avaient pas encore disparu sur mon visage.

Le lendemain de notre arrivée au rivage de l'Annam, le 13 de la dixième lune, deux officiers du poste-frontière arrivèrent dans une petite barque à bord de notre bâtiment. Leur tête était enveloppée d'un crêpe noir ; leur vêtement était aussi noir avec d'étroites manches ; leurs pantalons rouges ; ils ne portaient point de chaussure. Dans ce pays les fonctionnaires marchent toujours nu-pieds ; hiver comme été ils portent toujours le même costume, en grande partie de soie très-légère. La classe supérieure estime le noir et le bleu ; les bandeaux de la tête sont de la même couleur ; mais les pantalons sont rouges chez tout le monde sans exception. Avec les fonctionnaires vint aussi un interprète parlant le dialecte de Fu-tsziang ; se tournant vers le patron du bateau, il lui dit : « Voici les fonctionnaires du poste de Tsaï-tsing, du ressort de la ville chef-lieu de province Sy-i-fu, du gouvernement de Huan-i. Ils ont appris qu'il y a ici un bâtiment apporté par la tempête de la Chine et ils sont venus exprès pour s'informer de son état. » Alors les fonctionnaires montèrent à bord, ouvrirent les cabines, examinèrent le vaisseau dans tous ses détails et nous prièrent de leur raconter nos aventures sur mer. Ayant écrit sur des tablettes ce qui leur était nécessaire, ils se retirèrent. Dans toute la contrée on emploie l'écriture chinoise et les affaires administratives sont gérées à la manière chinoise. En partant, les fonctionnaires nous promirent de faire conduire le lendemain notre bâtiment dans le port intérieur. Durant cette visite, suivant la coutume du pays, ils nous apportèrent des présents sur des plateaux de cuivre. Dans ce pays existe la coutume invariable, quand on envoie des présents, de les poser sur un plateau de cuivre qu'on porte sur la tête ; le porteur se met à genoux en signe de respect. C'est ce qu'on appelle *hun tun ping*, c'est-àdire le *plateau de l'honorable accointance.* Le lendemain (21 novembre) se montrèrent, comme un vol d'oiseaux, quelques dizaines de bâtiments à voiles en natte. C'étaient des barques de pêcheurs, qui tous vinrent à notre vaisseau. L'interprète de la veille nous amena quelques hommes, qui immédiatement se mirent à manœuvrer qui l'ancre, qui la barre. Puis ils attachèrent des cordes à la proue du vaisseau, s'assirent dans leurs barques et commencèrent à nous remorquer. Nous nous ébranlâmes lentement et les rameurs nous tiraient au cri de *i ia hoï*, qui règle chez eux le mouvement des rames. Ces cris, répandus dans l'espace, épouvantèrent un grand nombre d'oiseaux de mer, qui s'envolèrent bruyamment. Vers le soir nous entrâmes dans l'embouchure de la rivière. Sur les hauteurs du rivage étaient dispersés un grand nombre de villages qui disparaissaient dans la verdure épaisse des bois de bambou et ne signalaient leur présence que par la fumée qui flottait au-dessus d'eux. En peu de temps nous atteignîmes le rivage. Sur ce rivage s'élevait une maison assez considérable, toute construite en bambou; c'était le poste militaire. Le chef du poste sortit lui-même sur le rivage sablonneux et ordonna aux pêcheurs d'arrêter notre vaisseau devant la maison elle-même et de l'attacher solidement. Les pêcheurs, après avoir exécuté cet ordre, s'éloignèrent aussitôt. Dans cet empire existe l'usage suivant : dès qu'apparaît près des rivages un navire poussé par la tempête, le chef du poste voisin sonne l'alarme, aussitôt les pêcheurs voisins se rassemblent comme des fourmis, remplissent les ordres qui leur sont donnés. Ils ne doivent réclamer aucune récompense.

Toute la nuit jusqu'à l'aube nous entendîmes les coups des gardes du poste; ils frappent, non pas à l'heure, mais sans relâche; près des édifices importants ils sonnent la cloche.

Le 15 de la dixième lune, accompagnés de l'interprète, nous descendîmes à terre. Le bateau du patron prit quelques marchandises à bord : du tabac, de la farine, du thé, substances favorites des Annamites. Il loua au poste un plateau de cuivre pour porter des présents au gouverneur; à ces présents j'ajoutai quelques morceaux d'encre de Chine et des pinceaux. Les fonctionnaires nous reçurent avec affabilité, m'invitèrent dans la chambre et me firent asseoir sur un divan. Dans les édifices publics il n'y a ni tables ni chaises; au milieu de la salle se trouve un divan bas tourné vers le sud; c'est la place d'honneur; à droite et à gauche de ce divan il s'en trouve d'autres, le premier tourné à l'occident, le second à l'orient; le gauche est considéré comme supérieur (plus honorable), le droit comme inférieur, ainsi que cela avait lieu en Chine sous la dynastie des *Han;* plus loin il y a encore des divans dans le même ordre. Aussitôt on envoya prévenir le gouverneur *Chen-Chan-Huang* [1], c'est-à-dire le chef du palais du gouvernement, et le gouverneur de la province, Fu-tan-huang [2], c'est-à-dire l'auxiliaire du palais du gouvernement : on me donna un sac de riz d'environ quatre pots et un chapelet de monnaies ; je refusai. La monnaie est généralement de plomb ; elle porte imprimés des signes indiquant l'année et le souverain : deux monnaies de plomb valent une monnaie de cuivre ; un chapelet en vaut six cents.

Le 16 de la dixième lune, dans l'après-midi, nous vîmes approcher deux palanquins, nommés ici *van-tszy* [3]. Dans chacun d'eux un homme était assis ; ils étaient accompagnés d'hommes à pied un roseau à la main. Au bout de deux heures, accompagnés du chef du port, ils entrèrent dans notre vaisseau. L'interprète nous dit : « Voici des fonctionnaires qui viennent tout exprès du chef-lieu pour prendre des informations sur vous. » C'étaient deux greffiers, l'un de la Chambre des finances, l'autre de la Chambre criminelle. Sur une liste dressée d'avance ils firent l'appel de tous les passagers ; puis ils ordonnèrent à chacun d'étendre le doigt du milieu de la main droite et d'imprimer ses lignes sur le papier ; c'est ce qu'on appelle *dian-tchji* [4], c'est-à-dire le sceau du doigt. Ensuite ils en-

1. Tiên-sang-vùóng.
2. Phủ-tân-vùóng.
3. Vòng-tù.
4. Diêm-che.

trèrent dans la cale du navire et remarquèrent avec soin si elle ne contenait pas de contrebande : de l'opium ou des armes. L'importation de ces articles est rigoureusement défendue. Celui chez qui on les trouve est puni de mort ; puis on mesura le bâtiment en longueur, largeur et profondeur afin d'établir le compte des droits de douane. (Les bâtiments sans marchandise ne payent pas la douane.) Chacun des fonctionnaires écrivait de son côté ; ensuite ils contrôlèrent leurs remarques les uns par les autres.

Le lendemain je dus me présenter aux autorités du chef-lieu. J'allai trouver sur une petite barque le patron du bâtiment et je l'invitai à venir avec nous. Le vent était faible, l'eau ondulait à peine ; après un trajet paisible de 10 lis, nous atteignîmes le rivage. Par un sentier étroit à travers des champs croisés de rigoles, nous fîmes environ 3 lis et nous atteignîmes la place sur laquelle s'élèvent quelques casernes pour les soldats. Elle s'appelle Lu-ming. Nous passâmes la nuit dans la maison de l'interprète et nous nous levâmes à quatre heures du matin. A la lueur de la lune nous traversâmes quelques villages. Le bruit des planches frappées par les gardes de nuit, les aboiements des chiens, le coassement des grenouilles, innombrables dans ces parages, troublaient désagréablement le calme de la nuit. Nous avions déjà fait 20 lis quand le soleil se leva. Nous dînâmes dans une auberge isolée sur la route et continuâmes notre chemin. Après un li nous traversâmes une petite rivière. Les fonctionnaires qui m'accompagnaient me prièrent de m'asseoir dans un palanquin. Je refusai ; ils me permirent d'aller à pied et ordonnèrent aux soldats de me suivre. La grande route, la seule de tout l empire qui le traverse dans toute sa longueur du sud au nord, a plus de 20 pieds de largeur. Sur les côtés, de dix en dix pas, sont plantés les *bo li mi* (arbres à pain) dont les branches s'entrelacent souvent et couvrent la terre d'une ombre épaisse. Un vent léger soufflait à travers l'ombre et nous apportait une agréable fraîcheur. Le pays est plat et sur l'espace infini s'étendent des champs fertiles couverts de riz et de millet ; on rencontre souvent des plantations de canne à sucre et des bois entiers de palmiers ; en général, pour le climat et les productions de la terre, ce pays ressemble à l'île Taï-vang (Formose). Sur la route tous les ponts étaient construits en bambous entrelacés, rattachés à des solives transversales. Par endroits ces bambous constituent plus de dix couches ; quand la couche supérieure commence à pourrir, on ne l'enlève pas, mais on met au-dessus de nouveaux bambous. Le pont oscille fortement quand on le traverse.

Il était midi quand nous traversâmes une autre rivière au-delà de laquelle, à un li environ, se trouve la ville de Huang-i[1]. Dans cette ville résident trois hauts fonctionnaires, deux présidents de la Chambre des finances et de la Chambre civile, et le commandant régional. La ville n'est pas entourée de murailles ; mais elle renferme une seconde ville dite *intérieure*, entourée d'une muraille et comprenant les magasins, le trésor, les casernes, les établissements de l'Etat ; hors de cette ville sont les de-

---

1. Kuang-ngaï-din, ville située sur le 15° degré de latitude sur la carte de Kiepert. (Dinh-quang-ngaï.)

meures des habitants, le marché, les boutiques et les édifices privés ; en général, dans les forteresses il n'y a point de maisons particulières ; sur la place nous rencontrâmes un Chinois de Tun-ang-fu, appelé Lin-sung ; il nous offrit l'hospitalité ; mais comme nos guides étaient pressés de se présenter aux autorités, après une courte halte nous nous dirigeâmes vers le château ; sur notre passage les rues étaient remplies de monde. En arrivant chez le gouverneur, je fus conduit dans la salle principale, Da-tin[1]. Au milieu de la salle étaient assis deux fonctionnaires : l'un, comme me dit tout bas l'interprète, était le président de la Chambre des finances Iuang-Vo, parent de l'empereur ; le second, le président du tribunal, Reng-tzing-tsieng. En entrant je leur fis un léger salut ; tous deux se levèrent et, croisant leurs mains sur la poitrine, me répondirent aussi par un léger salut, puis ils me montrèrent à droite un divan et me prièrent de m'asseoir. Ils se tournèrent vers l'interprète et lui dirent quelques paroles, mais celui-ci ne put les traduire ; il ne parlait chinois que sur des sujets vulgaires : le commerce, l'agriculture, mais il ne pouvait traduire des sujets plus élevés, abstraits. Alors un des fonctionnaires prit du papier et un pinceau et m'écrivit quelques questions : « D'où êtes-vous ? Quel âge avez-vous ? Quelles fonctions occupez-vous ? Comment avez-vous été amenés ici par la tempête ? » etc. Je répondis par des réponses détaillées ; il hocha la tête et soupira avec une expression de profonde sympathie. Puis on appela un Chinois nommé Tchieng-tszing et l'on m'assigna sa maison pour demeure.

1. Dai dinh.

Il y a dans Annam beaucoup de Chinois des gouvernements de Huan-tun et Fu-tsziang ; ils font le commerce ; pour le maintien de l'ordre et l'expédition générale des affaires des Chinois, on choisit des *anciens* ; mon hôte était l'ancien des Chinois de Fu-tsziang. Le gouvernement m'assigna deux sacs de riz, deux chapelets d'argent et une somme pour mes dépenses quotidiennes. En même temps on donna au patron de notre bateau la permission de vendre les marchandises qui lui restaient. Je remerciai les fonctionnaires et je quittai le palais pour me rendre dans la demeure de mon hôte Lin-sung.

Le 19, j'écrivis une lettre au souverain et je priai mon hôte de la remettre aux dignitaires. Ils l'approuvèrent et écrivirent sur moi un rapport auquel ils joignirent ma lettre. La résidence du souverain est dans la ville de Fu-tchung, à sept jours de Huan-i. Le même jour, le soir, le président des finances m'envoya par son greffier quatre thèmes écrits, deux pour me demander mon jugement, deux pour mettre en vers ; il me priait de lui envoyer mon travail en brouillon le lendemain à huit heures. Le lendemain le président du tribunal m'envoya aussi des travaux du même genre. Je terminai mon travail dans le délai indiqué et je les remis à qui de droit. Les deux présidents gardèrent mon manuscrit.

Le 22, j'annonçai aux autorités que je retournais à notre vaisseau ; le 24, après avoir pris notre bagage, mon frère et moi nous dîmes adieu au patron du bâtiment sur lequel nous ne devions plus revenir et nous repartîmes pour Huan-i.

Le 26, les dignitaires, ayant appris mon arrivée,

m'envoyèrent le gouverneur de la province et huit jeunes fonctionnaires pour me rendre visite. Ils arrivèrent tous ensemble et, comme mon logement était trop étroit, ils se contentèrent de me saluer et se retirèrent aussitôt ; je ne réussis même pas à savoir leurs noms ni leurs prénoms. Le lendemain matin, j'allai à la chancellerie, où étaient tous les fonctionnaires et je m'excusai de n'avoir pu la veille les recevoir convenablement. Tous étaient occupés de quelque affaire importante ; ils discutaient bruyamment ; je pris aussitôt congé d'eux. Tant que je vécus dans cette ville, les fonctionnaires de la ville et des environs, et le peuple, venaient constamment me voir. Ils m'appelaient vyng-ling-chen (savant honorable). Chacun me priait de lui écrire un couplet ou une sentence ; mes forces ne suffisaient pas à les satisfaire. De tous ces visiteurs, deux seulement me plurent, deux greffiers de la Chambre des finances : Peï-io-tchji et Juang-chy-lun. Le 6 de la 11ᵐᵉ lune, les dignitaires m'envoyèrent dire qu'on avait reçu pour moi un rescrit de l'empereur. Je courus au palais, où l'on me permit d'en prendre connaissance. Le rescrit disait :

« Cet étranger est de la classe des lettrés. Ayant eu le malheur d'être surpris par une tempête violente, il a été privé de toutes ses ressources. Il mérite une entière sympathie. Il est ordonné aux autorités, outre les vivres et l'argent qu'il a reçus, de lui donner encore, en signe de ma bienveillance, cinquante chapelets d'argent et vingt mesures de riz, afin qu'il ne souffre aucune privation et qu'il voie ma bienveillance à son égard et l'intérêt que je porte aux lettrés chinois. Aux autres Chinois venus par le même bâtiment il faut donner un sac de riz par mois. »

J'écrivis immédiatement une adresse de remercîment au souverain, et je reçus du Trésor et des magasins assez pour ne pas avoir à craindre désormais la disette. Les hauts fonctionnaires, à partir de ce moment, me traitèrent encore avec plus d'égards et, dans leurs moments de loisirs, ils m'invitaient souvent à des entretiens par écrit. Le 9, un des nouveaux gradués, Li-tchao-lin, et le chef de la province, Fang-hua-tchen, vinrent me rendre visite.

Fang avait été autrefois en Chine ; il avait fait partie d'une ambassade qui venait payer tribut à notre cour. Tous deux apportèrent dans leur manche un cahier de vers et me prièrent de les lire. Naturellement j'en fis l'éloge et je leur donnai à tous deux des vers de ma composition.

Le 10, un marchand chinois de Huan-si, Joï-huang-vyng, m'apprit qu'à trois reprises il avait été par terre jusqu'à notre province de Fu-tsiang et me raconta en détail les circonstances de ce voyage. Il y a deux routes dans la province de Fu-tsziang ; l'une, appelée extérieure, va par mer, à travers l'île de Kaï-nang, appartenant à la province de Kanton ; elle est dangereuse à cause de la présence de nombreux pirates. L'autre, appelée route intérieure, va par terre à travers la province de Han-si et n'offre aucun danger. Je me réjouis fort de cette nouvelle et je résolus de retourner par terre dans mon pays. Le lendemain je présentai aux autorités une supplique pour leur demander un passe-port et une lettre de poste.

Les autorités, en consultant la législation, furent fort embarrassées. D'après les lois du pays, les fonctionnaires chinois et les savants gradués apportés par la tempête dans l'empire d'Annam doivent être ramenés en Chine sur un vaisseau de l'Etat ; les marchands et le peuple sont reconduits par terre. J'insistai, et l'on me promit d'intercéder pour moi.

Le 13, j'allai à la bourse des marchands, à 20 lis de la ville, là où abordent les vaisseaux chinois, et je descendis chez un Chinois, Chuan-vyng. Il me présenta sa femme et ses enfants, qui me saluèrent. Aussitôt sa cour se remplit de Chinois qui venaient s'informer de ma santé chaque jour. Au bout de quelques jours, je revins à la ville.

Le 20, l'instituteur de village, Tchen-sin-dao, m'invita à une collation pour me remercier des vers que je lui avais écrits. Là je remarquai que les élèves des classes élémentaires étudient les mêmes choses qu'en Chine : les quatre livres, les anciens livres classiques, l'histoire, l'ancienne littérature et la poésie. Tous ont des livres écrits.

Pour apprendre l'écriture, les élèves emploient de la brique enduite de terre glaise, sur laquelle ils dessinent les lettres avec un roseau de bambou. Tout cela est très-grossier ; les pinceaux et l'encre de Chine sont très-rares chez eux ; ils n'ont même pas de modèles d'écriture passables ; néanmoins ceux qui ont l'habitude écrivent très-vite en tenant leur papier sur la paume de la main. L'instituteur, fort au courant des livres classiques, connaît l'histoire, peut écrire même des vers et a le titre de vyngtchai[1] (savant). Les jours suivants, beaucoup de personnes distinguées m'invitèrent aussi à des collations.

Le 6 de la 12me lune (11 janvier), le souverain envoya un fonctionnaire spécial, nommé Peï-tzing-chu, qui vint lui-même me visiter et me transmit l'expression de la bienveillance et de l'attention pour moi de son souverain. Le lendemain je me présentai au palais pour remercier ; là étaient rassemblés tous les fonctionnaires. Le délégué et les présidents des Chambres, devinant les intentions du souverain, me conseillèrent de renoncer au voyage par terre. Ils affirmaient qu'au commencement du printemps le vent du midi souffle et qu'un vaisseau de l'Etat était tout prêt à me conduire à Amoï. Tous les assistants confirmaient leur assertion ; mais je leur représentai que je désirais revoir ma mère le plus tôt possible. Nos explications — par écrit — se prolongèrent de huit heures du matin à deux heures de l'après-midi. Je plaidai ma cause avec chaleur et le délégué commença à incliner de mon côté. Enfin on exprima l'espoir que le souverain pourrait condescendre à ma prière et le délégué repartit à la nuit.

Je rentrai chez moi plein d'inquiétude ; ma respiration devint inégale et pendant dix jours je ne quittai pas le lit. Les autorités envoyaient souvent des gens pour me consoler et prendre de mes nouvelles.

Le 19, je reçus de très-grand matin la visite de l'inspecteur des vaisseaux, Tchen-sin-tchji ; il venait me féliciter du succès de ma supplique. Le souverain exauçait ma

---

1. Vĭnh-taí.

prière. Ma maladie s'évanouit aussitôt. Je sautai hors du lit et m'informai des détails ; mais Tchen m'invita à m'habiller sur-le-champ et à aller à la chancellerie. Quand j'y arrivai, les employés me montrèrent le rapport de la Chambre, où la résolution était écrite en caractères rouges [1]. Elle disait :

« Cet étranger a plusieurs fois sollicité l'autorisation de revenir par terre. Prenant en considération les souffrances qu'il a éprouvées, il faut avoir égard à sa prière, sans tenir compte de la législation existante. Il est ordonné à la chambre des finances de lui fournir dix lans d'argent pour les cas imprévus ; les chefs des gouvernements qu'il traversera devront le fournir de tout ce qui est nécessaire pour la route. »

Je lus ces lignes, et mes larmes témoignèrent clairement de ma reconnaissance. Aussitôt on fixa un délai pour mon départ. Din, président de la chambre civile, me dit, avec des larmes dans les yeux : « Très-honoré, je suis heureux de te voir rentrer dans ton pays ; mais il m'est pénible de penser que nous serons sous des régions opposées du ciel, toi au nord, moi au midi. Nous reverrons-nous encore ? » Je fus profondément touché de cette sympathie. En revenant à la maison, je priai mon frère de préparer nos bagages et nous nous rendîmes chez diverses connaissances pour prendre congé. Le lendemain, on m'envoya l'argent accordé par le souverain et un passe-port. Le passe-port disait qu'un fonctionnaire militaire m'accompagnerait avec vingt soldats jusqu'à la

---

1. La couleur rouge est réservée pour les ordres du souverain.

ville de Huan-nang¹, où l'on me donnerait de nouvelles provisions, un nouveau passe-port et une nouvelle escorte. Les deux présidents m'envoyèrent chacun cinq lans d'argent, et Din m'envoya encore de la cannelle et un vase à pinceaux en ivoire. Le greffier Peï-io-tchji m'offrit aussi trois chapelets d'argent : je les remerciai tous en vers. Mes compatriotes Ling-tsziang, Ling-sung, Tchjeng-tszing et les autres m'offrirent, les uns de l'argent, les autres des remèdes, et autres objets utiles en voyage. Mais je refusai tout.

Le 21, à midi, je me rendis chez les hauts fonctionnaires, et, ayant laissé chez eux une lettre pour le souverain, je les priai de la faire parvenir à destination. Les deux présidents me reconduisirent jusqu'aux portes du palais et les autres fonctionnaires me traitèrent encore au-delà la ville ; mes compatriotes les Chinois me conduisirent jusqu'à la rivière et se séparèrent de moi en pleurant. Le patron et les matelots du bâtiment sur lequel j'étais arrivé restèrent pour attendre un vaisseau qui les ramenât en Chine.

Dans l'espace de plus de cinquante jours que je passai à Huan², il y eut le plus souvent de la pluie ou un épais brouillard. La boue était infranchissable ; les vêtements, les chaussures, le divan, le lit étaient si humides, que l'eau en dégouttait. Les mouches le jour, les cousins la nuit, ne laissaient pas une minute de repos. Quand le jour était beau, j'allais chez les autorités pour mes

1. Quảng-nam-dinh.
2. Quảng-ngải-dinh.

affaires, où j'étais assiégé d'une foule de curieux ; je ne sortis donc pas pour aller me promener aux environs de la ville. Du reste, on ne trouve aux environs ni montagnes, ni rivières, ni bois, ni rien qui puisse distraire de l'ennui. Toutes ces circonstances avaient produit en moi une fatigue et un affaissement terribles. Mes sens s'étaient émoussés ; tout mon être était comme stupéfié. Tout à coup, on nous permet de rentrer dans la patrie. Comme un aigle échappé de sa cage s'élance sous le ciel, ainsi mon frère et moi nous nous élançons vers le voyage, sans songer que ce voyage pénible comprend quelques milliers de lis.

A 40 lis de Huan [1], nous atteignîmes le poste militaire de Lu-ming (toutes les 40 lis, il y a un poste militaire). Toute la soirée, pluie et vent ; nous passâmes la nuit dans la maison de l'interprète Chen-lian. Le lendemain, après 40 lis, nous atteignîmes le poste de Tszing-ban, situé à vingt-quatre heures de la ville chef-lieu Huan-nang [2]. Nous traversâmes la rivière et, après 20 lis, nous atteignîmes le village de Tchja-min, et, au bout de 160 lis, la ville de Huan-nang, où nous demeurâmes chez le Chinois Hun-din de Fu-tsziang. A 20 lis de Huan-nang est située la ville de Hoï-ang-pu, où vivent beaucoup de Chinois. Il s'y trouve un dépôt de vivres : c'est un édifice antique, mais suffisant. Sous la dynastie antérieure, ce dépôt était ordinairement administré par un Chinois ; mais, comme le trésor subissait par là des pertes considé-

---

1. Quảng-ngải.
2. Quảng-nam-dinh.

rables, on nomme maintenant des fonctionnaires indigènes.

Le 25 (30 janvier), je présentai mon passe-port au gouverneur civil Pan-tszing-tsziang, qui est venu plus d'une fois porter à la cour de Chine les tributs de son souverain. Autrefois il était ministre, mais il est tombé en disgrâce et il est maintenant simple gouverneur. Il est très-savant, d'un caractère modeste, d'un commerce agréable et sans façons. En un seul jour, il m'invita deux fois à des entretiens, et me donna cinq chapelets d'argent et quelques gâteaux d'extrait de thé; en nous quittant, nous échangeâmes des vers. Le lendemain, je reçus mon passe-port et je quittai Huan-nang[1]. La route que nous suivîmes était large, et, sur les côtés, on voyait de jeunes millets et de verts pâturages. Tous les environs étaient comme tapissés d'une brillante verdure, sur laquelle se dressaient parfois des cigognes blanches. Dans le lointain, un bois bas et épais; plus loin, au milieu de la mer, une île avec trois sommets. Ces trois sommets, comme les trois pieds d'un trépied, sont symétriquement espacés les uns des autres. Sous chacune de ces hauteurs se trouvent des grottes, pareilles à des chambres creusées par la nature. Une tradition populaire raconte que ces grottes servaient de retraite à sept araignées, qui, changées en femmes fort belles, firent beaucoup de mal aux habitants des alentours; Bouddha les extermina. Les grottes encore aujourd'hui s'appellent les Chambres des Sept-Sœurs; les rochers sous lesquels elles se trouvent s'élèvent à plus

---

1. Quảng-nam.

de 20 pieds au-dessus du niveau de la mer. Elles ont, de loin, un aspect épouvantable. Le soir, nous arrivâmes dans le Lin-sia-tung¹ (le Village sous la montagne) et nous y passâmes la nuit.

La veille au soir, les porteurs nous avaient dit de nous lever avant l'aube, de bien déjeuner et de nous apprêter à l'ascension de la montagne Aï-lin², dont la traversée est regardée comme la plus difficile de tout l'empire. Nous nous levâmes avant l'aube; durant 2 lis, nous marchâmes à travers un épais brouillard. Au-dessus de nous s'amoncelaient des nuages blancs comme de la neige, qui nous cachaient le sommet de la montagne. Au lever du soleil, nous montâmes sur l'un des contre-forts de la cime principale, qui, après quelques sinuosités, va s'appuyer à la mer. Le bruit des vagues retentit au loin dans les gorges voisines. Nous atteignîmes un petit village, où se trouve un poste militaire; on y inspecte rigoureusement tous les passants. Un sentier sinueux conduisait au sommet de la montagne et, par des marches creusées dans la pierre, nous nous élevâmes d'environ 20 lis. A droite et à gauche croissaient des buissons piquants, ou des bambous serrés et droits comme des soies de sanglier; de nombreux oiseaux voltigeaient et égayaient les environs des cris les plus divers; les fleurs des montagnes, entr'ouvertes sous l'influence du soleil, brillaient des couleurs de l'arc-en-ciel et complétaient le charme du tableau. Plus loin, l'aspect change; à moitié de l'ascension commencent des montagnes nues, escarpées, qui s'étagent les unes par-

1. Làm-ha-dòng.
2. Ái-làm(?), Ái-vàn(?) sur la carte de Kiepert.

dessus les autres. A droite de ces rochers monte un escalier, appelé l'Escalier d'outre-nuages, qui compte plus de mille marches. Il fallait porter les palanquins en travers ; tous les voyageurs, se tenant par la main, s'aidaient mutuellement à monter. Les marches étaient si escarpées, que nos genoux touchaient notre poitrine. Notre sueur coulait en ruisseaux.

Nous franchîmes ainsi 7 ou 8 lis, nous atteignîmes le sommet et nous nous assîmes pour respirer. Là on rencontre un mur peu élevé, mais épais, avec une porte en bois de cèdre d'un pied d'épaisseur. Sur cette porte, on lit : « Haï-chang-huang[1], » c'est-à-dire Station de la mer et de la montagne. Là vit un officier avec quelques dizaines de soldats d'élite ; des canons sont en position. Bref, la fortification est si forte, que même un oiseau, à ce qu'il semble, ne pourrait la franchir. Cette forteresse est établie sur un cap ; du côté du nord, on a la vue de l'Océan, dont les vagues bouillonnent et écument contre les rochers ; plus loin se balancent les mâts et les voiles des navires ; ils ressemblent de loin à des oiseaux de mer ; tantôt ils courent sur les sommets des vagues, tantôt ils disparaissent entre elles. A l'est et à l'ouest, le cap domine deux golfes, qui s'enfoncent profondément et offrent d'excellents mouillages, propres à abriter des milliers de vaisseaux. Le jeu de la lumière et de l'ombre sur l'eau transparente et unie du golfe présentait un agréable contraste avec l'Océan déchaîné. Au sud-ouest de la forteresse s'étend un bois épais et large ; il renferme,

---

1. Haï-sôn-quàn.

dit-on, des éléphants, des cerfs, des singes et d'autres animaux en quantités innombrables; on n'y remarque aucune trace de l'homme. D'antiques et immenses arbres de quelques dizaines de brasses de tour entrelacent leurs épais branchages; ils forment, au-dessus de la terre, une ombre impénétrable et fraîche; l'épaisseur de la forêt est encore augmentée par une multitude de plantes grimpantes, qui s'enroulent autour des racines et des branches des arbres; sur les branches logent des singes qui, à la vue de l'homme, font des culbutes, des tours, des grimaces très-amusantes. Les habitants du pays appellent cette espèce de singes Isang-tszian-tsziong (le Général des singes). Le vent, en soufflant dans les cimes des arbres, produit je ne sais quels sons mélancoliques inconnus de moi jusqu'alors.

Nous prîmes congé du commandant de la forteresse et nous continuâmes notre route. Nous franchîmes 6 ou 7 lis; au coucher du soleil, nous nous établîmes pour dormir dans la demeure d'un habitant de la forêt, au sommet de la montagne. La nuit fut très-froide et nous fûmes, mon frère et moi, obligés d'allumer du feu près du lit pour nous réchauffer un peu. Le lendemain, nous nous levâmes tard et nous traversâmes, pendant 3 lis, un bois épais. Du côté droit de la route, des rochers pendaient verticalement; du côté gauche était un précipice dont on ne voyait pas le fond. Je sortis du palanquin et je priai deux hommes de m'aider pour la descente; ils s'appuyaient le dos contre la roche, descendaient avec précaution les marches taillées; après en avoir passé trois cents, ils s'assirent sur la pierre pour se reposer. Nous

continuâmes notre route et nous marchâmes environ
10 lis par un chemin étroit, sinueux et dangereux. Nous
traversâmes trois montagnes, petites, mais escarpées,
et, finalement, nous débouchâmes sur une plaine abou-
tissant à la mer. Nous suivîmes le rivage de la mer et nous
atteignîmes une assez grande rivière, au nord de laquelle
se trouvent une petite ville de commerce et un poste de
douane avec un employé.

Les porteurs me dirent que, du sommet de la montagne
jusqu'à cet endroit, on rencontre plus de vingt temples
en l'honneur de différents esprits. Dans ces temples brûlent sans cesse des cierges ; on y consume des billets de
banque offerts par les voyageurs. Le nombre des pèlerins
est fort considérable ; aucun d'entre eux n'a jamais rien
souffert des serpents ou des tigres, grâce à la protection
de ces esprits. Le chemin qui traverse cette montagne a
été établi sous le règne de Tszia-lun[1] (ainsi s'appelle le
règne du père de l'empereur actuel). Il traverse le centre
même de l'empire d'Annam. Dans cet endroit, un seul
guerrier peut arrêter une armée de dix mille hommes ;
on l'appelle Aï-lin (le Défilé des montagnes), et il est situé
à 140 lis de la capitale, Fu-tchung.

Le 30[2], nous atteignîmes la capitale, Fu-tchung[3], que le
peuple appelle Chung-hua-tchen[4]. Cette ville est entourée
d'un mur de briques très-fort et assez beau ; elle a environ
10 pieds de haut, 4 ou 5 lis de circonférence, et elle a huit

1. Gia-long.
2. Le 4 janvier.
3. Phủ-quân.
4. Phủ-thừa-thiên.

portes. Sur le mur s'élèvent de petites tours, espacées l'une de l'autre de 200 pas ; sur ces tours sont de gros canons, qui peuvent porter d'une tour à l'autre ; sur les pièces sont des abris qui, de loin, ressemblent à des oiseaux aux ailes déployées. Autour des remparts court un fossé rempli d'eau ; cette eau vient d'une rivière très-large et très-profonde ; elle reçoit beaucoup d'autres rivières et se jette dans l'Océan.

Sur la rivière se tiennent un grand nombre de navires de guerre et de commerce et des barques de passage avec des tentures de paille. Près de la ville, de quatre côtés, s'étendent des marchés bien bâtis ; ils renferment des masses considérables de marchandises. Les maisons des habitants sont bâties sur le même modèle ; toutes sont propres et belles.

Vers midi, nous entrâmes dans la ville. L'officier de service à la porte nous y introduisit et nous présenta au gouverneur Iuang-cho-fu et à son adjoint Li-siao-sia. Iuang ne fit que nous regarder et sortit, et Li, se croyant très-savant et très-spirituel, prit un papier et écrivit des vers. Nous nous entretînmes à l'aide de l'écriture, et ce divertissement nous occupa si fort, qu'il nous fit oublier que nous n'étions pas compatriotes. Avant le coucher du soleil, je pris congé de lui et me retirai dans le logement qui m'était assigné, chez le Chinois Tchen-tsing. C'était la veille du jour de l'an. Dans toutes les maisons, on pendait de nouveaux tableaux ; on tirait des fusées ; on faisait partir des feux d'artifice : cependant, là non plus, je ne vis rien de nouveau ; tout se passait comme en Chine. Cette circonstance me rappela mes parents ; toute la nuit, j'en parlai avec mon frère; nous pleurâmes beaucoup et ne nous couchâmes point.

C'était, d'après la chronologie chinoise, la seizième année du règne de Dao-huan, et, dans l'empire d'Annam, la dix-huitième année du règne de Min-min [1] (1836). Le premier de l'an, les chanteurs, les baladins et autres saltimbanques donnent, dans la rue du Sud et le marché du Nord, diverses représentations et font un tel bruit, que la terre tremble.

Je pris une carte de visite et je me rendis, avec mon compatriote d'Amoï Hung-liang, chez le gouverneur de la province, pour lui souhaiter la nouvelle année et le prier de transmettre mes félicitations à son souverain. Chez le gouverneur se trouvaient en ce moment le président de la chambre de l'intérieur, Huang-jen-fu, et un des directeurs de la chambre des finances, Iuang-cho-chuï. Ils se consultèrent longtemps entre eux. Ensuite, Iuang écrivit :

« D'après les coutumes de notre pays, le jour de l'an, au premier chant du coq, tous les fonctionnaires civils et militaires présentent au palais leurs félicitations et reçoivent des récompenses. Après leur sortie, les portes sont scellées et ne s'ouvrent que lorsque le souverain l'ordonne. Si vous désirez vous présenter immédiatement à Sa Majesté, attendez que le palais s'ouvre et on vous présentera aussitôt. Seulement, je pense que le souverain vous proposera d'aller par mer, et il vous sera presque impossible de refuser. Si vous désirez partir par terre, en vertu des décisions antérieures, vous recevrez immédia-

---

[1]. Minh-mang.

tement un billet et une lettre de poste du gouverneur ; alors, après avoir touché vos provisions, vous pourrez continuer votre route. Laissez donc votre lettre ici, et le gouverneur de la province la transmettra au prince avec vos hommages. »

J'approuvai complétement cet avis ; je saluai les seigneurs et sortis aussitôt. En traversant la ville, je vis le palais du souverain situé à l'angle sud-est de la ville et tourné vers la montagne de Ing-chang. Cette montagne se trouve hors de la ville ; elle a la forme d'un cachet ; sur elle s'élèvent beaucoup de temples consacrés aux esprits des eaux, des montagnes, de la terre et de ses produits. L'architecture du palais est grandiose et magnifique : tours, salles, pavillons, pyramides, tout est de matériaux précieux ; sur les toits, des coupoles d'or, en forme de potirons, brillent comme le soleil. La porte de la façade s'appelle Porte du Midi ; devant elle, au milieu de la route, est dressé un grand étendard. A droite et à gauche du palais sont les casernes des gardes. Ce sont de superbes soldats, magnifiquement armés ; au sud des casernes sont les logements des commandants de corps de droite et de gauche. L'arsenal, où l'on conserve de grands canons, de la poudre, des bombes, etc., est composé de seize corps de bâtiment. Le palais est entouré de hautes murailles. Aux quatre coins, sur les remparts, sont dressées des batteries de canons de haut calibre, couverts de vernis rouge et montés sur des affûts rouges. Autour des murs est creusé un fossé d'environ 10 pieds de large et autant de profondeur, bordé d'un double parapet, afin d'empêcher les passants de tomber dans l'eau. Il y a encore un palais spécial, au milieu duquel s'élève un édifice appelé la Tour ; dans cette tour, les fenêtres, les plafonds, les grilles, sont fort élégants ; l'empereur s'y divertit aux heures de loisir, ou y donne des festins. A l'ouest du palais principal sont les nombreux palais des enfants de l'empereur et de ses proches parents, et, plus à l'ouest, les principaux édifices publics. Au nord-est du palais se trouvent les magasins au blé, littéralement pleins de grain, qui suffirait à la consommation de la ville pendant quelques dizaines d'années. Les autres édifices sont des administrations de moindre importance, civiles et militaires, des casernes, des édifices publics, des temples, etc. Mais il y a peu de maisons particulières.

Le 2 (6 février), je dînai chez le gouverneur de la province. Le peuple, ayant appris que j'étais un lettré chinois, vint en foule pour me voir ; ma demeure était pleine de gens de toutes conditions. Le 7, j'envoyai des vers d'adieu au gouverneur de la province ; je louai une chaloupe et je me rendis au faubourg de Ni-he. L'adjoint du gouverneur de la province, Li, m'accompagna au-delà de la ville et ordonna à mon escorte de se rendre par terre au gouvernement de Huan-tchji[1] ; mon ancien hôte, Tchen-tszing, avec toute sa famille, m'accompagna jusqu'à la rivière. Deux jours durant, je naviguai sur cette rivière, au milieu du brouillard ; des nuages épais couvraient les montagnes voisines ; on ne voyait rien dans les environs ; la pluie fouettait le toit et les fenêtres du

---

1. Quảng-tri-dinh.

bateau ; l'eau frissonnait au milieu des roseaux; le niveau de la rivière s'éleva de 2 ou 3 pieds.

Le 10 (14 février) au matin, j'atteignis la ville chef-lieu de Huan-tchji[1], à 120 lis, par eau, de la capitale. Ayant laissé le bateau au port, j'allai à terre avec d'autres passagers et nous gagnâmes la ville, après 3 lis environ. L'officier de garde était à la porte de la ville; après avoir un peu attendu que la pluie s'apaisât, il vint au-devant de nous. Il conduisait par la main un employé de la chancellerie et lui ordonna de nous conduire chez le gouverneur He-den-ke. Le gouverneur, à ce moment, avait relevé ses manches et tuait ses poux. Voyant des hôtes arriver, il arrangea son costume, et, dans le premier accès de colère, il administra à l'employé vingt coups de fouet. Je pris mon pinceau et j'écrivis : « Des hôtes vous sont arrivés à l'improviste. Mais pourquoi vous fâcher ainsi? » Il se calma, reprit sa gaieté et dit en souriant : « Pourquoi ne m'a-t-il pas prévenu? Moi, vieux fonctionnaire, je n'ai pas pu vous recevoir avec les honneurs convenables. C'est ce qui m'a fâché. Excusez-moi. »

Après cela, il me pria d'écrire des vers sur le premier sujet qui me tomberait sous les yeux. Il lut ces vers et en fut très-content; il me pria de passer la nuit; je refusai; il écrivit aussitôt l'ordre de changer mon passe-port et mon escorte, à laquelle il ordonna de se rendre à In-he[2] et de m'y attendre. Je me retirai. Un homme me prit sur ses épaules et, sous une pluie battante, nous arrivâmes

1. Quảng-tri-dinh.
2. An-lôc (?).

clopin-clopant au navire. Le lendemain, après midi, nous abordâmes au rivage, après avoir fait 40 lis. Je passai la nuit à In-he, où l'on reprend la route de terre. Là, je louai des porteurs et je continuai ma route ; après 240 lis, le 13, j'arrivai dans la ville chef-lieu de Huan-pin[1], appelée en langue vulgaire Dun-haï[2], que les Chinois appellent Lun-hoï. Je m'arrêtai à l'hôtel tenu par un Chinois, Hung-tsyng, et j'allai me présenter au président de la chambre des finances, Iu-ian-hao. Il prit un air de dignité et se souleva un peu en disant : « A votre chapeau, à votre costume, à votre maintien, je vois que vous n'êtes pas un simple voyageur ; ayez la bonté de me réjouir par des vers. » Il fit servir aussitôt du vin et une collation.

Nous bûmes et fîmes des vers de table avec beaucoup d'enthousiasme. Le président envoya du vin et un dîner à mon escorte. En nous séparant, il me fit cadeau d'un petit poulet et me pria de venir le lendemain pour causer. Le lendemain matin, un greffier vint me prier d'aller chez le président. Quand j'arrivai au palais, Vu et le président de la chambre criminelle discutaient une affaire judiciaire. Vu, en me voyant, chassa aussitôt demandeurs et défendeurs, m'invita à m'asseoir à la place d'honneur ; nous nous mîmes aussitôt à faire des vers et à goûter. Les deux présidents m'interrogèrent avec curiosité sur la Chine, ses coutumes, sa civilisation et autres sujets qui les intéressaient. Notre conversation, bien que traitant de choses graves et sérieuses, était tout à fait exempte de cérémo-

---

1. Dông-hòï.
2. Quảng-bình-dinh (Dồng-hòi).

nies. Nous passâmes la journée fort agréablement; je ne revins que le soir à la maison.

Le 15[1], le président de la chambre criminelle était absent pour affaire de service. Iu vint chez moi; il apportait du vin et m'aborda le verre en main : « C'est aujourd'hui le loang-siao[2]. Il faut chanter des chansons, en se promenant par la ville, pour célébrer dignement cette fête. » Et, m'offrant un verre de vin, il m'invita à aller me promener avec lui par la ville. Je ne pouvais prolonger mon séjour et je déclinai son invitation. Iu, voyant les porteurs déjà prêts à se mettre en route, dit : « Pourquoi tant vous presser? » Puis il me remit trois chapelets d'argent et une pièce de vers où il me disait adieu. Je répondis par des vers de remercîment sur le même rhythme. Il sortit, alla faire préparer un déjeuner dans un hôtel près de la barrière et m'y attendit; il but à trois reprises différentes à ma santé et ne put retenir ses larmes. Il me prit par la main, franchit la barrière avec moi et m'accompagna plus de 2 lis; puis il retourna dans la ville, monta sur le rempart de la forteresse et me fit encore des signes d'adieu. Mes compatriotes, Hun-tszing et Iu-chen, accompagnés de leurs familles, coururent après moi; ils m'apportèrent diverses choses et des médicaments, m'accompagnèrent plus de 5 lis et me quittèrent les larmes aux yeux. Peu de temps après arriva le fonctionnaire chargé de m'escorter avec des soldats; avec eux se trouvait un des serviteurs de Vu; il avait l'ordre de m'assister dans ce trajet.

1. Le 19 février.
2. C'est le nom qu'on donne au 15 de la première lune.

Le soir du même jour, nous atteignîmes la petite ville de Tchju-lung. Il pleuvait et la lune ne se montrait pas. Dans la maison qu'on m'assigna pour demeure, il y avait un banquet en l'honneur de la première pleine lune de l'année. On m'y invita. Mais à voir la joie d'autrui, ma tristesse redoubla. En quittant Tchju-lung, nous fîmes en deux jours 80 lis et nous arrivâmes dans la petite ville de Tsziang-chy. Il plut pendant toute la route ; nos vêtements mouillés se collaient au corps ; l'humidité et un froid insupportable pénétraient nos os. En sortant de Tsziang-chy, nous traversâmes la rivière de Tsziang-tszian[1] et nous passâmes la nuit dans la petite ville de Hu-lung.

Le 19 (23 février), le temps s'éclaircit. Après un trajet de 20 lis, nous arrivâmes aux montagnes de Hen-chang-lin[2]. La montée est pénible ; nous gravîmes pendant 3 lis des sentiers sinueux et nous atteignîmes avec peine le sommet, que domine une forteresse. Sur les portes de la forteresse, on lit : « Hen-chang-huang[3] » (Barrière des montagnes transversales). Dans la forteresse se trouvaient quelques douzaines de soldats, sous le commandement d'un officier ; ils inspectaient très-rigoureusement les voyageurs, car c'est là un point fort important sur la route du Nord. De la forteresse vers l'autre côté de la montagne, la pente est presque verticale ; nous atteignîmes bientôt la plaine. Nous fîmes en plaine encore 50 lis et nous nous arrêtâmes à la station de Tchjua-hu.

1. Gianh-giang.
2. Hán-sòn-lâm.
3. Hán-sòn-quân.

Le 20[1], nous dépassâmes la ville de He-hua-fu, que nous laissâmes à l'est de notre route, et, après 3 lis, nous arrivâmes dans la ville chef-lieu de He-tszin[2]. Je logeai dans la maison du Chinois Van-tszi, de Canton. Le président de la chambre des finances, Hao, était enrhumé ; il ne se montra pas quand j'allai lui faire visite ; il m'envoya un jeune fonctionnaire avec une lettre pour s'excuser de n'avoir pu me voir : il me remerciait de ma visite et me disait entre autres choses que la douzième année du règne de Dao-huan (1832) il avait été en Chine, dans la ville de Sia-myng (Amoï), avec une mission de son souverain.

Le 21, le président ordonna à l'adjoint du gouverneur de la province de m'accompagner. Je lui laissai une lettre d'adieu, je pris congé de tout le monde et je continuai ma route. Le 22, nous arrivâmes à la ville chef-lieu de I-ang[3]. Je descendis dans la maison du Chinois Lin-sun. De la ville chef-lieu de Huan-pin jusqu'à I-ang, il y a 400 lis. La contrée est en général très-basse, humide, coupée de marais infranchissables ; les routes sont si glissantes, qu'il est difficile de marcher ; souvent, sur une plaine de quelques lis, on ne rencontre pas une seule chaumière ; dans les bois et les marais se cachent des brigands et des voleurs. Ils offrent chez eux l'hospitalité au voyageur et l'empoisonnent avec un poison extrait de certains insectes qu'ils mêlent à la viande. Ceux qui en mangent ne survivent guère ; mais il y a une espèce de

1. Le 24 février.
1. Ha-tinh.
2. Nghệ-an.

poivre appelé Fang-tsziao[1] qui, mêlé aux aliments, neutralise le poison.

Le 23, je me présentai au général gouverneur qui appartient à la famille du souverain et porte son nom. Le souverain n'appelle guère à ces fonctions que des membres de sa famille. Le greffier, Tchjen-de-sin, descendant d'une famille de colons, était notre interprète. Avant mon arrivée à la porte du palais, on y avait mis quatre soldats, le sabre à la ceinture, ce qui n'a pas lieu d'ordinaire. J'entrai au palais, je m'arrêtai, je répondis à quelques questions et je sortis. Les présidents des chambres étaient absents pour quelque affaire ; mais le curateur de l'instruction publique, Tchen-haï-tin, et l'étudiant Hu-bao-tin me visitèrent et écrivirent chez moi des *duï tszy* (distiques qu'on pend au mur). L'étudiant Hu a de fort belles dispositions ; dans ses vers, la pensée est fine et profonde. Au coucher du soleil, nous allumâmes une lumière et nous prolongeâmes jusqu'au chant du coq nos divertissements littéraires.

Le 22, vint chez moi le fonctionnaire chargé de m'escorter. Il me demanda quand je voulais partir. « A l'instant même, » répondis-je. Les Chinois de Fu-tsziang et de Canton, qui vivaient dans cette ville, firent une collecte entre eux et m'offrirent trois chapelets d'argent. Ils m'accompagnèrent en foule à la sortie de l'hôtel. Nous franchîmes environ 10 lis ; une pluie survint, mais une pluie calme et fine qui ne nous inquiéta guère. Dans les bois, en beaucoup d'endroits, des paons étaient assis par troupeaux

---

1. Phůòng-tiêu.

entiers ; leurs plumes brillant des couleurs de l'or et de l'arc-en-ciel charmaient les yeux. Leurs longues queues étaient tellement alourdies par la pluie qu'ils ne pouvaient les soulever. Quand on approche de la ville de Tsin-hua[1], on voit s'élever de hautes montagnes. Leurs rochers, tantôt à pic, tantôt en pente douce, tantôt se dressent vers le ciel en pyramides, tantôt s'écartent et laissent entre eux des abîmes sans fond. A voir cette gigantesque production de la nature, on croirait que ce sont les bons esprits ou les démons qui ont eux-mêmes brisé, taillé ces rochers, pour donner à ces montagnes une forme sauvage et monstrueuse. Sur les rochers perchent des paons et des faisans blancs, et dans les gorges croissent des canneliers bien plus parfumés que ceux de Dun-tszin[2] (Tonking).

Le 26 (1er mars), nous arrivâmes dans la ville chef-lieu de Tsin-hua-fu[3], à 240 lis de I-an-fu[4], et nous descendîmes chez le Chinois Tchen-ieng. Le lendemain, je me présentai au gouverneur général Iuang[5]. Dans ce gouvernement, la famille des Iuang est très-nombreuse ; elle est fort riche et possède une influence considérable. Aussi on appelle généralement aux fonctions de gouverneur général des membres de cette famille. Le gouverneur m'invita au palais et me pria d'écrire des vers pour les coller aux colonnes. Il en fut très-satisfait ; il appela ses enfants

1. Thanh-hoa.
2. Dông-kinh.
3. Thanh-hoa-phủ.
4. Nghê-an-phủ.
5. Nguyễn.

et me présenta à eux. Son fils aîné joue très-bien de la guitare et fait partie de la garde du corps du souverain (Fu-veï-huang[1]). Ensuite, je me présentai au président de la chambre des finances, Iuang-jo-chang; son grand-oncle était, il y a peu de temps, président de la chambre des cérémonies : il mourut dans ces fonctions. Le président, en signe de sa bienveillance, me fit cadeau d'un lan d'argent et de bon thé ; puis il envoya à He-neï[2] l'ordre que l'interprète et le maître de l'auberge réunissent pour moi dix lans d'argent. Pour toutes ses bontés, je lui écrivis des vers de remercîment.

Le 28, l'instituteur Vyn-i-tsiang m'invita à venir visiter son école. Sa famille me reçut avec beaucoup d'affabilité et de cordialité. L'instituteur, tout en déplorant que son salaire fût très-modeste, m'offrit deux chapelets d'argent, et ses voisins firent une collecte pour m'en offrir trois ; je les remerciai de leur obligeance et ne reçus point les présents. Quand le soleil descendit snr l'horizon, je pris congé des dignitaires et continuai ma route.

Le 29, nous arrivâmes dans la ville chef-lieu de Nin-pin[3] (dans la langue vulgaire, Pin-tchuan[4]) et je descendis chez le Chinois Tszu-siang, de Canton. La ville de Nin-pin est à 160 lis de Tsin-hua; dans cet intervalle s'étendent des montagnes rocheuses, des plateaux très-hauts et très-irréguliers. On y rencontre beaucoup de grottes et des gorges d'une immense profondeur. La

1. Phu-vê-hoàng.
2. Hà-nôi.
3. Ninh-bìn-trǎn.
4. Bình-thuân.

grande montagne de Feï-fyn est considérée comme le rempart de la ville; une autre montagne, plus petite, à l'intérieur, sert de lieu de sacrifices. Toutes deux sont célèbres, depuis l'antiquité, par leurs vues pittoresques et l'agrément des environs. Ces montagnes sont très-dignes d'être vues; beaucoup de poëtes les ont chantées autrefois.

Le 1ᵉʳ de la deuxième lune (5 mars), je me présentai au gouverneur Iuang : la famille des Iuang[1] est ici aussi nombreuse et riche; c'est toujours un de ses membres qui est nommé gouverneur. Je rencontrai le gouverneur au moment où il venait de passer une revue. Il m'invita à dîner et ordonna à ses inférieurs de me divertir. Nous nous portâmes des santés et passâmes le temps fort agréablement à improviser des vers. Quand je me retirai, le gouverneur me fit cadeau d'une branche de palmier arec et de cinq chapelets d'argent. Ce jour-là, après avoir parcouru 40 lis, nous séjournâmes dans la ville de Li-jeng-fu.

Le 2, le gouverneur de la province Li-tszin-su m'invita à un festin; je me contentai d'accepter un verre de vin et refusai. En ce pays, on fait les bouteilles et les verres avec des citrouilles desséchées.

Le 15, nous passâmes la nuit dans la ville provinciale de Tchan-sing-fu; nous avions parcouru, depuis Li-jeng-fu, 240 lis. Le 16, j'appris qu'on ne pouvait voir le chef de la province et je continuai ma route. A partir de là, en montant vers le nord, le terrain est très-fertile. Les plaines sont vastes et fort riches; on remarque dans le

1. Nguyễn.

peuple non-seulement l'aisance, mais la richesse. Plus on avance vers le nord, plus les maisons et les édifices sont confortables. Au bout de 60 lis, nous atteignîmes la ville chef-lieu de He-peï [1], qui était autrefois la capitale orientale (Dun-tszin ou Tun-kin) et s'appelait Chen-lun. Nous nous arrêtâmes dans le faubourg, au temple ; j'y passai la nuit, et le lendemain je me transportai chez mon compatriote Tszing-myng, originaire de Tsen-tiang.

Le 8 [2], j'envoyai une carte de visite au gouverneur de la ville et me rendis ensuite chez lui. A mon arrivée, le gouverneur sortit à ma rencontre, me prit la main et dit : « Pouvais-je espérer que j'aurais aujourd'hui le plaisir de recevoir chez moi un lettré du Céleste Empire ! » Nous nous assîmes et notre conversation fut si intéressante, que nous ne remarquâmes point comme le temps avait passé de huit heures du matin à midi. De chez le gouverneur, je me rendis chez le président de la chambre des finances, Tchen-vyng-tchjun. En la douzième année du règne de Dao-huan, il était allé à Amoï et avait reçu pour cette mission le titre de conseiller de l'empereur. Ici on remarque déjà l'influence de la Chine ! Dans le palais, il y avait de petites tables, et des nattes neuves, propres et jolies. Le président était vêtu d'un très-beau drap et avait des chaussures aux pieds. Il m'accueillit d'une manière fort affable ; il m'invita à prendre le thé et me l'offrit toujours de ses propres mains. Il m'interrogea sur

1. Hà-nôi (Ke᷂-chờ).
2. Le 12 mars.

les villes de Fu-tchjou et d'Amoï, me demanda des détails sur la vie et la santé de fonctionnaires et d'habitants de ces deux villes qu'il avait connus autrefois; il insista beaucoup pour me faire rester quelques jours; je lui répondis que c'était impossible. Il m'offrit alors dix lans d'argent, que j'eus beaucoup de peine à refuser.

Le 9, trois savants, Tchen-ju-tcheng, Tchen-hoï-huan et Huan-bi-huan (tous trois de Canton et fort habiles versificateurs), vinrent me rendre visite. J'appris d'eux que la ville de He-peï était large, bien peuplée et très-riche. Les fortifications de la ville sont belles et solides, les marchés sont encombrés de marchandises; les faubourgs sont bien bâtis et très-habités. Cette ville peut être considérée comme le principal dépôt de pierreries et d'objets précieux de tout l'empire. Mes hôtes me dirent que, dans la ville et les environs, il y a beaucoup d'antiquités remarquables, qui valent la peine d'être vues, même en passant. Ils m'invitèrent à faire un tour avec eux par la ville.

Dans notre promenade, nous examinâmes d'abord le palais de la dynastie antérieure des *Li*[1]; il a des toits peints et des corniches sculptées. Dans la verdure des jardins émergent des pavillons à nombreux étages et des galeries couvertes. Puis nous allâmes visiter le quartier des commerçants; là, les pièces de monnaie, en forme de couteau, sont entassées en quantités telles que je n'en ai jamais vu. En passant sur la rive gauche de la rivière Er-he-tszian[2], nous vîmes l'endroit où descendent les

---
1. Lê.
2. Sông-cà.

ambassadeurs chinois ; d'énormes écussons de pierre l'ornent et des obélisques se dressent comme des montagnes. Puis nous visitâmes l'hôtellerie où logent les étrangers et un temple élevé en l'honneur de deux jeunes filles. Sous le règne de la dynastie orientale des Hang, au milieu du règne de Huan-Vu [1], deux jeunes filles, Tchjen-tsze et Tchjen-er [2], soulevèrent une révolte, qui fut étouffée par le chef chinois Ma-tszie [3] ; les jeunes filles, auteurs de la révolte, se noyèrent dans la rivière Ioe-detszian ; leurs corps, flottant contre le courant du fleuve, arrivèrent au Fu-lian-tszian (ainsi s'appelait autrefois la rivière Er-he-tszian), et les habitants du pays construisirent un temple en leur honneur. En revenant de la promenade, je passai la nuit chez Iu-tchen ; avec cet hôte spirituel, nous causâmes des temps anciens ; nous nous réjouîmes pour nos aïeux en nous rappelant leurs bonheurs, nous nous affligeâmes de leurs malheurs. Notre conversation était si intéressante, que nous ne remarquâmes point comme la nuit s'écoulait. Nous mîmes nos conversations en vers sur le papier. Les souvenirs de cette période de mon voyage me sont chers et resteront ineffaçables dans ma mémoire. Le lendemain, je me levai tard. Le propriétaire de l'hôtel, He-i-sin, deux interprètes, Tchen-tchjeng-tszi et Tchen-hen-kuan (de la ville chinoise de Tchao-tchjou), et quelques compatriotes m'envoyèrent dix lans d'argent pour couvrir mes frais de voyage, et un aubergiste, originaire de Fu-tsziang,

1. 41 après J.-C.
2. Trưng-trắc, Trưng-nhị.
3. Mã-viên.

Tchjeng-lin, et ses amis m'envoyèrent cinquante chapelets de monnaie. Je les remerciai tous et de tout ; mais je refusai l'argent. Je n'acceptai qu'une caisse de médicaments envoyée par mes compatriotes Ian-van-tszi, Tchen-tszi, Hu-hun et Tszen-tiang. Quand je quittai la ville, ceux de mes compatriotes qui logent dans le faubourg m'offrirent une collation dans la rue ; je les remerciai tous en vers.

Le 11, j'allai dire adieu aux présidents. Ils voulaient me faire accompagner comme un haut fonctionnaire et m'avaient attribué une escorte de cinquante soldats ; je réfléchis que cela coûterait beaucoup d'argent au gouvernement et je les priai de me laisser mon escorte ordinaire. Après midi, nous traversâmes la ville provinciale de Tsychang, dont le chef était absent. Le soir, nous arrivâmes dans la ville chef-lieu de Beï-nin[1] ; nous avions fait, depuis He-ncï, 130 lis.

Le 12, je me présentai au gouverneur Iuan (parent de l'empereur). Après les saluts et les compliments d'usage, il me fit cadeau d'une hin (1 livre et quart) de thé aromatique.

Le 13[2], je passai la nuit dans la ville provinciale de Lian-tszian-fu[3]; je fus chez le gouverneur de la province, Li-tchjen, et chez l'adjoint du chef du district, Fan-hen ; chez tous deux, on servit une collation, durant laquelle nous nous divertîmes à improviser des vers.

Le 14, nous arrivâmes au poste militaire de Tsin-in-

1. Bắc-nình-trấn.
2. Le 17 mars.
3. Lùòng-tiên-phủ.

chung, près duquel, sur la frontière du district de Vyng-tsziang, se trouve le lac de Hou-lou-haï, d'où l'on tire beaucoup de cinabre. Le 15, nous passâmes la nuit au poste de Huan-lang, après avoir dépassé sept autres postes, où l'on trouve des soldats et des fonctionnaires militaires.

Le 16, après 13 lis, nous arrivâmes à la barrière appelée Huï-myng-huang[1] (porte du Diable). Une tradition populaire affirme que, s'il entre dix hommes dans cette forteresse, à peine en sortira-t-il un vivant. Le peuple croit encore aujourd'hui qu'il y a là un marché où les mauvais esprits se rassemblent chaque jour, l'après-midi, pour exercer leur commerce; l'homme qui les dérange est aussitôt frappé de maladie. J'essayai de me reposer un instant sous les murs de la forteresse, mais tout mon corps fut saisi d'un tremblement; mes cheveux se dressèrent sur ma tête; je me hâtai de me lever. A côté de la forteresse se trouve un temple en l'honneur du guerrier Fu-bo, célèbre par ses miracles. Tous les fonctionnaires qui passent près de ce temple y entrent, pour y faire brûler des parfums. Devant le temple croît l'herbe i-i dont se nourrissait le guerrier Ma-ioang (c'est un autre nom de Fu-bo). Cette herbe neutralise les miasmes de l'air et le poison des eaux. Les habitants du pays l'appellent l'Herbe de la vie et de la santé. J'en arrachai tout un sac. Au sud-est du temple, à 2 lis environ tout au plus, on rencontre une montagne rocheuse, sur laquelle s'élève une colonne de bronze. Une colonne du même genre se trouve

---

1. Quí-minh-quân.

dans le gouvernement de Canton, dans le district de Tsin-tchjou, sur la montagne de Fyn-mao. Elle m'a paru haute de 10 pieds et épaisse de plus de 10 brasses ; de loin, sa couleur ressemble à celle de la pierre ; elle est couverte de fientes d'oiseaux ; les habitants racontent qu'on voit souvent se percher sur elle des oiseaux extraordinaires.

Le soir, je m'arrêtai à la cinquième batterie. Au temps jadis, le gouverneur de Lian-tchjou, pour atteindre les brigands des montagnes occidentales, établit, entre la montagne de Lian-chang et la capitale orientale Lun-tszin[1], dix-huit batteries ; on pouvait apercevoir ces batteries l'une de l'autre. Aujourd'hui on n'a conservé que les noms de la troisième et de la cinquième batterie.

Le 17, nous atteignîmes la ville de Lian-chang[2], à 300 lis de Beï-nin-fu. Toute cette région est couverte de hauteurs désolées, coupées parfois de sentiers silencieux. Partout s'entrelacent dans les buissons épineux des herbes sauvages qui atteignent plus de 10 pieds de hauteur. Dans toutes ces régions, tantôt des rochers escarpés, tantôt de sombres ravins, barrent la route. On ne rencontre nulle trace de l'homme ; seuls des brigands dangereux se cachent en ces régions. Entre les rochers, dans les ravins, se rassemblent des vapeurs empoisonnées qui ne se dissipent pas de la journée. Malgré le printemps, les arbres dans les montagnes sont jaunes et desséchés ; les pierres sont couvertes de rouille et de moisissure. D'ailleurs, sur les rivages de la rivière qui coule en cet endroit, la végétation est riche. Dans la

1. Lang-sòn.
2. Lang-sòn, ou Lăng-bắc-trân.

rivière se baignent des troupeaux de paons ; sur les sentiers par où ces oiseaux arrivent, les arbres forment une ombre telle, que pas un rayon de soleil ne pénètre jusqu'à la terre. Un grand nombre de serpents et de scorpions remplissent l'air de miasmes violents et empoisonnés, qui pénètrent jusque dans l'eau de la rivière et l'infectent. Les voyageurs qui traversent cette région se munissent en général de millet grillé et d'autres aliments ; ils boivent l'eau de la rivière, mais avec les plus grandes précautions. Ils y font bouillir comme antidote l'herbe i-i et boivent cette infusion comme du thé ; pour les étrangers, cette précaution est encore plus nécessaire.

En approchant de la ville de Len-chang, l'horizon est borné par une infinité de cimes âpres et aiguës, qui ressemblent de loin à des milliers de points noirs. Là s'étend la chaîne des monts Pang-che-lin, qui se développe comme un serpent sur une étendue de plus de 20 lis. La route qui la traverse est très-pénible ; tantôt il faut gravir les cimes, tantôt faire des détours fatigants. Vers le milieu de la montagne, je rencontrai un vieux voyageur. C'était Vu-hoï, gradué pour les fonctions de gouverneur de district ; il allait à la ville de Hao-pin-fu [1] et portait avec lui une cruche d'excellent vin. Il faisait 2 ou 3 lis et s'asseyait pour se reposer ; il m'invita à me reposer et à me rafraîchir. Dans ces haltes, nous nous mîmes à improviser des vers ; ils nous firent oublier notre fatigue. Après avoir dépassé la montagne, je pris congé de ce vieillard éclairé.

1. Cao-băng-trấn.

Il était déjà tard dans l'après-midi quand nous arrivâmes dans la ville de Lian-chang; je me rendis sur-le-champ chez le gouverneur, Tchen-vyng-siung. Dans la douzième année du règne de Dao-huan, il alla à Amoï avec Tchen-vyng-tchjun, chargé d'une mission de l'empereur. Il reçut à son retour le titre de conseiller d'État.

A mon entrée dans le palais, tous les employés furent très-effrayés. Ils me prenaient pour un haut fonctionnaire (dans l'empire d'Annam, on ne connaît pas le grade de Lin-chen, ou étudiant boursier). Le gouverneur leur expliqua mon grade et ajouta que, dans le Céleste Empire, les lettrés, même des grades inférieurs, sont très-savants et très-intelligents; il leur fit comprendre qu'ils ne devaient pas me regarder comme un personnage de peu d'importance.

Le gouverneur était de haute taille et il avait une barbe magnifique et touffue; malgré ses cheveux tout à fait blancs, il était frais comme un jeune homme; sa démarche majestueuse, ses grandes manières, le faisaient ressembler à un saint. Il sait accomplir toutes les délicatesses de l'étiquette chinoise. Il avait été à Amoï et y avait connu le procureur Tchjou-iung-hao; ayant appris qu'il avait été mon maître, il devint encore plus gracieux pour moi et me traita comme son égal. On me donna pour demeure le meilleur hôtel de la ville orientale; on y apporta du palais du gouverneur un lit et tout ce qui était nécessaire; chaque jour, on m'invitait à la table du gouverneur ou on m'apportait à dîner de sa part. Cependant, on envoyait dans le gouvernement de Huan-si, en Chine, prier le chef du district de Taï-pin-fu[1] de faire savoir à quel moment je devais passer la barrière de la frontière. D'après les lois de l'empire, les Chinois qui reviennent de l'Annam s'arrêtent à la frontière. Le gouverneur envoie informer le chef chinois de Taï-pin-fu; celui-ci fixe le moment où les voyageurs doivent se présenter à la frontière et les reçoit lui-même.

Le 20, le gouverneur, devinant que je m'ennuyais, m'apporta un livre et dit : « Il y a trois ans, les gouvernements de Lian-chang et de Hao-pin entreprirent une insurrection qui n'a été comprimée que l'année dernière ; c'est pourquoi les environs de la ville sont devenus déserts et tristes : on vient seulement de rétablir un peu d'ordre à la hâte. Il n'y a ici ni montagnes, ni rivières, ni autres objets dignes d'attention. Il n'y a qu'une ou deux montagnes dont je puis vous recommander les grottes comme but d'excursion paisible et solitaire, si vous aimez la promenade, les ruisseaux et la solitude dans les montagnes. » Et il m'assigna pour escorte un fonctionnaire de la huitième classe, Duang-vyng-tchjun, et deux anciens, d'origine chinoise.

Après être sortis par le côté est de la ville, nous vîmes au nord-est une montagne rocheuse, isolée, appelée Feï-laï-chang. Une tradition populaire raconte que le capitaine Ma-ioang avait commencé ici à bâtir une ville ; à peine en eut-il jeté les fondements que, pendant la nuit, une montagne apparut à la place de la ville. Obligé de transporter la ville sur le rivage méridional, Ma-ioang

1. Thai-phing.

décocha une flèche contre la montagne et perça le sommet. En effet, au sommet de la montagne, il y a une ouverture qui semble justifier la tradition. Au-delà de la rivière, à 2 lis environ, il y a une montagne de pierre dont les quatre sommets forment une enceinte fermée, et, plus loin, une autre montagne dont les pierres, par leur forme, semblent pétries dans la pâte. Au bas de cette montagne, il y a une grotte appelée Err-tsin-dun. L'entrée de la grotte est fermée par un mur de pierre, où l'on a ménagé trois ouvertures. Dans la quarante et unième année du règne de Tszin-sin, le gouverneur de la province de Lian-chang, Vu, ouvrit cette grotte ; on y trouva, gravées par la nature sur la pierre, ces trois lettres : Err-na-tsin ; c'est pourquoi la grotte s'appelle Err-tsin.

Nous entrâmes dans la grotte d'environ 20 pas et nous arrivâmes dans une salle creusée par la nature elle-même et ayant environ 20 pas carrés. Les murs de cette salle sont couverts de stalactites, diversement taillées et très-blanches. Au milieu de cette salle s'élève un trône de pierre, semblable à une fleur de nénuphar non encore épanouie ; sur le trône est assise une statue de Confucius. Sur les côtés se dressent de petits piédestaux : sur le piédestal gauche est la statue du Boudda Chak-ia-muni ; sur le droit, celle du sage Lao-tseu.

Le plafond de la salle est orné de stalactites, dans lesquelles la nature s'est plue à des jeux divers ; elles représentent des mamelles, des cloches, des tambours, des têtes humaines, grandes et petites : tout cela ressemble extraordinairement aux modèles naturels. En gravissant des escaliers tortueux et inégaux, nous atteignons le sommet de la grotte, où l'on finit par trouver une ouverture donnant sur le côté septentrional de la montagne.

En quittant cette grotte, nous fîmes quelques pas à droite ; nous passâmes un pont de bois ; après ce pont, nous vîmes encore une grotte ; elle était large d'en bas et se rétrécissait par en haut, comme une cloche suspendue. Dans cette grotte gisent deux morceaux de pierre, sur chacun desquels peuvent s'asseoir quelque dizaine d'hommes ; dans la grotte coule un ruisseau sinueux ; dans les grands froids règne ici une fraîcheur vivifiante ; les voûtes de la grotte sont égayées par le murmure mélodieux du ruisseau. Il était midi quand, après avoir suivi le bas de la montagne pendant 2 lis, nous arrivâmes à la troisième grotte (san-trin-dun). Elle est deux fois plus grande que la seconde, mais elle lui cède en profondeur et en variété. Du reste, elle renferme beaucoup d'images des divers esprits, des saints bouddhiques, peintes de couleurs éclatantes, et brillantes comme l'or, la perle et les pierres. Le plafond a aussi beaucoup de stalactites ; d'une source invisible découlent sans cesse des gouttes d'eau qui, d'après les lois mystérieuses de la nature, se groupent et forment des pierres des aspects les plus bizarres. Devant l'entrée de la grotte s'élève un pic nommé Van-fu-Chang. Il était plus de midi ; nous reprîmes l'ancienne route et retournâmes à la ville.

L'après-midi, nous allâmes visiter des grottes situées à l'est de la ville. Il n'y a pas de documents écrits qui expliquent le temps de la découverte de ces grottes. La route qui suit la montagne est fort difficile ; il nous fallut nous cramponner à des herbes, nous appuyer à des pierres pour nous élever jusqu'à la moitié de la montagne, à l'entrée de la grotte. Des rochers suspendus en l'air, sans appui, semblent prêts à s'écrouler. A l'entrée sur un rocher sont gravés les caractères : Chi-fo-hu-tszi : ce sont des restes d'un Fo (Bouddha) en pierre. En nous courbant très-fort, nous entrâmes dans la grotte qui s'étend très-loin. Dans cette grotte on trouve une statue du saint bouddhiste : Huan-ing-poussa. Elle est l'œuvre de la nature. Ses contours, le visage, les mains, les yeux, tout est comme vivant. En la regardant, toutes les petitesses, toutes les misères de l'âme disparaissent ; le cœur se remplit d'une paisible vénération. Au-delà de la statue, à quelques pas, la grotte se rétrécit et monte jusqu'au sommet de la montagne ; il est très-difficile d'aller dans cette partie. A gauche de la statue, il y a un renfoncement ; au bout de dix pas, on y trouve une ouverture qui laisse pénétrer les rayons du soleil. Mes guides me dirent qu'il y avait encore plus loin une autre grotte très-remarquable ; malheureusement, il était tard ; le soleil se couchait et j'étais à bout de forces. Du reste, ces grottes que j'ai visitées étaient fort curieuses ; même au-delà de la mer, elles sont considérées comme une merveille de la nature.

Le 24, le gouverneur avec tous ses fonctionnaires et les savants en grand costume, ayant en main des tablettes à écrire, accomplit un sacrifice dans le temple de Confucius. Dans ce temple, il n'y a pas de vases pour les sacrifices ; on ne fait pas de pantomimes en musique ; l'orchestre est très-pauvre. On se contente de jouer de la guitare et de la flûte, de battre le tambour, de sonner les cloches. Auprès du temple, les soldats armés de lances étaient rangés sur deux lignes; au-delà des portes, aussi sur deux rangs, mais en cercle, se tenaient les soldats qui allumaient le feu de bengale représentant des dragons de feu. Après la fin du sacrifice, un fonctionnaire m'appporta une portion de la chair sacrifiée.

Le 27, je reçus une réponse du gouverneur de Taï-pin-fu qui m'invitait à me présenter à la barrière de la frontière le 5me jour de la 3e lune (8 avril). Le gouverneur ayant appris qu'il était temps de me mettre en route donna en mon honneur un grand banquet à l'hôtel; il y invita Tchju-fu (chef de la province), Den-hoï-chy et cinq autres fonctionnaires. La bonne chère nous mit tous de bonne humeur; Den proposa alors de nous divertir en composant des duï-tsi (petites pièces de vers), et la coupe en os d'hippopotame et la coupe de pénitence recommencèrent à circuler. M. Den but, fit de fort jolis vers et, dans une conversation folâtre, exprima des pensées profondes. Notre conversation fut très-joyeuse durant toute la journée.

Le 29, j'allai chez le gouverneur le remercier de tout ce qu'il avait fait pour moi et lui annoncer que je partais le lendemain. Il déplora mon départ et m'offrit 10 lans d'argent et des médicaments; je refusai l'argent et je remerciai en vers pour les médicaments.

Le 30, je pris congé de tout le monde.

On m'avait assigné pour escorte quatre officiers et vingt soldats. Le gouverneur avec ses fonctionnaires m'accompagna hors de la ville; il me pria de présenter, en arrivant à Amoï, ses hommages au procureur Tchjour-iung-hao, de l'assurer de son affection et de son bon souvenir, de lui dire que s'il ne lui écrivait pas, c'était uniquement parce que les lois de l'Etat s'y opposaient. Puis cet excellent dignitaire essuya une larme et me dit adieu. Après avoir passé la rivière, nous traversâmes le marché de Tsoï-moï-pu, auquel ont le droit de se rendre les négociants des gouvernements chinois de Huan-Dun et Hua-si ; après 35 lis nous atteignîmes la ville de Vyng-ioan-tchjou.

Le 1ᵉʳ de la 3ᵐᵉ lune (4 avril), le gouverneur du district, Inang-tao, nous invita à un dîner ; le soir du même jour, un de mes compagnons de route organisa un festin. Le lendemain, le greffier du district, Tchjan-tchun-li, et l'étudiant Nun-myn-stioï, tous deux originaires du gouvernement de Huan-si, vinrent me trouver avec des vers. Le même jour, le chef de la province, Den, m'envoya par un exprès des vers et deux chapelets d'argent. Le greffier, ayant appris cela, me fit le même cadeau. Je les remerciai tous deux en vers.

Le 5 au matin, nous partîmes de Vyng-ioang-tchjou. Notre route nous conduisit par de petits sentiers tournant dans la montagne. Silence, isolement ! Nulle part, on ne voit trace de l'homme ; on n'entend ni le chant du coq, ni l'aboiement des chiens. Après 45 lis, nous atteignîmes le poste de Io-aï ou Nang-huang[1]. Ce poste est situé dans le gouvernement chinois de Huan-si, district de Taïn-pin-fu ; il est commandé par un Ba-tszun

---

1. Nam-quân.

(commandant). Les Annamites appellent cette barrière Io-tszung-aï. En ce jour le collége des procureurs de Tzo-tsziang, l'autorité du district de Min-tsziang et du cercle de Nin-ming envoyèrent des gens à la barrière de Nang-Huang pour me recevoir. Je remerciai les Annamites de mon escorte et je continuai ma route vers le nord, avec de nouveaux guides, mes compatriotes.

Ainsi, après de longs voyages, je revenais enfin d'un pays étranger dans ma terre natale. Je m'en réjouis, mais je garde profondément gravées dans ma mémoire l'affection et la bonté des fonctionnaires annamites, l'hospitalité et la bonhomie des habitants de l'Annam; quand je me les rappelle, mes larmes coulent malgré moi et leur payent un tribut de reconnaissance.

Après avoir quitté la barrière, on trouve peu de villages ; la route est inégale et difficile, ce sont encore les contre-forts des montagnes désolées. Après 25 lis, nous nous arrêtâmes dans un hôtel de l'Etat, Vyn-kou-huang, canton de Sia-chi (la Pierre inférieure). Le maître de l'hôtel nous invita à nous rafraîchir ; après quoi nous continuâmes notre route et arrivâmes dans la ville de Chan-chy-tchjou (la Pierre supérieure). Je descendis chez le chef du cercle Bi-tchen-sia. Il est originaire de cette ville, mais il n'est pas Chinois ; car, d'après les lois, un Chinois ne peut occuper de fonctions dans la province où il est né. Le chef du cercle fournit des vivres pour moi et ma suite. Le lendemain, après m'avoir assigné une escorte d'habitants non Chinois, il m'accompagna hors de la ville et le soir nous atteignîmes la ville de Nin-min-Tchjou, après 70 lis de marche.

Le 7, je rencontrai le greffier du cercle Lioï-tchang-lu, originaire de Pékin. Le chef du cercle était parti au chef-lieu du gouvernement et avait laissé le soin des affaires et la garde des sceaux au greffier et à son conseiller intime Van-sung-siuang. Ils me retinrent auprès d'eux et m'offrirent une collation dans un pavillon du jardin. Le lendemain arriva le nouveau gouverneur du cercle Joï-mao-diang; je le priai de me donner un passe-port et un sauf-conduit pour toute la route jusqu'au gouvernement de Fu-Tsziang, afin d'éviter qu'il ne se produisît des ennuis à chaque station. Je reçus ces papiers le 9[1], et je continuai ma route.

Après 40 lis, nous traversâmes une petite montagne surmontée d'une forteresse avec cette inscription sur la porte : Fyn-ming-tsziong-lin. Après avoir marché encore 4 ou 5 lis, nous passâmes la nuit au village de Van-sioï; le 10, nous arrivâmes dans la ville provinciale de Taï-pin-fu, après avoir franchi 35 lis depuis Nin-min-tchjou. Nous nous arrêtâmes dans le faubourg septentrional de Tszing-huï-sioï. Le chef de la province était au chef-lieu et je ne le vis pas. Le 11, vu la pluie, nous ne pûmes continuer notre route; le 12, nous nous décidâmes pourtant à partir. En quatre jours, après 310 lis, nous atteignîmes la ville provinciale de Nang-nin-fu et descendîmes dans la rue Chuï-cha-tszié. Là, nous louâmes une petite barque, et le soir nous dépassâmes le chef-lieu du district de Iun-tchung-siang; nous avions fait par eau 200 lis.

Le 19, nous traversâmes un des rapides, nombreux sur

---

1. Le 12 avril.

cette rivière ; on y rencontre beaucoup de rochers et le passage est des plus difficiles. Le soir, nous dépassâmes la ville de Hen-Tchjou, chef-lieu de cercle, à 160 lis de la ville de Iun-tchung-siang.

Le 20, nous nous mîmes en route de bonne heure, et après 50 lis nous atteignîmes la petite ville de Tyn-tan-ia : on y trouve un temple au bord de la rivière. Une tradition raconte que le second prince de la dynastie des Mings, Tchen-tszu, renversé du trône par son oncle[1], vint se cacher dans ces régions. Le 21, nous atteignîmes le poste de Tan-tou-siang et nous visitâmes le temple bâti en l'honneur du chef Fu-bo ; il est vaste et d'une architecture grandiose. Il s'appuie à la montagne, il est entouré par la rivière et ombragé par le bois qui croît au flanc de la montagne. Devant le temple, il y a une porte triomphale avec cette inscription en lettres d'or : MONUMENT DU GÉNÉRAL FU-BO.

L'esprit de Fu-bo fait encore aujourd'hui beaucoup de miracles dans ces régions. Aussi tous les voyageurs qui franchissent les rapides vont tout d'abord au temple et brûlent des parfums et des billets de banque. A midi, nous franchîmes le rapide de Tsi-tszin-chang (rapide de la Terreur). Là, l'eau se précipite avec la rapidité d'une flèche, bouillonne, tourbillonne ; il est impossible de maintenir son esquif en ligne droite. De l'eau sortent des roches aiguës comme les dents d'un tigre ; le bateau, jeté tantôt à droite, tantôt à gauche, dispute sa route à l'eau. De tous les rapides sur la rivière Neï-si, c'est le plus dan-

1. 1403.

gereux. A 180 lis au-delà de Hen-tchjou, nous nous arrêtâmes le soir près du chef-lieu de district Huï-siang. Le 22, après avoir franchi 190 lis, nous dépassâmes la ville provinciale de Tszing-tchjou-fu, à 40 lis de laquelle on rencontre le rapide de Tszian-tsziung-tan. D'énormes pierres sortent de l'eau, la rivière se divise en une foule de courants ; par suite de la résistance, la rapidité de l'eau est effrayante. Les sifflements, le bruit, les chocs assourdissent l'oreille. En passant au milieu des rochers, le bateau les heurte souvent. Au bout du rapide se trouve une voûte de pierre appelée Tchjan-kou (la Large Gueule), en forme de corbeille ; à la moindre défaillance du pilote l'esquif tombe sous cette voûte et périt.

Le 24, après 166 lis, depuis Pin-nang-siang, nous dépassâmes le chef-lieu de district Ten-siang ; le 25 au matin, nous atteignîmes le rapide de Si-ma (bain des Chevaux). C'est le dernier des rapides. Le soir, à 120 lis de Ten-siang, nous dépassâmes la ville provinciale de Vu-tchjou-fu. Le 26, après 60 lis, nous arrivâmes au chef-lieu de district Fyn-tchuang-siang et nous entrâmes dans le gouvernement de Huan-dun ; après 100 lis, le soir, nous nous arrêtâmes dans la ville de Tsin-tchjou, chef-lieu de cercle.

Le 27, après 180 lis, nous dépassâmes la ville provinciale de Tchjao-tsin-fu. Auprès du rivage, on voit la tour de Joe-tsziang-lou, et plus loin, près de la barrière de Lun-myng (les portes du Dragon), la montagne de Van-fu-chang. La nuit, à 130 lis de Tchjao-tsin-fu, nous passâmes devant le chef-lieu de district Sang-chuï-siang. Le 28, après avoir passé 100 lis, nous atteignîmes la petite ville de Fo-chang-tchjen, dont les environs sont très-pittoresques et les habitants très-riches. Les négociants indigènes et étrangers font ici un très-grand commerce ; le marché de cette ville est le premier après celui de Canton. Trois jours auparavant, l'eau des montagnes occidentales avait envahi la ville et l'inondait encore ; beaucoup de maisons étaient plongées dans 3 ou 4 pieds d'eau. Je pris une barque et je traversai une place ; il me sembla que je traversais une vallée remplie de millions de fleurs. Là tout attire l'attention et l'œil est fatigué de voir tant de belles et riches marchandises. Après 70 lis, nous atteignîmes Canton.

De Nang-nin-fu à Canton, par la voie d'eau, on compte plus de 1 700 lis ; on suit toujours le cours de l'eau. Les soixante-huit rapides que nous avions franchis se trouvent tous dans le gouvernement de Huan-si.

Au début, sur les bords de la rivière, on rencontre de hautes montagnes couvertes de maigres forêts. On rencontre rarement des gazons verts ou les ombres épaisses des bois. Les brouillards ou les pluies durent plusieurs jours de suite ; à ces moments-là, montagnes et cités sont également désertes ; les marchés restent silencieux sous le brouillard et les nuages ; ce n'est qu'à Nang-nin-fu et Vu-tchjou qu'ils gardent une certaine activité. Après avoir dépassé Tchjao-tchjou, tout à coup les montagnes et les eaux prennent un aspect joyeux ; tout est éclatant de fraîcheur, tout est plein de vie ; la richesse s'entasse sur les marchés. Partout on ne voit que des marchandises des plus belles sortes. Heureux pays, en vérité.

Le 29¹, je vis le commissaire de la gabelle Tchjen-kaï-si ; en apprenant que nous étions compatriotes, il devint très-aimable pour moi ; mais, pendant toute notre conversation, il ne me demanda rien de mon voyage. Le 1ᵉʳ de la 4ᵐᵉ lune², en me promenant dans la rue In-sian-tszié-ni, je cherchais mon ami Lin-bo-liao, je rencontrai mon compatriote Du-huan-tszi. Ses amis Tchen-tian-io et Tsaï-tszié m'invitèrent à visiter la ville avec eux. Nous allâmes d'abord dans le temple de Vu-ian-tszy (les Cinq Agneaux). Une tradition raconte que, lors de la fondation de Canton, apparurent cinq vieillards qui se changèrent en agneaux et disparurent tout à coup. Ils furent proclamés saints. On donna à la ville le nom de Vu-ian-tchen (c'est ainsi que Canton s'appelait autrefois) et on bâtit un temple en leur honneur. Puis nous allâmes sur la montagne très-haute de Huan-in-chang, montagne considérée comme le palladium de la ville ; au sommet de cette montagne est le temple de Kuang-ing-si. De la façade du temple, on voit le panorama de la ville ; les édifices sont disposés régulièrement comme des écailles de poisson. Tours, temples, pavillons, obélisques, magasins, l'œil embrasse tout à la fois. La ville est entourée de montagnes, parmi lesquelles coulent beaucoup de ruisseaux et de petites rivières. Aux environs sont disposés des bosquets isolés et, dans le lointain, la teinte foncée des forêts se confond avec la brume des nuages. Vers la mer se profilent, l'une après l'autre, trois tours. On voit même très-bien la montagne de Sian-chang et le golfe

1. Le 2 mai.
2. Le 3 mai.

d'Ao-myng (Macao). La réunion des eaux et des montagnes dans un même paysage constitue un admirable spectacle.

Après avoir prié dans le temple, nous sortîmes vers l'Orient ; nous dépassâmes la tour à deux étages, haute de 200 pieds et nous allâmes dans le temple de Tchen-hun-tsy. De là, nous allâmes à Ing-fyn-he (palais musical des Vents); nous visitâmes le Tsiun-ioï-chang-fan (musée des Mines), et en revenant nous entrâmes dans le Pyn-laï-hun. Dans tous ces endroits les fonctionnaires, les savants et les gens riches se rassemblent pour des promenades et des fêtes. Là tout est luxueux ; les fenêtres sont claires ; les corniches et les encadrements sculptés et peints ; dans les pavillons des jardins recouverts de fleurs et de verdure règne une fraîcheur vivifiante. On se croirait dans le séjour des cieux; l'âme, enchantée, semble prête à quitter le monde.

Avant le soir, j'allai visiter le quartier du commerce : j'y vis de l'or, des pierres précieuses et des tissus précieux de toutes les couleurs. Les marchandises étrangères et les objets précieux étaient entassés par montagnes. Au coucher du soleil, nous allâmes visiter l'avant-poste méridional Fu-sioï-tcheng. Les sons des flûtes et des instruments résonnaient sur l'eau, les bâtiments étaient remplis de chanteurs et de comédiens ; sur toute la rivière se reflétaient les feux des lanternes. Les gens riches de toutes les conditions s'entassaient sur les vaisseaux appelés mu-lang-tchjou. Le lendemain, je traversai la rivière et je visitai le temple de Haï-tchjuan-sy, près duquel se trouve le village de Cha-ioang-tsung, célèbre par ses jasmins; quand on entre dans ce village, il semble que l'on entre dans l'empire des parfums. En revenant, je vis l'écueil de Haï-tchju-chy, qui se dresse menaçant au milieu des flots. Il était midi; les rayons du soleil brûlaient comme du feu; mais tout à coup vint à passer sur la rivière un vent léger, qui glissait sur le visage et enflait les vêtements. La chaleur et le froid alternaient brusquement. Je soupirai en pensant : « L'homme poursuit d'un œil avide infatigable les plaisirs de la vie ; mais en un moment, il a cessé d'exister et il n'est plus lui-même qu'un objet de souvenir. Aussi, quoique je sois bien ici, je ne dois pas m'oublier au point de ne plus songer au retour. »

Plein de ces pensées, je pris par la main mes compagnons et me hâtai de retourner au logis. A mon retour, je fixai à l'instant même le moment de mon départ.

Le 4, Du-huan-tszi me prêta 20 lans d'argent et loua pour moi une place sur le bateau du marchand Chy-tsziong, à condition de me déposer sur le rivage au port de Lao-lun. Je remerciai tout le monde, fis mes adieux et quittai Canton.

Le 7, après avoir parcouru 310 lis, nous traversâmes la ville chef-lieu de district de Bo-lo-siang et nous vîmes la montagne de Lo-fo. Un dicton populaire dit : « Quand on navigue vers le Nord et qu'on découvre la montagne de Lo-fo, on approche de Hoï-tchou ; quand on navigue vers le Midi et qu'on perd de vue Lo-fo, on découvre Canton. » Après avoir fait 35 lis au-delà de Bo-lo-siang, nous dépassâmes le soir la ville provinciale de Hoï-tchjou-fu ; elle est divisée en deux parties : dans l'une vit le chef de la garnison chinoise ; dans l'autre, le gouvernement civil. On trouve, dans la ville, d'antiques monuments comme la montagne des Sorciers, la grotte des Cigognes, le tombeau des Nuages du matin, etc ;..... tout cela a été construit alors que la ville était gouvernée par le célèbre poëte Dun-po. Au-delà de la ville, on trouve la ville de Huï-chang-siang, chef-lieu de district. Après 447 lis, nous dépassâmes, le 12, la ville de Lun-tchuang-siang. Au sud de cette ville, à 5 lis, se trouve la tour des Morts : une tradition dit qu'il y avait là un grand nombre de tombeaux ; quand on voulut élever une ville, tous les morts prirent l'alarme ; en une nuit, ils ramassèrent toutes les briques qu'il y avait chez les habitants et bâtirent une tour : par suite de quoi on alla fonder la ville dans un autre endroit. L'aspect de cette tour est affreux et terrible. Elle semble prête à tomber soudain en ruines ; mais elle ne tombe pas.

Après avoir fait encore environ 25 lis, nous arrivâmes au port de La-lun, après avoir parcouru, depuis Canton, plus de 800 lis en neuf jours. Pendant toute notre navigation, il fit très-chaud et nous nous ennuyâmes beaucoup. Par bonheur, j'avais avec moi deux compagnons, Lin-hoï-chang et Din-tsziung-tcheng, qui surent nous divertir, tantôt par des plaisanteries, tantôt par des conversations sérieuses. Le dernier savait l'astronomie ; les affaires de son commerce l'avaient obligé à vivre quelques années à l'île de Luçon et il avait appris l'astronomie chez les étrangers. Pendant toute la route, il m'enseigna cette science ; il me fit cadeau d'un globe terrestre et d'un sextant. Ce nouveau procédé de compter par les étoiles ressemble à celui de Hung-tiang-i, inventé par l'ancien souverain Fu-si; mais il est encore meilleur et plus commode. J'ai rassemblé, comme j'ai pu, les renseignements sur les progrès de l'astronomie; et, si je les ai publiés, j'espère que ceux qui les liront se rappelleront avec reconnaissance le nom de celui à qui je dois ces renseignements.

Le 13, près du port de Lao-lun, j'allai à terre. Après 30 lis par terre, j'atteignis les montagnes de Tsin-lin, et au bout de 20 lis j'entrai dans le fort de Dan-huang. Les voyageurs qui vont de Canton à Hu-tchjou, et réciproquement, doivent fatalement traverser cette forteresse. On y trouve un temple en l'honneur de Han-vyng-hun; il a été récemment restauré par l'ancien gouverneur de Canton, Tchao-vyng-tsio. En entrant dans le temple, j'examinai la statue du saint; il semble vivant, on dirait qu'il va remuer. Après avoir accompli les rites d'adoration et visité tout l'édifice, je continuai ma route; au bout de 10 lis, j'atteignis les montagnes de Tsi-lin. Avant le coucher du soleil, je louai à Tsin-lin une barque, et, naviguant nuit et jour, j'arrivai, le 15, à Sang-he-ba (le Confluent des trois canaux), après avoir parcouru 350 lis. Là, la route fluviale se divise en trois branches; l'une va vers La-pu, l'autre vers Tchao-tchjou, la troisième vers Tsi-lin. Sur le rivage, il y a une petite ville avec un petit poste et, au-delà de la ville, un marché assez riche et assez animé. Le soir, j'arrivai dans la ville, chef-lieu de district, de Da-pu-siang, après avoir parcouru 170 lis. Le 16, je continuai ma route par terre; dans l'après-midi, j'atteignis le district de Ion-din-siang et là j'entrai dans ma province natale.

Le 17[1], dans le district de Nang-tszin-siang, je franchis la montagne de Tian-lin (Chaîne céleste). Au début, on passe par des sentiers étroits et sinueux ; durant 5 ou 6 lis, les détours ne sont pas trop pénibles, mais, en approchant du sommet de la montagne, il faut s'arrêter presque à chaque pas ; la montée est roide comme celle du ciel ; les porteurs peuvent à peine respirer. En revanche, à la descente, on ne marche pas, on vole ; nous franchîmes rapidement les degrés qu'on évalue au nombre de trois mille et nous nous trouvâmes en plaine. Après 20 lis, encore, j'arrivai sur le rivage d'une rivière ; je louai une place sur une barque et, le lendemain, j'atteignis la petite rivière de Huang-si. Comme le chemin, à partir de Da-pu, était montagneux et sinueux, je ne puis déterminer les distances parcourues. De Huang-si à Hoï-tchjou et Tchjao-tchjou, la région est montagneuse ; on monte sur une montagne, on regarde ; encore une montagne ; on descend, on franchit une rivière ; on descend encore, autre rivière. Dans ces régions, les habitants bâtissent leurs cabanes en terre et les adossent aux rochers. Des vallées sombres, des ravins longs et profonds sont très-favorables comme retraite pour les voleurs. Sur les penchants nivelés des montagnes, on a créé de petits champs et des jardins ; mais on ne voit pas de plaines propres à l'agriculture. La mer est loin et il n'est pas possible de s'occuper à la pêche ou à l'exploitation du sel ; les habitants ne gagnent leur vie qu'à transporter des marchandises à travers la montagne. Ils sont pauvres et farouches comme la nature qui les entoure.

1. Le 19 mai.

De Huang-si, après avoir loué une barque, je voyageai la nuit. Je parcourus 152 lis et, le 19 au matin, j'arrivai dans la ville provinciale de Tchan-tchjou-fu. Là je sortis sur le rivage et j'allai rendre visite aux autorités de la province. Puis, j'allai, au nord de la ville, voir, sur la montagne de Tchji-chang, le monument du célèbre sage Ven-kun (le philosophe Tchju-tszy). Mais le temps a tout détruit : on ne retrouve même plus le pavillon nommé Ian-tchji-tin ; il n'est resté qu'un ancien temple au bas de la montagne. Après avoir adoré dans le temple, je continuai ma route le long de la ville, vers le midi, et je passai la nuit dans la ville à la porte du Midi.

Le 20, je sortis de la ville par la porte du Midi ; je louai une petite chaloupe et je gagnai la mer par la rivière Peï-tsi. Le vent était doux ; le soir même, j'arrivai à Amoï. Le 22, je me présentai à mon ancien précepteur, le procureur Tchjou-iong-hao, qui se réjouit de me voir encore en vie. Il m'interrogea sur les divers épisodes de mes voyages ; je lui présentai le récit des maux que nous avions soufferts sur mer ; il m'engagea à écrire aussi le voyage par terre, pour le lire à mes parents et à mes connaissances, dans l'île de Formose.

Le 5 de la 5me lune[1], je m'embarquai sur un vaisseau, et, le 8, j'arrivai à l'île de Pyn-hy, à mon village maternel. Au seuil de la maison, où vivait ma mère, nous tombâmes à genoux, mon frère et moi. Notre mère, en nous voyant, fut d'abord très-surprise ; puis, elle vint à notre rencontre, les larmes aux yeux, en me rappelant le passé, il me semblait ressusciter d'entre les morts.

1. Le 3 juin.

Dans la série de mes voyages, je n'ai pas pu compter la distance des trajets par mer. Par terre, j'ai quitté la ville de Huan-i (empire d'Annam), le 21 de la 12me lune[1] et je suis arrivé à Amoï, le 20 de la 4me lune[2]. Par terre, j'ai parcouru, en quarante-deux jours, environ 3 300 lis ; sur les rivières, en trente-trois jours, 3 374 lis. En comptant le trajet par terre et par rivière et les jours de repos, je suis resté en voyage cent dix-huit jours. Après avoir éprouvé, dans ce long voyage, divers périls et privations, j'ai, misérable insulaire, reçu du Ciel la récompense de pouvoir les écrire.

1. Le 28 décembre.
2. Le 22 mai.

COURTES INFORMATIONS

SUR L'EMPIRE DE IOE-NANG [1] (ANNAM)

L'empire de Ioe-Nang s'appelait dans l'antiquité Ioe-chang-chy[2]. En naviguant de l'île de Formose vers le midi, on peut atteindre cette contrée dans l'intervalle de quatre-vingt-trois veilles (huit fois vingt-quatre heures). A l'orient, elle est baignée par la mer; à l'occident, elle confine avec les tribus des Mang[3], autrement appelés Lao-tchjua[4]; au sud, il se termine par la province de Tchjang-tcheng[5], qui formait autrefois l'empire indépendant de Ji-nang, et fut annexée à l'Annam[6] par le brave Li sous la dynastie des Ming (seizième siècle). Au nord, il confine aux provinces chinoises: Sy-min-fou, du gouvernement de Huan-si, et Lin-ang-fou, du gouvernement de Ionn-nang. Le pays de Ji-nang ou de Huan-nang s'appelait auparavant Sy-tsyn[7] (Capitale occidentale), et le pays de Tsiao-tchji[8], ou Ang-nang[9], s'appelait Dun-tszyn[10] (Ca-

1. Nam-viêt.
2. Viêt-thuồng.
3. Mán-moi.
4. Laò.
5. Chièm-thann.
6. Nhât-nam.
7. Tây-kinh.
8. Giao-chỉ.
9. An-nam.
10. Dông-kinh.

pitale de l'Orient, Tun-kin). Ces deux provinces constituent aujourd'hui un seul État. Sous les princes chinois Iao et Chung (vingt-deuxième siècle avant Jésus-Christ), on l'appelait Nang-tsiao [1]. Sous la dynastie des Tsing (au troisième siècle avant Jésus-Christ), on l'appelait Lian-tsziong [2] (empire des Éléphants). Sous la dynastie des Chang, ce pays fut occupé par Tchjao-to [3], et l'empereur Vou-di en fit la province chinoise de Tchao-dji. Sous l'empereur Huan-di (au commencement du premier siècle après Jésus-Christ), deux filles, Tchjen-tse et Tchjen-er [4], provoquèrent une révolte. Le chef chinois Ma-ioang [5], ayant apaisé la révolte, éleva, à la frontière de la province deux colonnes de bronze qui subsistent encore aujourd'hui. Vers le milieu du règne de Tsiang-ang (vers l'an 210 après Jésus-Christ), ce pays fut appelé la province de Tsiao-tchjou [2]. Sous la dynastie des Tan (septième siècle après Jésus-Christ), ce pays s'appela Ang-nang [6]. Il avait un commissaire militaire chinois. Tous les autres fonctionnaires étaient chinois ; enfin, par suite de la versatisalité des habitants, tantôt soumis, tantôt révoltés, on renonça à gouverner le pays et la cour de Chine n'exigea de lui qu'un tribut.

Au commencement de la dynastie des Sun (dixième siècle après Jésus-Christ) un indigène, Din-liang [7], devint maî-

1. Giao-nam.
2. Tân-tưởng-dia.
3. Giao-chì.
4. Trùng-trắc, Trùng-nhì.
5. Mã-viên.
6. An-nam.
7. Dinh-liên.

tre du pays et reçut de la cour de Chine le titre de prince de Tsiao-tchji. Après trois générations, la maison de Din-liang fut privée du trône par un de ses sujets, Li-chuang[1]; la maison de Li-chuang, après trois générations, fut aussi privée du trône par son sujet Li-iung. Après huit générations, la famille de Li-iung s'interrompit en ligne masculine et la succession passa à Tchen-ji-tchjao, gendre du dernier souverain. La dynastie mongole des Ioang, régnant en Chine (treizième siècle), attaqua l'Annam, vainquit Tchen-ji-tchjao; mais elle laissa le gouvernement à Huan-bin, en lui donnant le titre de prince du pays de Tsiao-tchji.

Sous la dynastie des Ming, au commencement du règne de Choun-vou (dans la seconde moitié du quatorzième siècle), Tchen-ji-kuï reçut le titre de prince d'An-nang et peu à peu réunit à ses États le pays de Tchang-tchen. Cette maison fut renversée, après quatre générations, par son sujet Li-tszi-li et tous les membres de la famille Tchen égorgés. La première année du règne de Jun-le en Chine (1403), le fils usurpateur, Li-ho-kuï[2], fut confirmé par la cour de Chine comme prince d'Annam; mais, l'année suivante, le frère cadet de Tchen-ji-kuï[3], Tiang-pin[4] et un vassal dévoué à son service, Peï-bo-tsi, se présentèrent en Chine et réclamèrent l'intervention de la cour. La cour envoya l'ordre de rendre le gouvernement au successeur légitime ; mais Li-tszi-li attira dans une embûche le pré-

1. Lê-hàng.
2. Lý-công-uẩn.
3. Hồ-qui-lý.
4. Thiêm-binh ?

tendant, le tua ainsi que les soldats et fonctionnaires chinois qui l'accompagnaient. La Chine envoya une armée en Annam; elle entra par divers chemins dans le pays, l'occupa et fit prisonniers le prince et son fils. Comme il ne restait plus de descendants de la famille de Tchen[1], le pays fut divisé en provinces et districts. On forma dix-sept provinces, quarante-sept cercles, cent cinquante-sept districts, huit commissariats militaires et on établit trois lieutenants pour le gouvernement général.

Au bout de quelque temps, Tchen-tsziang-din[2], avec son fils, entreprirent, l'un après l'autre, une insurrection : elle était à peine apaisée quand les deux familles Li se révoltèrent de nouveau. Dans la seconde année du règne de Sioan de (1427), la maison de Li envoya un ambassadeur en Chine avec prière de confirmer, dans la dignité prinçière, Kao[3], de la maison de Tchen. L'empereur, d'après le conseil des ministres, Ian-chy-tsi et Ian-jun, n'envoya pas cette fois d'armée en Annam; il reconnut le prétendant et rappela les lieutenants chinois. Après la mort du prince Tchen-hao, la maison de Li rapporta faussement à la cour de Chine que la maison de Tchen était complétement éteinte et on permit à la maison de Li de prendre le gouvernement. Le second prince de la maison de Li, appelé Li-lin, réunit à ses Etats toute la contrée de Tchjang-tchen. Cette maison, à la dixième génération, fut renversée par un étranger, Mo-den-iun. Dans la seizième année du règne de Tszia-lun, le fils du

1. Trần.
2. Giang-dinh.
3. Trần-cao.

dernier prince de la maison de Li, Li-lin, se présenta à la cour de Pékin, réclamant des troupes de secours. Mo-den-iun[1] s'effraya et envoya le tribut annuel. Par suite, la cour décida ceci : Mo-den-iun fut laissé à la tête du gouvernement en qualité de lieutenant, et on assigna au prétendant, Li-nin[2], comme séjour, la ville de Tsi-ma-tsian. Ensuite, la famille Mo[3] fut chassée par le fils de Li-nin, Li-veï-chan, qui fut reconnu par le gouvernement chinois comme chef de l'empire : la famille Mo reçut l'ordre d'aller vivre dans la ville de Hao-pin[4]. C'est la répétition de l'histoire antérieure dans le pays de Tsi-ma-tszian.

Dans la quatrième année du gouvernement de Tiang-tsi, la (seconde) dynastie de Li attaqua (1664) la ville de Hao-pin et la famille Mo tomba dans une décadence encore plus profonde. A l'époque où la dynastie actuelle s'établit en Chine, les deux familles régnaient sur diverses provinces. Mais, dans la cinquième année du règne de Kan-si (en 1666), Veï-si, de la maison Li, fut confirmé comme empereur d'Annam. Dans la cinquième année du règne de Tsiang-lun, la maison de Li tomba et un ordre de l'empereur établit, comme empereur d'Annam, Huan-niang, de la famille de Juang[5]. Sous le règne de Tsia-tsin, dans la septième année (1802), on accorda au prince de l'Annam le titre de Ioe-nang-go-van, c'est-à-dire souve-

1. Măc-dăng-dong.
2. Lê-niah.
3. Măc.
4. Cao-bằng-trấn.
5. Nguyễn.

rain de Ioe-nang¹ : c'est pourquoi le pays prit le nom de Ioe-nang.

Sur tous ces faits, il existe des documents historiques ; les curieux peuvent les consulter. Mais ce que j'ai vu dans mon voyage est très-nouveau et n'a pu jusqu'ici être suffisamment contrôlé ou étudié. J'ai écrit tout ce que j'ai vu, comme je l'ai vu, pour fournir à mes lecteurs un sujet de conversation sur les régions d'outre-mer.

D'après les récits des étrangers vivant dans l'Annam à la fin du règne de la famille Li², il y eut beaucoup de révoltes et l'empire se divisa en trois parties. Le père de l'empereur actuel, qui a donné son nom à la dynastie Tsia-lun³ (ses sujets ne doivent pas prononcer son prénom et son nom de famille est Juang⁴), occupa la province de Sing-tchjou, appelée aujourd'hui Pin-din⁵. Huan-tchjun occupa la province de Chung-hua, appelée aujourd'hui Fu-tchung⁶. Je ne connais ni le nom ni le prénom du dernier souverain ; on disait qu'il n'était qu'un simple marchand ; il s'empara du pays et prit le titre de souverain des montagnes occidentales ; mais le peuple l'appela le brigand des montagnes occidentales. Chacun de ces souverains gouvernait sa province ; et ils se traitaient mutuellement de frères. Après la mort de Taï-de, son fils, écarté du trône par ses sujets, alla demander du secours à Huang-

1. Viêt-nam.
2. Lê.
3. Gia-long.
4. Nguyên.
5. Binh-dinh.
6. Phú-xuân.

tchjun. Huan-tchjun le tua et s'empara de son domaine. Tszia-lun fut indigné de cette conduite ; il rassembla une armée, attaqua la ville de Sing-tchjou (qui appartenait au défunt), s'en empara et en confia la garde à son gendre. Huan-tchjun envoya aussi des troupes dont il confia le commandement à son oncle et à un autre général; ils assiégèrent la ville de Sin-tchjou. Pendant plusieurs années, on ne put la prendre. Mais Huan-tchjun envoya son général en chef, augmenta l'armée, prépara l'assaut. La ville manquait de vivres. Les armées auxiliaires arrivèrent pour délivrer la ville ; mais, fatiguées par de longues marches, elles furent aisément vaincues. La ville fut prise, et son commandant, le gendre du prince, se brûla dans un incendie. De Sin-tchjou le généralissime de Huan-tchjun se dirigea vers Lun, capitale de Tszia-lun. Les armées de ce dernier se dispersèrent, il abandonna la ville et s'enfuit sur la mer. Huan-tchjun, après cela, augmenta beaucoup sa puissance, il adjoignit à ses possessions Dun-tszin[1] et devint seul souverain comme les princes de la dynastie de Li.

Cependant, tandis que Tszia-lun fuyait sur un vaisseau, le pirate He-siang-vyng (originaire de Canton) rassembla quelques centaines de petits bateaux et l'entoura. Dans cette extrémité, Tszia-lun se revêtit de ses vêtements de cérémonie, monta sur le pont et s'écria : « Je suis le chef de la principauté de Lun-aï. Je l'ai perdue et je vais dans les régions étrangères chercher des soldats, pour reconquérir mes États et accomplir ma vengeance.

---

1. Dàng-kinh.

Il n'y a rien de précieux sur mon vaisseau, et tu n'as aucun intérêt à m'attaquer. Veux-tu rassembler tes forces et m'aider à remporter la victoire ; quand j'aurai reconquis mes États, je t'en donnerai la moitié et nous régnerons fraternellement. » Le pirate se réjouit. On conclut traité par serment, et les deux alliés se rendirent dans le royaume de Sian-lo [1] (Siam) ; là ils louèrent quelques dizaines de mille d'excellentes troupes, entrèrent dans l'Annam par divers chemins et prirent ensemble la ville de Lun-aï et Sin-tchjou. Ils profitèrent de la victoire et se dirigèrent rapidement vers la capitale de Huan-tchjoun-chung-hua ; ils s'en emparèrent et prirent ensuite Dun-Tzin, et Huan-tchjoun, avec les restes de son armée, s'enfuit dans les montagnes. Son oncle et un autre général, qui avaient pris Sin-tchjou, s'enfuirent d'abord par des voies détournées à Dun-tszin. Mais après la prise de cette ville, ils furent pris aussi. Tszia-lun les fit enduire de substances inflammables et brûler vivants comme des cierges ; c'était un sacrifice à son oncle mort dans un incendie. Avec la soumission de Dun-tszin, tout l'Annam fut de nouveau réuni sous le pouvoir d'un seul prince. La ville de Lun-aï reçut le nom de Tszia-din [2], et le Dun-tszin de Chen-lun [3] ; le nom de la dynastie de Tszia-lun vient de ce que le roi commença ses victoires à Tszia-din et les termina à Chen-lun.

Après s'être affermi sur le trône et avoir reçu le nom de Tszia-lun, le souverain envoya à la cour de Pékin un

1. Xiêm-la.
2. Gia-dinh.
3. Tân-long.

ambassadeur avec un tribut et des assurances de soumission. Dans le diplôme impérial publié à cette occasion, il fut appelé non pas souverain de l'Ang-nang, mais de l'Ioe-nang. Après avoir réussi dans son entreprise, Tszia-lun n'oublia pas son auxiliaire le pirate He-siang-vyng; il lui céda une province et le pirate n'osa pas manifester son mécontentement. La troupe de He-siang-vyng diminua peu à peu; le peuple cessa de lui obéir, il laissa sa principauté et reprit sa vie maritime.

Tszia-lun montra toujours aux Chinois bienveillance et protection.

L'empereur actuel gouverne le pays depuis plus de dix ans. Au début, à l'exemple de son père, il protégeait les Chinois venus pour faire le commerce; maintenant sa bienveillance a diminué et voici à quelle occasion.

Le chef du gouvernement de Tszia-din se révolta; en un seul jour, il détruisit les quatre villes provinciales et s'empara de tout le gouvernement; il avait à son service beaucoup d'étrangers. Le souverain envoya une troupe qui enveloppa les rebelles. Mais pendant plusieurs années, ils ne se rendirent pas; il périt chez les assaillants plus de 50 000 hommes. La plupart furent tués avec des poutres qu'on jetait du haut des murs sur les assiégeants. Les révoltés, apprenant que Tszia-lun était en désaccord avec le royaume de Siang-lo, y envoyèrent demander du secours [1].

---

1. La discorde entre l'empire d'Annam et le royaume de Siam s'est produite de la manière suivante : ce royaume avait fourni à Tszia-lun des troupes grâce auxquelles il s'empara de tout l'empire d'Annam. En remercîment, Tszia-lun envoyait chaque année au roi

Ayant reçu la demande des insurgés annamites, l'empereur de Siam mit sur des vaisseaux 100 000 hommes qui débarquèrent sur la côte d'Annam. Ils étaient guidés par des Chinois qui, sans arriver à la ville de Tszia-din, volèrent la caisse militaire et s'enfuirent. Les troupes étrangères ne connaissant pas la route s'égarèrent; l'armée annamite tomba sur elles tout à coup et en extermina la moitié; les autres se dispersèrent. De cette façon, la ville révoltée ne reçut pas de renforts, et les troupes de l'empereur poussèrent le siége avec ardeur. Elles bâtirent en dehors des murs de la ville d'autres murs plus élevés; du haut de ces murs elles examinèrent l'intérieur de la ville et la bombardèrent avec de gros canons quinze jours durant. Enfin la ville fut prise et presque entièrement détruite.

La douzième année du règne de Dao-huang (en 1832), les habitants du gouvernement d'Hao-pin[1] se révoltèrent aussi; ils s'allièrent avec des vagabonds du gouvernement chinois de Huan-si, se constituèrent en fortes bandes et s'emparèrent de la ville provinciale de Hao-pin et peu à peu gagnèrent le gouvernement de Lian-Chang. Il fallut deux ans pour apaiser la sédition. On a dit que les Chinois étaient les principaux fauteurs de cette sédition. On ne savait pas que les chefs de la révolte étaient

---

de Siam quelques centaines d'hommes pour différents services; ces hommes étaient remplacés chaque année. Dans la suite, les Siamois les traitèrent avec trop de brutalité : tous s'enfuirent, et l'empereur d'Annam cessa d'envoyer de ses sujets. De là un refroidissement entre les deux États. (*Remarque de l'auteur.*)

1. Cao-bang.

tous des indigènes ; tout au plus se trouvait-il parmi eux un ou deux Chinois. Les autres, profitant des désordres, ne s'y mêlèrent que pour piller ; d'autres furent malgré eux entraînés dans les troubles. Néanmoins beaucoup de dizaines de mille de colons chinois furent privés de la bienveillance de l'empereur et devinrent l'objet de sa colère ; on éleva même les droits de douane pour les vaisseaux marchands venant directement de Chine.

Le brigand des montagnes occidentales, Huan-tchjun, trouva le moyen de se soumettre les tribus des montagnes, s'en fit une armée et continua ses brigandages en gardant le titre d'empereur des montagnes occidentales. Ses descendants dominent encore dans les campagnes, et chez les successeurs de Huan-tchjun il y a eu des noms comme ceux de Lian-chen, Bao-sing, etc.

Dans la profondeur des montagnes vit encore une tribu indépendante de celle des Che-guï[1] (l'Esprit des serpents) de la race de Baï-miao; elle est assez nombreuse et est gouvernée par son ancien. Souvent elle sort des montagnes en grandes troupes ; elle massacre et pille les habitants des environs. D'ailleurs, autant que j'en puis juger, il me semble que l'Annam n'a rien à redouter de semblables voisins, surtout pour sa capitale. Cette ville, d'un côté, s'appuie sur des montagnes, de l'autre, elle est entourée par la mer; l'endroit est fortifié par la nature elle-même; une chaîne de montagnes s'étend du nord au midi sur une longueur de plus de 5 000 lis. Tout le pays est soumis à un seul souverain, qui ne redoute

---

1. Xà-qui².

même pas les émeutes intérieures; en un mot, je crois que cet empire est plus puissant que tous ses voisins; malheureusement le caractère du peuple est corrompu et irrésolu. L'empereur actuel d'Annam nourrit un profond respect pour la cour de Chine; il est très-habile à gouverner. Il connaît très-bien l'histoire et la littérature; il a publié ses œuvres en vers et en prose; il estime les savants, leur témoigne des égards et est très-respectueux pour sa mère. On dit qu'il a ramassé d'immenses richesses et que ses trésors sont pleins d'or et d'argent; on peut le croire. Il protége le commerce, l'a développé dans tout l'empire et en retire lui-même de grands bénéfices. Il a tous les objets nécessaires, même ceux que le pays ne produit pas; il recueille des renseignements sur les arts inconnus et les introduit dans son pays. Il porte l'ancien costume national; mais, en ce qui concerne le gouvernement, il imite en tout les Chinois. Il dit souvent : « Pour moi et ma postérité, c'est une loi immuable de garder un humble dévouement pour le Céleste Empire; les autres étrangers ne valent pas la peine qu'on en parle. » En effet, jusqu'ici il n'a point cessé d'envoyer un tribut à notre cour; il accueille avec l'attention la plus distinguée les fonctionnaires et les savants chinois jetés par la tempête sur les côtes de son empire.

A la première lune de l'année, l'empereur d'Annam se promène une fois ou deux hors de son palais. Dans ces promenades, il est apporté sur un palanquin ou bien monté sur un cheval ou un éléphant. Il porte sa couronne et les vêtements des grandes cérémonies. Il est accompagné d'un millier de gardes du corps, de beaucoup d'étendards et d'insignes superbes et éclatants. Durant cette promenade, devant les maisons et les magasins le peuple dispose des tables avec des parfums qui brûlent, et sur chaque table l'empereur fait déposer trois chapelets de monnaie en signe de sa munificence. Quand il n'y a point d'affaires extraordinaires, l'empereur vit dans son palais, et ses enfants (on en compte plus de cent) dans des palais spéciaux. La table des enfants est servie de mets de quantité et de qualité déterminée ; à ceux qui ont fait quelques fautes on diminue le nombre des plats. Quelques-uns des fils de l'empereur s'occupent spécialement des sciences, d'autres de l'art militaire. Si quelqu'un des parents de l'empereur, profitant de sa puissance et de son origine, fait tort au peuple, malgré sa dignité et son rang, il est jugé aussi rigoureusement que le dernier des sujets.

Les fonctionnaires civils dans la capitale et hors de la capitale ont les mêmes titres et les mêmes noms qu'en Chine. Autrefois les fonctions étaient toutes données aux employés sortis des bureaux ; maintenant on les donne d'après le degré d'instruction. Les examens ont lieu une fois tous les trois ans ; dans chaque gouvernement, les étudiants se rassemblent au chef-lieu ; là, l'examinateur principal leur donne un sujet de dissertation ; puis on les interroge sur l'éloquence, sur l'explication des livres classiques, on les fait composer en vers et en prose. Les meilleurs candidats obtiennent le titre de Tszioï-jeng[1] (licencié); les moyens, celui de Sio-tsaï[2] (étudiant effectif). Ces derniers, à l'âge de quarante ans, sont nommés instituteurs des districts et les premiers chefs des districts. Les candidats qui n'ont pas reçu de fonctions doivent se présenter dans la capitale et passer l'examen de Tszing-chy[3] (maîtres). Ceux qui ont reçu le grade de Tszing-chy sont nommés par l'empereur lui-même, les uns académiciens, les autres pourvus d'une fonction dans la capitale; quelques-uns enfin sont nommés chefs des districts bien qu'ils n'aient pas atteint l'âge de quarante ans. Les positions militaires sont réglées par les antiques coutumes du pays et il n'y a point d'examens fixes pour les officiers.

Les fonctionnaires civils sont très-peu payés, cependant les juges ne doivent point recevoir de gratifications des parties, sous peine d'être sévèrement punis. Aussi, bien que les présidents de la chambre des finances ou de la chambre civile occupent dans le gouvernement une très-haute position, ils ne sont pas en état d'épargner quelques centaines de *lans* d'argent. En temps ordinaire, les fonctionnaires ne portent ni coiffures ni chaussures; ils reçoivent nu-pieds les pétitionnaires et les visiteurs, et ils se présentent ainsi au souverain. Quelques-uns, pour leurs services, reçoivent de l'empereur des souliers qu'ils doivent porter pour se présenter à la cour; ces souliers sont rouges, n'ont point de talons et s'appellent tout simplement pantoufles. Ce n'est que dans les circon-

1. Cú-nhân.
2. Tú-tài.
3. Tấh-si.

stances importantes que les fonctionnaires revêtent des habits de cérémonie suivant leur rang. La grande tenue consiste en un caftan, une toge, un chapeau de couleur et une tablette à écrire qu'on tient à la main, comme c'était la mode en Chine sous la dynastie des Chăng. On porte à la ceinture deux bourses, où l'on met l'écritoire, les vivres, etc.; on porte toujours ces deux bourses. On sort toujours avec des parapluies de toile cirée, quelque temps qu'il fasse. On augmente, pour services rendus, le nombre des parapluies, et plus un personnage en fait porter, plus il est élevé dans la hiérarchie.

Les palanquins chez les gens de condition, comme chez les pauvres, sont toujours portés par deux porteurs. Ils ressemblent à des hamacs. A une longue perche de bambou on suspend un filet de soie : ce filet est tendu par des baguettes transversales; à la perche on attache des nattes en feuilles de bambou, qui constituent le toit du palanquin. On ajoute des deux côtés les rideaux en feuilles de roseau. Pour entrer dans le palanquin, on soulève le rideau, on le baisse et on se couche. Pour les fonctionnaires, la perche est de bois et vernie en rouge; le filet, chez les fonctionnaires de troisième classe et au-dessus, est rouge; chez les autres, bleu ou noir. Devant les palanquins marchent des soldats deux par deux; ils marchent au moins dix à la fois, le sabre à la ceinture et tiennent à la main une lance ou un roseau. Ces soldats ne sont pas commandés par des chefs militaires, mais des fonctionnaires civils; ils servent aussi dans les édifices publics, il existe pour eux un rôle spécial[1]. Dans les chefs-lieux de province, les soldats sont appelés *provinciaux;* ils portent un chapeau à petits bords, tressé en bambou et dosé. Sur ce chapeau est une plume de poule ; leur vêtement est de drap rouge avec un collet vert et des parements. Les soldats qui servent dans les villes d'arrondissement et de district sont appelés *soldats d'arrondissement et de district.* Les premiers ont un chapeau vert, les autres un chapeau noir avec une plume de poule. Chez les uns et les autres, le vêtement est en toile noire avec un collet rouge et des parements. Tous portent de bonnes armes, bien entretenues ; mais elles coûtent fort cher, parce qu'il n'y a point de fer dans le royaume. Il y a aussi peu de poudre ; aussi à l'exercice les soldats apprennent seulement le maniement des armes, mais on ne les fait pas tirer. Si un soldat ou un officier est maladroit ou faible il est rigoureusement puni. D'après les lois militaires, une fois la bataille engagée, ils doivent, s'il le faut, tomber jusqu'au dernier, mais ne jamais reculer. En temps de guerre, les chefs sont estimés d'après leur talent et leurs succès ; vainqueurs, tout le monde leur obéit ; vaincus, peuple et soldats cessent de les respecter. De là, dans le peuple, tantôt l'humilité envers le pouvoir, tantôt l'esprit de révolte. Ces nombreuses séditions viennent, paraît-il, de ce que les autorités ne savent pas s'attacher les sujets par leur bonne administration, ni leur inspirer confiance.

Les punitions les plus habituelles sont les suivantes : frapper de verges, passer un morceau de bois au cou,

1. Sans doute seulement en temps de paix. (*Note du traducteur russe.*)

mettre aux fers. Pour les punitions corporelles, on emploie toujours le roseau : pour les délits sans importance, on met au cou un cadre de bambou, pour les délits graves un cadre de bois ; quelquefois on ajoute les fers. En ce qui regarde la peine de mort, la décapitation, la pendaison, le bannissement, tous ces châtiments sont les mêmes qu'en Chine et sont infligés pour les mêmes fautes. Les jugements s'accomplissent avec rigueur et exactitude. Le coupable apprend que la police vient le saisir et se livre lui-même. On l'attache aussitôt : souvent quelques soldats de police, un simple roseau à la main, conduisent des centaines de détenus et pas un seul n'ose se sauver.

Dans les villes et les campagnes, on a institué des anciens qui, en cas de besoin, convoquent le peuple en frappant sur un morceau de bois creux ; en cas de vol, l'ancien bat trois fois le tocsin ; dans les villages voisins, on répète le même signal ; le peuple se répand de tous côtés, coupe les routes et presque toujours on arrête le voleur. Il n'est convaincu que si on trouve sur lui les objets volés. S'il s'est sauvé dans la rue, ou au-delà du village et qu'on ne trouve pas sur lui les objets volés, on le relâche ; aussi y a-t-il beaucoup de voleurs de petits objets. En cas de querelle, les deux adversaires s'attachent l'un à l'autre et se couchent à terre sans se relever : le premier qui se lève est réputé avoir tort. Ni les parents, ni les amis ne doivent aider les adversaires. L'ancien, en apprenant la querelle, bat le tocsin, convoque le peuple et cherche les moyens de réconcilier les ennemis ; quand il les a épuisés, il les envoie au tribunal. Si l'un des deux lutteurs a été estropié, on le porte dans la maison de celui qui l'a blessé et on le laisse là une nuit et un jour sans nourriture. La cour ordonne d'abord au coupable de guérir le malade; puis elle reçoit les plaintes des deux parties. Aussi, dans les querelles, on n'emploie aucune arme et il y a en général peu de cas de mort.

Il est défendu de punir les femmes enceintes; ceux qui leur portent des coups sont doublement punis.

Dans tout l'empire il n'y a point de maisons publiques qui servent de sanctuaires à la débauche. La vente et l'usage de l'opium sont rigoureusement interdits. Les vendeurs et fumeurs d'opium sont punis de mort et leurs biens confisqués. L'attentat aux mœurs est puni d'après la personne sur qui il a été commis; si la jeune personne veut épouser son séducteur, il est acquitté; l'adultère est puni de mort. Les jeux de hasard ne sont pas défendus; beaucoup d'aventuriers en vivent; les étrangers sont aussi des joueurs passionnés : beaucoup parviennent à entretenir ainsi une vie honorable. Cet amusement dangereux est très-répandu; le caractère national se corrompt de plus en plus et le gouvernement n'y fait aucune attention. Il faudrait y prendre garde.

Les impôts sont assez lourds; chaque indigène doit fournir à l'État 12 chapelets d'argent. Les Chinois ne paient que la moitié de cette somme. En outre sept citoyens doivent fournir la nourriture d'un soldat. A considérer l'indolence du peuple, qui laisse beaucoup de terres sans culture, on comprend que les ressources sont fort bornées. Les plus riches ont à peine 10 000 lans d'argent; les pauvres vivent au jour le jour, en travaillant à porter des marchandises ou à fendre du bois.

Dans les montagnes il y a beaucoup de tigres. J'ai souvent vu des bûcherons prendre un tigre, l'enfermer dans une cage, le présenter au gouverneur et recevoir de lui en récompense 5 chapelets de monnaie. Une fois on chassa un tigre de la cage dans un filet; on le lia très-fort; on lui arracha les dents et les ongles. Puis on l'apporta sur la place où une revue avait lieu. A la vue des éléphants le tigre rugit avec force; les éléphants s'enfuirent épouvantés et cherchèrent où se cacher; seul un vieil éléphant s'avança droit sur le tigre et le saisit par le cou; trois fois le tigre lui échappa; chaque fois, il fut repris; enfin il tomba à terre et mourut. Le troupeau des éléphants se précipita sur lui; au bout de quelques minutes, il n'en restait plus que des débris déchirés. Je demandai pourquoi on faisait cela; on me répondit que de cette façon on apprenait aux éléphants à ne pas redouter les tigres.

La force des éléphants est énorme et ils apprennent facilement à comprendre l'homme. Chez chaque gouverneur d'arrondissement, on élève plus de dix éléphants et deux fois par an on leur apprend à se battre. On dispose les troupes en bataille; mais aux premiers rangs, au lieu de soldats, on met des mannequins de paille et on conduit contre eux les éléphants. Les éléphants arrivent aux premiers rangs, saisissent les mannequins, les frappent de leurs trompes et les lèvent en un moment; ils ne se retirent que quand ils rencontrent du feu ou de la fumée. Ces éléphants forment ce qu'on appelle *le détache-*

ment invincible; là où il passe il est impossible de l'arrêter. En la quatrième année (1408) du règne de Ion-lé, le chef chinois Tchjan-fu, pendant une guerre contre les Annamites, rencontra une armée montée sur des éléphants. Il dessina un lion, mit cette figure sur son cheval et s'élança sur les éléphants; ils s'enfuirent aussitôt. De là on peut conclure que si cet animal est fort, on est plus fort encore quand on peut compter sur la confiance de ses soldats et sur la supériorité de l'intelligence.

Beaucoup de Chinois vivent dans l'empire d'Annam depuis le temps de la dynastie des Changs : toutefois le caractère et les mœurs indigènes ont gardé toute leur force dans le peuple. La fraude, la crédulité, l'avarice sont ses défauts les plus insupportables. Les hommes se promènent, jouent aux cartes ou restent à la maison les mains croisées, uniquement occupés à boire et à manger, et laissent à leurs femmes les soins du ménage. Ils portent des caftans noirs, des pantalons rouges, et sur la tête des chapeaux de bambou en forme de chaudron. Quand on rencontre une personne de connaissance, on ôte son chapeau, on croise les mains et on salue. Les Annamites ne lavent pas leurs vêtements tant qu'ils ne tombent pas en pièces : on y trouve une quantité innombrable d'insectes; ils les portent à leur bouche et les mangent. Je ne parle pas seulement du peuple, mais aussi des fonctionnaires; cela se fait dans le monde, dans l'exercice des fonctions publiques et ne paraît point étrange. Les Annamites aiment à se baigner; même en hiver, ils se trempent volontiers dans l'eau froide. Les femmes vont nu-pieds. En allant au marché elles rassemblent leurs cheveux en touffe. Elles entourent leur tête d'un lambeau d'étoffe et posent par dessus un chapeau plat. Elles portent des vêtements longs, flottants jusqu'à terre, avec des manches étroites de couleur noire ou rouge. Elles mettent au cou des colliers de jaspe ou de cornaline; elles portent parfois des bracelets de fer; elles ne portent pas de jupe, ne se fardent point. Elles emportent sur leurs épaules des vivres ou d'autres choses et vont au marché appelé *Baï-chant-tsziang* les étaler sur la terre. Le marché a lieu deux fois par jour, le matin et le soir; les marchandises sont disposées sans ordre, mais par grandes quantités. Le thé, les médicaments, la faïence, les vêtements sont surtout importés de Chine et par des marchands chinois.

Lors du mariage on fait une infinité de présents aux parents de la fiancée et les plus pauvres ne payent pas moins de dix chapelets de monnaie. Au jour fixé, le fiancé, avec la marieuse, se rend dans la maison de la fiancée et l'emmène chez lui; elle va à pied. Cette marche n'est escortée ni de lanternes, ni de musique; elle est seulement accompagnée par des femmes des deux familles. Si une femme désire se séparer de son mari, elle n'a qu'à lui rendre les présents du mariage; elle est aussitôt libre. Les jeunes filles aiment à épouser des Chinois. L'héritage, d'après l'usage national, se partage entre les fils et les filles; il est à remarquer que, dans les sacrifices en l'honneur des ancêtres, le chef de la famille offre le sacrifice aux parents de sa femme comme aux siens. En l'honneur des morts on ne dresse pas de tablettes avec leurs noms; on écrit des vers, on les colle sur les murs et on dresse des tables brûle-parfums. L'esprit auquel, dans chaque maison, on offre des sacrifices, comme au protecteur du foyer, s'appelle *Beng-tou-hun*[1]. Au milieu de la cour on offre des sacrifices aux vierges des neuf ciels. On enfonce dans la terre un mât élevé au sommet duquel on attache un petit coffret pour brûler des parfums ; au bas du mât on plante de jeunes bambous et diverses fleurs.

Dans les temples il n'y a aucune représentation, ni peinte ni sculptée, des esprits ou des saints : on se contente de tablettes qui portent leurs noms. Pour évoquer les esprits, un homme se met à chanter; à côté de lui marchent huit hommes qui frappent des tambours sur le rhythme de la chanson ; il n'y a pas d'autres instruments. En entrant dans le temple, ils allument beaucoup de fusées ; on dit que cela porte bonheur.

La plus grande partie de la nation vit dans des cabanes de paille ; la brique, la tuile, la terre, la chaux sont très-rares. Ces cabanes sont hautes au milieu, mais les toits sont très-bas ; la porte est remplacée par un rideau tissé en bambou, qui est toujours levé pendant le jour. Dans ces demeures il n'y a ni tables, ni chaises, mais un simple divan de terre assez bas, sur lequel ils passent le jour et la nuit. Ils n'emploient ni matelas, ni couvertures ; quand ils ont froid, ils se couvrent de nattes.

Du reste, les plus riches des Chinois construisent des maisons de brique, couvertes en tuiles, avec des portes

---

1. Dông-taó-quân.

élevées et un mobilier convenable; on appelle ces maisons *Da-tszia,* c'est-à-dire distinguées.

Au moment de dîner on s'assied en cercle autour d'une natte sur laquelle sont étalés des plats de cuivre avec de la viande. Ils boivent le vin pur, fort et froid. Ils mangent à demi crue la viande de bœuf, de porc, le poisson, sans aucun assaisonnement; un simple morceau de viande, avec le sang à peine cuit, est considéré comme un régal. En général ils ne donnent pas beaucoup de viande sur les assiettes; on peut tout manger d'un seul coup. Puis ils servent divers plats avec des légumes crus préparés avec des herbes diverses et de la soupe de poisson salé. Les assaisonnements d'herbes médicinales sont employés pour détruire, d'après l'idée populaire, le poison que les aliments empruntent aux vases de cuivre; la soupe de poisson salé s'emploie en guise de sel : tous ces aliments ont un goût et une odeur détestable. Après le repas ils se lavent le visage avec les mains, sans employer de serviettes, et boivent une tasse de thé Chunghua. Ce thé croît dans le gouvernement de Fou-tchung, qui s'appelait auparavant *Chung-hua;* il détruit le poison des vases de cuivre et rafraîchit beaucoup pendant les chaleurs; il est amer au goût et astringent. Après avoir pris le thé, ils roulent dans un morceau de papier du tabac haché fin, l'allument et le fument. Ils ne connaissent ni les pipes ni les chibouks ; quelques-uns fument constamment de l'arec, ce qui leur noircit les dents.

A l'occasion des fêtes ou des banquets de famille, on fait venir des faiseurs de tours, des comédiens et on leur fait jouer des pièces. Sur la route de Tchan-sin-fu j'ai souvent remarqué que, dans les hôtels, on entretient des troupes entières d'acteurs et d'actrices que les spectateurs payent d'un ou deux chapelets d'argent, suivant leur talent. Outre les tours, les danses, les chants, on joue aussi des drames empruntés à l'ancienne histoire de la Chine. En général les représentations théâtrales de ce pays, bien que certains détails extérieurs les distinguent des représentations chinoises, ont le même but qu'en Chine : amuser les gens oisifs et peu sérieux.

Les sorciers, les magiciens, les astrologues, les devins sont tous Chinois. Dès que des vaisseaux chinois arrivent dans le port, il se rassemble de grandes foules et ces gens viennent offrir leurs services. Les vaisseaux chinois arrivent surtout à Tszi-din-fu, mais il en arrive beaucoup dans d'autres villes telles que Huan-nang, Pin-din, Fu-tchung, Nang-din [1], etc. L'affluence du peuple, les transactions commerciales, le revenu des douanes ne sont pas partout identiques; aussi la valeur des présents offerts aux employés de la douane n'est pas toujours la même et dépend du nombre et de la grandeur des bâtiments. Les bâtiments chinois arrivent l'hiver et s'en vont l'été. Il y a un proverbe populaire : « Quand les paons sont envolés, les vaisseaux chinois arrivent et l'oiseau Su-hé [2] commence à chanter. » L'origine de ce proverbe est l'événement suivant :

Au temps jadis une femme avait un fils appelé *Su-hé* ; il fit quelque faute et se sauva en Annam. Le lendemain la mère envoya son beau-fils à sa recherche ; il parcourut

---
1. Quảng-nam, Binh-dinh, Bhủ-xuân, Nam-dinh.
2. Tu-hìt.

tout le pays, ne le trouva pas, n'osa pas revenir à la maison et mourut de chagrin. Son âme se changea en un oiseau ; il volait partout et criait : Su-hé ! Su-hé ! Quand les vaisseaux chinois quittèrent l'Annam, il cria encore plus fort : c'est à ce cri qu'il dut son nom. Maintenant il y a des masses de ces oiseaux et leur cri est réellement Su-hé.

Dans l'Annam toutes les marchandises ne peuvent pas être exportées par les particuliers, par exemple la vente de la cannelle, du sucre et de quelques autres substances appartient uniquement au souverain. Les substances du monopole de l'Etat sont d'abord achetées de tous côtés à un tarif officiel et revendues ensuite aux particuliers pour le détail. Depuis qu'on a augmenté les droits de douane sur les vaisseaux chinois, leur nombre a diminué de moitié, ce qui a singulièrement augmenté la misère des habitants du littoral : leur principale ressource était de charger et de transporter des marchandises. Du reste, les habitants des provinces de He-neï et Pin-Chung s'occupent à importer des marchandises chinoises sur de petits bateaux et font ainsi un trafic avantageux. Ces bateaux sont nommés *ia-tszy* et les plus grands d'entre eux portent plus de deux cents sacs. Dans la description statistique de l'île de Taï-vang, il est dit que, dans la cinquante-sixième année du règne de Kan-Si (1717), vers les îles de Pyn-hu, fut apporté par la tempête un petit bateau construit avec des clous de roseau. C'était un bâtiment annamite, un ia-tszy. Le fond de ces bateaux est fait en madriers de bambou et verni d'huile de coco ; le pont seul est en planches ; de petites barques sont construites des mêmes matériaux. Il y a d'ailleurs des bateaux avec un fond en solives fixées par des clous de bambou, mais l'eau s'introduit par les jointures des planches et on la rejette avec des pelles en bois. Les habitants du littoral se réjouissent fort quand ils voient arriver beaucoup de bateaux; le transport des marchandises leur procure beaucoup de bénéfice. Sans cette ressource, beaucoup de ces malheureux seraient réduits à mourir de faim.

Les laboureurs n'améliorent point leur terre avec du fumier; ils ne voudraient même pas manger de légumes poussés dans une terre fumée; ils ne connaissent pas l'emploi de la perche-levier pour tirer l'eau des puits; au lieu de seaux en bois, ils emploient des vases de faïence. Ils n'arrosent pas les champs; en temps de sécheresse le blé meurt. On sème le riz sans distinguer la saison de l'année; dès que la moisson est mûre, on l'arrache et on le sème de nouveau. Dans les endroits élevés on sème deux espèces de millet et le Lo-hua-chen [1]. On sème peu de citrouilles et on ne connaît ni le sorgho, ni les pois, ni le froment. Les produits du pays sont : l'or, les perles, l'écaille de tortue, le corail, la nacre; les bois précieux : le cèdre du Midi, le bois parfumé d'aloès, le sandal blanc, la cannelle, l'ébène, le sandal rouge, le poivre; on estime les cornes des béliers des montagnes, l'ivoire des éléphants et des rhinocéros; il y a beaucoup de buffles, de tigres, de singes, de paons, de faisans blancs, de colibris verts; il y a des serpents boas et des fourmis; parmi

---

1. Arachis hypogea.

SUR L'EMPIRE D'ANNAM. 159

les plantes on remarque l'arbre à pain (lo-li-mi), la canne à sucre, le coco, l'arec, le roseau, le cotonnier. Les habitants savent tisser la toile, le crêpe, le taffetas et le demi-taffetas fin.

L'empire est divisé en trente-deux gouvernements :

1. Gouvernement de la capitale. Fu-tchung ; 2. Huan-nang ; 3. Huani ; 4. Pin-din ; 5. Fu-ang ; 6. Hao-miang ; 7. Tsin-he ; 8. Pin-chung ; 9. Biang-he ; 10. Tszia-din ; 11. He-siang ; 12. Ang-tsziang ; 13. Din-sian ; 14. Ion-lun ; 15. Huan-tchji ; 16. Huan-pin ; 17. Ian ; 18. He-tszin ; 19. Tsin-hua ; 20. Nin-pin ; 21. Nang-din ; 22. Sin-ang ;

1. Phủ-xuân.
2. Quảng-nam.
3. Quảng-ngải.
4. Bình-dình.
5. Phủ-yên.
6. (?).
7. (?).
8. Bình-thuân.
9. Biên-hoà.
10. Gia-dinh.
11. Hà-tiế'n.
12. An-giang.
13. Dinh-tuắng.
14. (?)
15. Quảng-tri.
16. Quảng-bình.
17. Nghê-an.
18. Hà-thin ?
19. Thanh-hoa.
20. Ninh-binh.
21. Nam-dinh.
22. Tàn-an.

23. Sin-hua ; 24. Chang-si ; 25. Sioang-huan ; 26. He-neï ; 27. Haï-ian ; 28. Taï-chang ; 29. Beï-nin ; 30. Huan-ang ; 31. Lian-chang ; 32. Hao-pin.

L'empire d'Annam, du sud au nord, s'étend sur une longueur de plus de 5 000 lis ; mais par endroits il n'a pas plus de 40 lis de largeur : c'est une étroite bande de terre qui suit le bord de la mer. Seuls les gouvernements de He-neï et de Tszia-din sont larges et riches en produits naturels ; on tire du premier beaucoup de perles, de pierres précieuses et de vaisselle ; le second est renommé pour son blé, son sucre et son huile. Sans ces deux provinces, tous les produits de l'empire d'Annam ne dépasseraient pas ceux d'un gouvernement chinois. A la frontière sud-est commencent de hautes montagnes couvertes de forêts, qui s'étendent sur des centaines de lis ; on n'y voit pas de traces de l'homme : c'est une contrée vierge.

Jeté par la tempête sur les côtes d'un empire étranger, je n'ai naturellement pas pu toujours comprendre exactement les interprètes ; heureusement j'ai toujours ren-

23. Hủng-hoá.
24. Sỏn-tây.
25. (?).
26. Hà-noi.
27. Hai-dương?
28. Thái-nguyên.
29. Bắc-ninh.
30. Quảng-yên.
31. Lăng-sỏn.
32. Cao-bằng.

contré des compatriotes, originaires de ma province et retenus dans l'empire d'Annam par divers intérêts. C'est chez eux surtout que j'ai recueilli diverses observations sur les pays que je traversais. Durant ce voyage, je me suis encore fortifié dans cette conviction, que les pays les plus éloignés, une fois pénétrés de l'influence bienfaisante de notre gouvernement, voient leur population se civiliser, adoptent une nouvelle manière de vivre et regardent la Chine comme leur modèle. Jeté sur un rivage étranger, j'ai reçu les moyens de retourner honorablement dans mon pays ; faut-il dire que j'en suis surtout reconnaissant à la majesté immense et à l'humanité de mon Empereur ?

Rempli de ces pensées, j'ai voulu publier la description de tout ce que j'ai pu voir et apprendre avec mes faibles facultés durant ce voyage.

ITINÉRAIRES
DE L'ASIE CENTRALE

ITINÉRAIRES
DE L'ASIE CENTRALE

PAR A.-P. KHOROCHKINE

Les fragments que nous publions ici sont empruntés à un volume qui a paru récemment à Saint-Pétersbourg sous ce titre : *Sbornik stateï kasaioustchikhsia do Turkestanskago kraia,* Recueil d'articles relatifs au Turkestan, par A.-P. Khorochkine (un volume in-8° de 532 pages; imprimerie Tranchel). Ces articles, déjà imprimés ou restés inédits, ont été recueillis et publiés par l'ordre du gouverneur général de l'Asie centrale, M. l'aide de camp général Von Kaufmann, qui avait eu l'auteur sous ses ordres.

Alexandre-Pavlovitch Khorochkine appartenait à une famille noble des Cosaques de l'Oural; il avait, dès son enfance, appris la langue des Qirghizes et des Qalmouqs. Élevé à l'École des cadets d'Orenbourg, il entra en 1859 dans le corps des Cosaques de l'Oural. En 1865 il devint yesaoul (capitaine) et fut envoyé dans l'Asie centrale; il prit part aux expéditions de Boukhara (1868), de Khiva (1873) et de Khoqand (1875). Il fut chargé de diverses missions et fit partie du conseil institué après la victoire près le khan de Khiva. Il fut tué dans l'expédition contre Khoqand, sous les murs de la citadelle de Makhrem.

Le volume dont ces itinéraires font partie comprend en outre des descriptions détaillées de Khoqand, de Samarqand, de Tachkend, de Khiva, et des études de géographie et d'ethnographie qui se recommandent par les profondes connaissances et la sincérité de l'auteur.

Les principales étapes de ces voyages se trouvent indiquées sur la carte qui accompagne l'*Histoire de l'Asie centrale* de Mir Abdoul Kerim Boukhary, publiée, traduite et annotée par M. Schefer[1]. On a suivi ici, pour l'orthographe des noms géographiques, l'orthographe adoptée pour cette carte.

Certains détails peu intéressants ont été omis dans cette traduction ; certaines longueurs ont été supprimées ; toutefois rien d'essentiel n'a été laissé de côté.

Louis Leger.

1. Un vol. in-8°. Paris, Leroux, 1876.

ITINÉRAIRES
DE L'ASIE CENTRALE

I.

D'Orenbourg à Qazalinsk.

Je dois avant tout donner au voyageur quelques conseils pratiques pour lui épargner les erreurs et les désagréments. Commençons par l'équipage.

Un équipage monté sur un train de fer vaut certainement mieux qu'un chariot monté sur des essieux de bois : en tout cas, ayez soin de prendre des essieux de rechange, sinon, vous serez exposé à perdre beaucoup de temps. Vous ne trouverez de forgeron que dans les forteresses et les villes sartes. Les voitures montées sur des essieux de bois sont à meilleur marché et sont plus commodes pour circuler dans le sable et dans la boue. Emportez des cordes de diverses grosseurs, de la graisse, des chevilles, si vous le jugez utile ; mais surtout faites bien attention aux roues ; elles peuvent jouer les plus mauvais tours au voyageur, l'obliger à rester avec tout son bagage au milieu de la steppe, ou à la station, et à continuer sa route à cheval ou à dos de chameau.

A chaque station de poste, on trouve deux ou trois troïkas[1] et les harnais nécessaires. Quelquefois, il faut

---

1. Attelage de trois chevaux. (*Tr.*)

attendre que les harnais soient revenus à la station ; on fera donc bien, si l'on est pressé, d'acheter ne fût-ce qu'un vieux harnais à Orenbourg. C'est une faible dépense, et on sera certain d'éviter les retards ; car les chevaux sont nombreux chez les Qirghizes. Veillez surtout à préserver vos colliers et votre *douga*[1] des mains des Qirghizes, qui sont assez voleurs ; ils ne manqueront pas d'emmener le cheval avec son collier : veillez aussi sur votre pain. C'est pour eux une friandise. Il est facile de rester sans pain dans la steppe si on s'amuse à en distribuer des morceaux aux postillons, ou si on ne cache pas bien sa provision.

Dans les circonstances les moins favorables, le trajet d'Orenbourg à Tachkend s'accomplit en trois semaines[2] ; il faut donc emporter du thé, du sucre, une bouilloire, du pain, du tabac, des salaisons. On peut trouver du pain dans les forts et dans les villes ; mais il est mauvais.

Si votre équipage est large et solide, n'y laissez pas un coin de vide ; l'objet qui vous aura semblé le plus inutile à Orenbourg vous fera défaut en route ou à Tachkend, et vous le regretterez amèrement. Ici, tout est cher et mauvais.

La route jusqu'à Orsk n'offre rien de remarquable, sauf les châles en duvet, les gants et les chaussettes que fabriquent dans cette ville les femmes cosaques. Les voyageurs qui passent là en hiver ou en automne feront bien d'acheter quelques-uns de ces objets.

1. Arc en bois que porte le cheval du milieu. (*Tr.*)
2. Ceci était écrit en 1869. Depuis cette époque, la route s'est beaucoup améliorée.

La route jusqu'à Orsk court en plaine : deux stations avant cette ville on rencontre les montagnes de Guberlin ; c'est le commencement de la chaîne de l'Oural. Il vaut mieux les franchir le jour que la nuit.

La ville d'Orsk se trouve dans la steppe qirghize sur la rive gauche du fleuve Oural ; Orsk était jadis une forteresse ; mais après la pacification des Qirghizes et la construction du fort Qarabataq, la forteresse a perdu son importance ; il n'y a plus là qu'une petite ville peu attrayante. Orsk possède deux stations de poste ; l'une pour ceux qui vont à la steppe, l'autre pour ceux qui en reviennent.

A Orsk commence la steppe qirghize ; vous allez franchir de station en station, ou plutôt de baraque en baraque, la région la plus monotone et la moins animée. Les baraques souvent n'ont pas de vitres aux fenêtres ; néanmoins, elles ressemblent à une habitation. Armez-vous de courage : vous aurez plus d'une fois à attendre une heure et plus ; le postillon (*yamtchy*) détèle les chevaux, cherche dans quelque ravin voisin la *iourt* du Qirghize, et finit par en ramener, après lui avoir dit qui vous êtes, dans quel équipage vous voyagez, un Qirghize à moitié endormi ; pour comble de malheur, vous apprenez qu'il n'a point de chevaux. Ils sont partis pour la station voisine, à 30 verstes de là, et vous n'avez qu'à attendre leur retour. Il pourra encore vous dire qu'il a des chevaux, mais qu'ils sont là-bas dans la steppe, derrière ce mamelon, et qu'il les a envoyé chercher. Tout cela est faux ; enveloppez-vous dans votre pelisse et dormez jusqu'au lendemain matin. Les chevaux partis ne reviendront pas avant le milieu du jour suivant ; le Qirghize n'a même pas pensé à envoyer chercher ceux qui sont là-bas auprès du mamelon ; s'il a envoyé, le messager a pris avec lui quelque morceau de feutre et est allé dormir jusqu'au lendemain. Tout cela est fort triste, surtout si vous ne savez pas la langue du pays et si vous n'avez personne pour transmettre vos ordres. A partir de Qazalinsk, où commence la province du Syr-Deria, et jusqu'à Tachkend, chaque station a un inspecteur soldat ou Cosaque, sachant le russe. Là, c'est une autre affaire.

Le premier fort des steppes, après Orsk, est le fort Qarabataq ; il se compose de quelques casernes en terre pour une faible garnison, et d'une petite citadelle avec une tour bizarre.

A ceux qui voyagent avec de lourds équipages en famille, je ne conseille pas de faire de nuit le voyage entre Qarabataq et le fort de l'Oural. Au sortir de la station, on rencontre une pente escarpée qui tourne vers la rivière de Qarabataq ; la moindre imprudence du postillon endormi peut vous faire courir les plus grands dangers. Une fois entrée dans la steppe, la route est absolument plane jusqu'au fort de l'Oural ; la citadelle est plus grande que celle de Qarabataq : on trouve autour une petite population avec quelques cabarets et magasins. Dans la citadelle, il y a une église et un médecin.

A partir du fort de l'Oural cessent les baraques de poste, et au bout de trois ou quatre stations commencent les *sables noirs* (Qara-Qoum). Je n'y ai pas vu le moindre grain de sable noir ; ces sables sont sans doute ainsi nommés à cause des désagréments qu'ils offrent aux voyageurs, de la fatigue qu'ils infligent aux chevaux, et de la mauvaise qualité de l'eau des puits. Je conseille de n'en point boire ou du moins de la corriger avec du sirop ou du vin. Elle n'est pas désagréable au goût, mais elle a une pernicieuse influence sur l'estomac.

Les maisons de poste, dans le Qara-Qoum, sont remplacées par les kibitkas que les voyageurs ont tant de fois décrites. Dans quelques-unes, on trouve des poêles en fer; certaines ont l'air tout à fait russes; elles sont gardées par des Cosaques. Ils sont là pour maintenir l'ordre. Je me souviens, pourtant, qu'à la station de Djalavli, le chef du piquet cosaque, après m'avoir promis des chevaux, les donna — moyennant quelque bénéfice, bien entendu — à des marchands boukhares. J'avais, pourtant, un passe-port de l'Etat (*podorojnia*). Il y a dans beaucoup de stations des registres où les voyageurs peuvent consigner leurs plaintes; mais ils servent à peu de chose. Sur leurs pages vierges, les voyageurs sèment parfois les fantaisies de leur esprit. Ces registres sont-ils contrôlés? je ne le sais. Les Qirghizes sont simples et sauvages; ils causent parfois des désagréments au voyageur par leur lenteur et leur défaut de conscience. En revanche, les voyageurs les battent souvent. Il est bien difficile de décider qui a tort ou raison.

Tous les postillons qirghizes demandent au voyageur *na vodkou*[1], de l'eau-de-vie; tous n'en boivent pas. Il en est cependant qui ne refusent pas un petit verre : dans les forts, par exemple, ils se comportent comme de vrais

1. *Na vodkou* (pour de l'eau-de-vie) est le mot traditionnel que le Russe emploie pour réclamer son pourboire. (*Tr.*)

Russes. En principe, les Qirghizes étant musulmans, ne boivent pas de spiritueux. Les chevaux du Qara-Qoum sont médiocres ; ne refusez pas les chameaux ; ou, plutôt, demandez-les ; ils vous mènent plus lentement que les chevaux, mais ils ne s'arrêtent pas. Ils sont doux et obéissants ; cependant, choisissez pour limonnier le plus paisible des trois. Avec une bonne provision de patience et de résignation, on franchit parfaitement les Sables Noirs ; dès qu'on aperçoit la mer d'Aral, on arrive à la fin de cette rude étape ; on entre dans la province du Syr-Deria ; les lieux habités deviennent plus fréquents, les points de vue plus variés, le voyage plus confortable.

II.

De Qazalinsk à Tachkend.

Qazalinsk, le premier chef-lieu d'arrondissement de la province de Syr-Deria, renferme, outre la forteresse, une population importante. On y trouve un hôtel, des magasins, des ateliers et des logements dans les maisons particulières.

C'est à Qazalinsk qu'hiverne la flotille de l'Aral.

La route de Qazalinsk au fort n° 2 est coupée, à certains endroits, par des canaux d'irrigation ; les précautions ne sont donc pas inutiles, surtout si l'équipage ne paraît pas en bon état.

Près du fort n° 2, qui, par lui-même, mérite peu d'attention, on traverse le Syr-Deria en bac ; on suit la rive gauche jusqu'à la ville de Perovsk. La route n'est pas également unie, et au moment d'embarquer l'équipage, je conseille de surveiller spécialement les ouvriers ; l'embarcadère est peu commode, et l'équipage pourrait subir de graves dommages. On fera bien là et à Perovsk, en repassant le fleuve, de ne pas épargner les pourboires. Je ne conseille pas aux familles de traverser pendant la nuit. Au-dessous de Perovsk, à 8 verstes de cette ville, on repasse sur la rive droite du Syr-Deria.

La ville de Perovsk a été bâtie à la place de la forteresse qokhande d'Aq-Mesdjed, prise en 1853 par le comte Perovsky, gouverneur général d'Orenbourg.

Perovsk et Qazalinsk ne sont encore qu'en formation. Néanmoins les deux villes, ainsi que Tachkend, promettent d'être les premières à grandir parmi les villes mi-asiatiques, mi-russes de ces contrées.

Après Perovsk, la physionomie du pays change complétement. La sombre et originale forêt de Saqsaoul et des buissons d'épines s'étendent sur un long parcours des deux côtés de la route ; des troupeaux de faisans la traversent souvent ; celui qui possède un fusil peut se donner le plaisir de la chasse ; le succès toutefois en est douteux. Le faisan se laisse approcher, mais disparaît aussitôt dans les buissons. A Perovsk, à Djulek, et chez les Qirghizes, qui errent dans le rayon de ces deux villes, c'est un gibier très-commun. Les tigres innombrables dans les premiers temps de l'occupation du Syr-Deria existent encore aujourd'hui, et, si on en croit les Qirghizes, ils se jettent parfois sur les troupeaux ; mais on n'entend pas dire qu'ils inquiètent les voyageurs. Ils fuient dès qu'ils entendent le bruit d'une voiture. On ne s'occupe guère à les chasser. Parmi les herbivores de la région on cite les chevaux et les chèvres sauvages.

En approchant du petit fort de Djuleq, on aperçoit, à l'horizon, les montagnes de Qara-tau, appelées ici *Idermentau;* elles accompagnent le voyageur, du côté gauche, presque jusqu'à Tchemkend. Les Qirghizes ont, dit-on, dans ces montagnes des quartiers d'hiver, des campements et des pâturages ; elles sont riches en gibier, en cerfs, en tigres, en sangliers. En dehors des montagnes et des ruines de Savrun, comme on lit sur les cartes, ou de Sauran, comme prononcent les Qirghizes, jusqu'à Turkestan, on ne rencontre rien d'intéressant. Sauran frappe de loin le voyageur par ses murailles, derrière lesquelles on aperçoit les sommets de tours fort originales, qui ressemblent à des bouteilles de vin du Rhin. Ces tours sont très-hautes. C'est de leur sommet qu'on précipitait autrefois les criminels. D'après une autre tradition, ces tours ont été construites par Tamerlan pour sa petite-fille préférée, qui n'aimait point à résider dans le harem et se plaisait à contempler la grande mosquée de Hazret que l'on voit de là. La ville de Turkestan n'est pas loin.

La route passe sous les murs de Sauran ; le voyageur curieux a la faculté d'entrer dans l'enceinte et d'admirer ces constructions de l'Asie centrale. Ce qui est surtout étonnant, c'est la patience avec laquelle on a entassé l'une sur l'autre ces masses énormes de terre glaise. Il faut croire que ces constructions étaient faciles, car presque toutes les villes que nous avons occupées jusqu'ici sont ainsi entourées. Mon guide qirghize me racontait que Sauran était autrefois une ville dont on retrouve les traces dans la direction des montagnes ; elle appartenait au sultan, qui passait l'été dans les montagnes voisines, et l'hiver à Sauran, où l'on trouvait des habitations, des bazars, des mosquées, une armée. Les caravanes venaient de tous côtés à Sauran et le commerce y florissait. Mais les Qalmouqs attaquèrent la ville et la détruisirent. Je ne sais d'après quelles annales on peut vérifier le fait[1].

Turkestan, ou, dans la langue sarte, Hazret-Sultan, est la première ville de l'Asie centrale qui ait été prise en 1864. J'y arrivai la nuit et je me rappelle encore l'impression que j'éprouvai. La nuit était d'une sérénité, les étoiles d'une clarté inconnues à nos pays du nord. Turkestan, comme presque toutes les villes de l'Asie centrale, est entouré de jardins. De grands peupliers bordent la route entre ces jardins. On remarque dans cette ville une mosquée du temps de Timour, appelé *Hazret-Ahmed-Yessevy*, ou, tout simplement, *Hazret*. C'est dans cette mosquée qu'est enterré un saint musulman, Ahmed-Yessevy, théologien célèbre, dont les descendants, encore aujourd'hui vivants à Turkestan, sont exemptés de tout impôt. La mosquée, par sa grandeur, appartient à ces sept édifices colossaux bâtis par Timour, et que les chroniqueurs de ce pays considèrent presque comme les sept merveilles du monde. Cette mosquée a été décrite en détail dans un

---

1. Le fait dut se passer vers la seconde moitié du dix-septième siècle. Ni avant ni après on ne trouve de Qalmouqs dans ces régions.
(*Note de l'auteur.*)

des volumes de la *Revue militaire* (Voïennyi Sbornik) pour l'année 1866 [1].

Une rue étroite mène à la porte de la mosquée ; elle est gardée par une sentinelle. La cour est entourée de maisonnettes, où se logeaient provisoirement ou à poste fixe les serviteurs du temple, les pèlerins, les mendiants, etc. Aujourd'hui ces maisonnettes, ainsi que la petite mosquée élevée sur le tombeau de la petite-fille de Tamerlan et la mosquée de Hazret, sont vides. Chaque semaine, à ce qu'il paraît, les croyants se réunissent de toutes les extrémités de la ville avec les pèlerins et font leurs dévotions sur le tombeau d'Ahmed.

Le derrière de la mosquée touche presque le rempart de la citadelle. Du haut du parapet, on découvre, de tous côtés, la ville de Turkestan, sauf la partie cachée par la mosquée. De loin, l'aspect est charmant ; mais, pour perdre ses illusions, il suffit de se diriger vers le bazar. Les rues étroites qui y conduisent ne sont sèches que dans les plus grandes chaleurs de l'été. Le bazar est plus petit que celui de Tachkend, mais il est original sous tous les rapports. Le bazar, dans l'Asie centrale, se compose habituellement d'une ligne continue de boutiques ; elle se divise en rangées, rangée du thé, rangée des étoffes ; ou bien encore elle comprend, sans distinction, les différentes sortes de commerce. Ainsi, à côté d'un marchand de rubans, cordons, etc., vous trouverez le restaurant où sont préparés les mets du pays ; plus loin, des samovars, des tasses de Chine, etc., puis un boucher, et ainsi de

---

[1]. On trouvera plus loin cette description.

suite. Tous ces magasins n'ont pas de porte ; la nuit venue, on les ferme avec des planches.

De Tachkend à Tchemkend, la route entre Turkestan et le village d'Ikan est particulièrement remarquable par son horizontalité. C'est là qu'en décembre 1864 une sotnia de Cosaques de l'Oural, sous le commandement de l'esaül Sierov, soutint, pendant trois jours entiers, l'attaque d'innombrables Khoqandis ; leur valeur sauva la ville de Tachkend.

Le village, ou, comme disent certaines cartes, la forteresse d'Ikan, est très-pauvre ; ses habitants, à cause de leur dévouement à la Russie, eurent, après l'affaire de Sierov, beaucoup à souffrir des troupes d'Alim-Qoul, qui les fit presque tous transporter à Tachkend. A peine vêtus, pieds nus, mal nourris, ils furent chassés avec leurs familles en plein hiver.

Les deux dernières stations avant Tchemkend méritent aussi l'attention du voyageur.

La station d'Ars (en russe Arys) est située sur la rivière du même nom ; ce cours d'eau est peu profond, mais rapide ; le voyageur qui le traverse à gué fera bien d'écouter les avis du postillon. D'Ars au piquet suivant, la route est pénible et montueuse. Il est sage de passer la nuit à Ars ; car, même en plein jour, on court le risque de se casser quelque membre ou de détériorer son équipage. En tous cas, un sabot est indispensable.

Tchemkend est la seconde ville de l'Asie centrale en venant d'Orenbourg. Cette ville a beaucoup souffert de l'assaut qui lui fut donné ; elle est disposée en cercle autour de la citadelle. On y rencontre un bazar très-convenable. La colonie russe est passablement installée; on peut y faire des achats.

Tchemkend veut dire la *ville verte*. En effet, on y trouve beaucoup de jardins, beaucoup d'eau; l'aspect général est agréable.

De Tchemkend, la route tourne presque à angle droit vers le midi; elle suit tout le temps les montagnes de Qaratau; elles semblent parfois si voisines, qu'on est tenté d'en faire l'ascension; mais c'est là une illusion d'optique. Les montagnes sont hautes et fort éloignées. Le pic le plus proche est celui de Qazbek; il joue dans les traditions locales le rôle de notre Ararat. D'après les indigènes, on y trouve l'empreinte de l'arche de Noé.

Je parlerai ailleurs de Tachkend [1]. Qu'il me suffise de dire qu'on y trouve un hôtel et des chambres garnies, des fiacres, un restaurant, etc.

III.

De Tachkend à Toqmaq.

La route de Tachkend à Aulia-âta traverse Tchemkend, et ensuite la petite ville de Mankend, qui est le seul endroit habité sur toute cette route. En effet, toute la steppe à gauche de la route et toutes les montagnes à droite sont peuplées de Qirghizes nomades et de Qara-qirghizes, qui se soucient peu de jardins ombragés ou de maisons couvertes. Sur les routes de ces régions, on ren-

---

[1]. La description de cette ville occupe plus de soixante pages dans le livre de M. Khorochkine. (*Tr.*)

contre des bandes de chameaux et des cavalcades de cavaliers qirghizes qui échangent sans cesse la montagne pour la plaine et la plaine pour la montagne.

Les montagnes accompagnent le voyageur à droite jusqu'à Aulia-âta; la route de poste non loin d'Aulia-âta s'enfonce par une gorge dans la vallée du Talas. C'est une rivière rapide qui tombe dans le lac de Qara-qoul, dans la région des Qirghizes de la grande Horde. C'est sur le Talas qu'est bâti Aulia-âta.

La ligne de partage du Tchou et du Talas commence à Aulia-âta sous le nom de *monts Alexandrovsk*, et se dirige vers l'est jusqu'au lac Issiq-qoul. Elle est couverte d'une neige éternelle. Les indigènes appellent ces montagnes *Ala-tau* (les monts bigarrés). C'est là une dénomination bien méritée. On connaît ici sous le nom d'*Ala-tau* toutes les autres montagnes qui entourent le lac d'Issiq-qoul et dessinent les vallées des rivières : Susamyr, Djoumgala et Namyr, qui forment, réunies, le Syr-Deria. Toutes les montagnes méridionales, le long des rivières Keles, Tchamkala et Tchirtchik sont connues dans le peuple et dans la géographie sous le nom de *Qaratau* (les monts noirs). Elles ne sont couvertes de neige que pendant l'hiver, et elles sont aussi fréquentées par les Qirghizes, les Qaraqirghizes et les Tadjiqs sédentaires, jusqu'à la rive gauche du Syr-Deria. Elles sont aussi pittoresques que les monts Ala-tau.

On n'a pas encore exploré les richesses naturelles des monts Ala-tau. On dit qu'ils produisent beaucoup de bois de construction : cette circonstance facilitera singulièrement la colonisation de la vallée de Tchou et de la région montagneuse, si toutefois cette colonisation n'est pas oppressive pour les indigènes (un petit nombre de Sartes sédentaires, et de nombreuses tribus de la Grande-Horde et de la Horde de la Pierre sauvage).

Aulia-âta (le saint Père), chef-lieu d'arrondissement de la province du Syr-Deria, est situé sur les bras de la rivière Talas, au point où cette rivière, après avoir traversé la vallée entre la chaîne d'Orta-tau et d'Alexandrovsk, tourne vers le nord. Le Talas se partage là en plusieurs bras ; son cours est très-rapide. La ville est située sur la rive gauche du bras gauche ; elle se compose d'une citadelle, d'un petit faubourg russe et de la population sarte. Le bazar n'est pas grand ; mais le commerce de blé et de pain est considérable. Le blé et le bétail sont amenés par les Qirghizes et les Qaraqirghizes et sont à bon marché. Dans l'avenir, la construction de la ville d'Alexandrograd assure à ce point une grande importance administrative et commerciale.

Sous le gouvernement du khan de Khoqand, à partir d'Aulia-âta, commençait une série de forteresses ou qourghan renfermant des garnisons ; ces garnisons étaient le seul moyen d'agir sur des sujets errants ou nomades, quand il s'agissait, par exemple, de lever les impôts. Mais les ordres du khan ou des beys d'Aulia-âta n'avaient le plus souvent aucun effet : ces Qirghizes, qui restent aujourd'hui si tranquilles, assiégeaient les beys dans leur résidence et ravageaient les environs de la ville, sans se soucier de l'artillerie. Les forteresses du gouvernement étaient établies à Merke, à Tchaldyvar, Aks, Pichpeq et Toqmaq.

Merke se trouve à 140 verstes à l'est d'Aulia-âta, presque au pied des monts Alexandrovsk; la ville comprend un fort avec une garnison de cosaques, une station de poste et quelques magasins sartes. Cette ville est triste et son climat malsain.

Sauf Merke, il n'y a pas de villes ou de villages entre Aulia-âta et Toqmaq. Néanmoins les stations de poste de cette région sont les meilleures de toute la route. Les Russes et les indigènes appellent ces stations des *piquets*. Cette ligne de poste a été établie par le général Tchernaïev, dont le souvenir vit et vivra longtemps encore dans les *ouls* des nomades.

Auprès du piquet de Pichpeq, il y avait, du temps de l'indépendance, une forteresse et un hameau; il n'y a plus rien aujourd'hui. Cependant on assure que les indigènes ont l'intention de s'y établir de nouveau. Le sol est très-propre au jardinage et très-fertile à cause des eaux qui descendent des montagnes d'Alexandrovsk. Malheureusement elles rendent en certains endroits la route difficile.

Le chef-lieu de la province de Semiretché (des Sept Fleuves), Toqmaq, s'élève non loin du qourghan de ce nom; elle renferme un petit fort pouvant contenir deux compagnies, quelques habitants et un petit bazar. On trouve aussi ici une tribu nomade des Qaraqirghizes. Les frontières dans lesquelles se renferment ses courses errantes sont, à l'ouest, Merke; au nord, la rivière Tchou; à l'est, les monts Rang-chang; au sud, le cours supérieur du Syr-Deria. La langue des Qaraqirghizes ressemble à celle des Sartes et diffère un peu de celle des autres Qirghizes. Celui qui sait le qirghize et le sarte a de la peine à comprendre tout d'abord le qaraqirghize; cependant la syntaxe du qaraqirghize, du sarte et du qirghize est absolument identique.

Sous les murs de Toqmaq, notre tarantas (voiture) se cassa. Nous envoyâmes le cocher chercher une telega à la poste, et laissant notre cosaque auprès de la tarantas, mon compagnon M. K. et moi nous mîmes à flâner à travers les plantations environnantes (bagtcha). C'était vers la mi-août, et nous nous mîmes à chercher une pastèque mûre. Nous fûmes aussitôt entourés de petits Qirghizes tout nus ou à moitié nus qui nous accompagnèrent dans nos recherches.

— De quelle tribu êtes-vous? demanda K. aux petits Qirghizes.

— Des Sarybaguich.

— On dit que les filles sont fort belles chez vous, remarqua mon compagnon.

— Oui, dit le plus âgé; nos filles sont belles comme cela, et il désignait l'épaulette d'or de l'officier.

La principale résidence des Sarybaguich se trouve au nord du lac Issiq-qoul; nos jeunes garçons étaient de pauvres vagabonds; cependant on rencontre, en général, chez les Sarybaguich l'aisance et même la richesse, grâce à leur rapacité. Ils s'enrichissent aux dépens des Kirghizes; du reste, naguère les Qaraqirghizes ne s'épargnaient pas entre eux; ils exploitaient surtout les pacifiques Sartes. Quelques tribus qaraqirghizes ne sont pas si guerrières et s'occupent depuis longtemps d'agriculture, spécialement dans la vallée du Talas. Les autres s'adonnent exclusivement à l'élève du bétail; ils n'ignorent cependant pas l'agriculture : naguère encore ils pratiquaient des razzias sous la direction de chefs aventureux (batyr) dont le surnom se transmettait de père en fils : Baïtyq-batyr, fils de Kanaï-batyr.

Les Qaraqirghizes sont guerriers; mais ils n'ont pas su se procurer de bonnes armes; ils ne connaissent que le fusil à pierre, le sabre recourbé et la lance; leurs selles sont très-petites et ornées de plaques de cuivre comme tout le harnais; il faut beaucoup d'adresse pour savoir s'y maintenir. Les étriers sont en bois, recouverts d'ivoire, cloués avec des clous de cuivre. Les chevaux des Qaraqirghizes n'ont rien d'extraordinaire.

Leurs bêtes à cornes sont petites : elles servent dans les migrations, où les taureaux, les vaches et même les veaux portent sur leur dos des bagages ou des cavaliers. Dans ce cas ils sont sellés. Dans leur jeunesse on leur passe à travers les narines un anneau de bois auquel on attache une corde : cet instrument de torture les rend dociles même à la main d'un enfant.

L'impôt auquel sont soumis tous les nomades est de 3 roubles par tente (*Kibitka* ou *iourt*).

Il serait impossible de recenser le nombre des tentes des Qaraqirghizes. Je me contenterai d'indiquer les centres de leurs courses nomades.

La tribu de Sulta, subdivisée en quelques tribus secondaires, erre l'été dans les monts Alexandrovsk et le long de la rivière Susamyr : elle passe l'hiver dans la vallée de Tchou.

La tribu des Sarybaguich a pour séjour la rive septentrionale de l'Issyq-qoul.

La tribu de Sayaq vit sur les bords de la Susamyr et sur les rivières de Djumgal et de Kachgar.

La tribu de Qoutlousaïd vit dans les montagnes et le long des rivières Talas, Susamyr, Qaraboura et Tchatkalou.

Les succès constants de nos armes ont seuls pu assurer notre influence sur les Qaraqirghizes. Le nom de Tchernaïev est très-populaire chez eux : il sut s'attacher ces barbares ; ils l'appellent encore aujourd'hui le *héros* (batyr). On m'a raconté qu'un vieux *manap* (chef de tribu) lui écrivait : « A mon fils le gouverneur Tchernaïev. »

IV.

De Tachkend à Khoqand.

On traverse, pour aller à Khoqand, la forteresse de Tilliaou, ou la ville de Khodjend. Nous devions passer par Tilliaou et nous nous dirigeâmes vers le village de Toï-tioubé ou Toï-tepèh. C'est un village sarte à 4 ou 5 *tach* de la ville de Tachkend. Le *tach* vaut, d'après les uns, 8 verstes[1], suivant les autres, 1 000 pas. Dans la première hypothèse, il y a jusqu'à Toï-tioubé 32 ou 40 verstes; dans la seconde, une verste et quelque chose. C'est là un chiffre évidemment inexact ; on sait très-mal la géographie des pays sartes. Ce qu'il y a de certain, c'est

---

1. La verste vaut 1 062 mètres.

que, parti de Tachkend à midi, je n'arrivai à Toï-tepèh qu'à dix heures du soir. La route est particulièrement difficile. Elle est tolérable jusqu'à la rivière Tchirtchiq. Ce cours d'eau joue parfois de mauvais tours aux voyageurs. A partir du Tchirtchiq, les épreuves commencent. J'ai parcouru ce pays dans tous les sens, mais je ne connais rien de plus odieux que la route du Tchirtchiq à Toï-tepèh. Figurez-vous une boue continue dans laquelle les chevaux enfoncent jusqu'au ventre, des ruisseaux dont les bords se sont effondrés sous les pieds des animaux, des petits ponts dont les poutres et les planches sans liens se dispersent de tous côtés. Les chevaux s'affaissent à tout moment sous les bagages. Nous finissons par atteindre Toï-tepèh. Ce village compte environ 100 maisons; une boue infranchissable couvre toutes les rues.

Nous sommes dans la Qourama. On appelle ainsi toute la région bordée au nord par le Tchirtchiq (affluent du Syr-Deria), à l'est par la chaîne des monts Qindir-Divan, à l'ouest par la rive droite du Syr-Deria. La Qourama est couverte en partie de collines, en partie de montagnes (surtout vers Khodjend). Elle est peuplée de Qirghizes qui sont à peu près sédentaires.

De Toï-tepèh nous nous dirigeâmes vers Tilliaou; les indigènes évaluent ce trajet à 7 *tach* ou 56 verstes.

Toute cette région est montueuse : la chaîne de Qindir-Divan forme à gauche un arc qui va du nord au sud. A travers l'une de ses gorges coule la rivière Angren, appelée aussi *Angouran*, affluent du Syr-Deria. Elle arrose de nombreuses rizières. Tilliau est situé au fond d'une vallée et compte environ 150 maisons. La forteresse russe consiste en une caserne entourée d'un fossé et d'un rempart. Elle est située à côté de la ville : sous la domination indigène, il y avait là un *ourdou,* c'est-à-dire une citadelle où vivait un bey.

Il y a peu de bois dans ces régions. En général on ne les rencontre que près des villes. Non loin de l'ancienne citadelle des Khoqandy, on voit les restes du parc, fort beau naguère, de l'un des beys de la ville. Tilliau confine au Khanat de Khoqand. A partir de cette ville la route est de nouveau très-montueuse et les bagages exigent une attention toute spéciale : le climat devient froid ; on longe la chaîne des monts Qindir-Divan, dont les sommets sont couverts de neige. On atteint le col de Qazan-Bozar, situé, dit-on, à 24 verstes de Tilliau : c'est là qu'on franchit les monts Qindir-Divan et que se trouvait la frontière du khanat.

La chaîne de Qindir-Divan continue ce contre-fort des monts Qara-tau, qui passe devant Tachkend. Ces monts ne sont couverts de neige que pendant l'hiver : en automne et quelquefois pendant l'hiver on y rencontre du verglas qui rend la route très-dangereuse — si toutefois on peut appeler route d'étroits sentiers qui longent souvent d'horribles abîmes. Nous eûmes la chance de ne trouver que de la neige. La montée commença à la gorge de Qazan-bozar ; elle est fort étroite ; son nom peut se traduire par *brise-marmites.* Les indigènes expliquent ainsi ce nom : si un chameau franchit cette gorge, chargé de marmites, il les brise inévitablement au dur granit des parois. Au-delà de Qazan-bozar, la route monte de plus en plus, finit par atteindre un cône tout couvert de neige et qu'on tourne en zigzag. C'est le mont Qendir-Divan. Là je rencontrai une petite caravane qui dut attendre que j'eusse fait passer mes bagages pour continuer sa route.

Du Qindir-Divan on a une fort belle vue sur les montagnes et même sur une partie de la vallée de l'Angren. Certains voyageurs prétendent même qu'on aperçoit Tilliau.

En descendant de Qindir-Divan nous parcourûmes trois verstes dans la neige. La route devint plus large et nous finîmes par nous retrouver sur la pierre. Avant le soir, nous atteignîmes le village de Molla-Mir (à 7 tach) de Tilliaou. C'est un village tadjiq de 30 ou 40 maisons; les habitants sont très-pauvres et s'occupent d'agriculture.

Après Molla-Mir, dans le ravin de Qoumbil, on trouve un piquet de Khoqandy : il est établi dans une baraque précédée d'un auvent; à travers la porte entr'ouverte, j'aperçus deux ou trois turbans. De longs fusils à mèche étaient appuyés aux murailles. On prétend que ces gardiens de l'ordre sont les premiers à tourmenter les voyageurs obligés de passer devant leurs réduits. Là nous rencontrâmes un peloton de 5 ou 6 cavaliers armés de cuirasses et de fusils. Ils nous accompagnèrent jusqu'au village de Bodarkhan, à 8 verstes de là. C'est un village tadjiq de 100 maisons. A gauche, à 4 verstes dans les montagnes, on trouve la ville de Pangaz avec 1 000 maisons. Après Bodarkhan, nous rencontrons Qourouk (100 maisons), puis la ville de Chaïdan avec 500 maisons. C'est là qu'est le quartier général des 500 cavaliers serbaz qui sont dispersés dans les villages et les postes ou piquets de cette région.

A gauche de Chaïdan, dans les montagnes, à 16 verstes, est le bourg de Qouroumsaran (300 maisons); à 4 verstes le hameau de Qoudach (40 maisons); à 12 verstes, la ville d'Ach (1 000 maisons). A droite, vers le Syr-Deria, à 16 verstes, on rencontre la forteresse de Qamych-Qourghan, à 4 verstes de laquelle sont les célèbres salines de Chour-Qoul, qui fournissent du sel au khanat et à ses voisins. Le sel est jaune et amer.

Les villages, villes et hameaux que je viens de désigner sont connus sous la dénomination commune de Itykend (les sept villes). Ils doivent offrir l'été un aspect enchanteur.

Après Chaïdan, nous fîmes encore huit verstes par des chemins de montagne, puis nous entrâmes dans une steppe pierreuse qui s'étendait devant nous à perte de vue. Le Syr-Deria scintillait devant nous à douze verstes environ. En fait de végétation, nous ne rencontrâmes qu'un seul arbre.

En approchant de la rivière, le sol devient sablonneux. On traverse la rivière au qourghan de Tchilmaïr, c'est le nom d'un saint musulman dont le tombeau se trouve sur l'autre rive; il présente l'aspect d'une sorte de tour très-haute en sable et en glaise.

Encore un qourghan; mais ici ce mot s'emploie dans un autre sens que celui où il est connu en Russie : dans la Russie orientale et au Caucase on appelle qourghane tout mamelon (petit russien *mogila,* qirghize *tiubé,* sarte *tepèh*). On rencontre aussi le mot qourghan avec le sens de mamelon dans d'autres gouvernements russes où il est resté à la suite de la domination tartare, comme les mots *bachmak* (soulier), *dengui* (*tengèh,* argent), etc., etc.

Mais, dans ces pays, le mot qourghan ou qourghan tchèh désigne une forteresse, une enceinte entourée de murs en terre glaise avec des auvents et des baraques ou sans baraques. C'est là que s'abritent la nuit les voyageurs et au besoin les caravanes.

Je faisais débarquer nos bagages, quand parut une troupe de Sartes : c'était le bey Manazar avec sa suite; il venait de Khoqand pour saluer la mission. Il apportait à notre envoyé le *destarkhan,* c'est-à-dire le cadeau de bienvenue du Khan. Il consistait en fruits secs ou confits, petits pains, sucre, etc. Il y avait aussi un destarkhan pour les Cosaques de notre suite.

Le soir, les membres de la mission furent invités chez Serymsaq-khodja (l'envoyé du khan), où ils burent du thé et reçurent le *serpaï* ou vêtement d'honneur. C'est une sorte de robe de chambre, vêtement favori des Asiatiques et des Sartes en particulier.

A Tchilmaïr, nos bagages furent chargés sur quatre chariots à deux roues; le passage du fleuve s'effectua sans trop de difficultés : notre envoyé exprima le désir de récompenser les bateliers; mais Serymsaq-khodja l'en empêcha en lui disant que les hommes et les bateaux appartenaient au khan. On m'a appris que pour le seul péage de Tchilmaïr le khan reçoit 1000 *tillas,* c'est-à-dire 3 800 roubles par an[1].

A 1 verste environ du lac, nous rencontrâmes un *divanèh* (idiot). Il vit, hiver comme été, sur un qourghan

---

1. Environ 15 000 francs.

élevé en l'honneur d'un saint; les aumônes sont sa seule ressource. Il ne prend pas d'argent et il a raison; là il n'y a rien à acheter; il n'accepte que du pain. Par son air stupide et misérable, il appela notre attention : on voulut lui donner de l'argent. Il se mit à rire d'un air niais. Nous continuâmes notre route : peu de temps après je me retournai par hasard en entendant l'idiot rire de nouveau et j'aperçus l'envoyé du Khoqand en conversation intime avec lui. Celui-ci ne riait plus. Que pouvaient-ils se dire? Nous continuâmes notre route, tantôt dans le sable, tantôt dans la terre argileuse. On rencontrait parfois des monticules de sable sans cesse déplacés par le vent. Ce sable est fort dangereux; il envahit quelquefois les canaux d'irrigation, détruit des plantations entières et chasse les habitants des villages; on cite un village qu'une invasion de sable a définitivement partagé en deux parties.

Depuis le bac jusqu'à l'étape suivante (le hameau de Baï-bout), on compte 4 tach (32 verstes). Un vent terrible soufflait et obligeait les chevaux eux-mêmes à tourner la tête. Après avoir passé les hameaux de Dikan-touda, nous entrâmes dans une steppe pierreuse; nous la suivîmes pendant 10 verstes; à l'Occident, on apercevait des habitations, des plantations et beaucoup de bois; nous rencontrâmes quelques vaches et veaux décharnés, sans doute égarés, qui mangèrent la fiente de nos chevaux. Il paraît que pendant l'hiver et l'automne la famine règne dans ces contrées et que tous les habitants n'ont pas le moyen de fournir du fourrage à leur bétail. Les hameaux ont l'air triste et misérable. Du reste, toute la population du khanat est misérable ; le droit de propriété n'existe que nominalement ; du dernier aksakal jusqu'au dernier bey, l'arbitraire de l'administration ne connaît pas de bornes ; le gouvernement est faible et peu intelligent.

Nous passâmes la nuit à Baï-bout ; ce village est plus peuplé et plus riche que les autres ; notre mission fut logée dans la maison d'un des plus riches habitants.

J'étais en train de veiller au débarquement des bagages lorsque j'entendis prononcer mon nom. C'était Serymsaq-khodja qui m'appelait.

— Que voulez-vous, lui demandai-je ?

Serymsaq, avec un aimable sourire, enleva de sa main gauche la casquette que je portais, puis de la main droite il tira de sa ceinture une *tioupi* (calotte) de soie et me l'enfonça, non sans peine, sur la tête. Il accomplit cette opération difficile le sourire aux lèvres et m'annonça que le khan avait envoyé des calottes à tous les membres de la mission et désirait que nous les portassions. Je le remerciai de l'honneur qu'il me faisait et, retirant la malencontreuse coiffure, je lui expliquai qu'en ce moment mes fonctions ne me permettaient pas de garder cet insigne, mais que je m'en servirais à l'occasion, et je mis l'objet dans ma poche.

Je retrouvai les membres de la mission dans leur logis ; tous portaient la robe et la calotte : sur le plancher était étalé un copieux *destarkhan*.

Dans la matinée du 24 décembre 1867, nous nous dirigeâmes vers Khoqand ; cette ville est à 8 verstes de Baï-bout. Le vent soufflait avec impétuosité ; la route traversait tantôt des sables salins, tantôt des ruisseaux et des torrents qui inondaient les campagnes. Le pays est couvert de villages et de bois; dans l'un des villages que nous traversâmes, l'aksakal fit arrêter notre convoi, m'invita à entrer dans sa cabane et m'offrit du thé. Cette hospitalité me fut d'autant plus agréable qu'à chaque pas le peuple nous adressait les injures les plus violentes. Dans la cabane où j'étais entré un Sarte, pauvrement vêtu, jeta en ma présence une poignée d'herbe odoriférante sur le foyer. Je connaissais cette coutume musulmane, ce salut affectueux du pauvre au voyageur. Je donnai quelque monnaie au Sarte et me hâtai de rejoindre le convoi, qui était déjà arrivé auprès du village de Naïmantchi, à 3 verstes de la ville. Ce village compte cent maisons. Le khan avait envoyé au-devant de nous un certain Serymsak-datkha pour saluer la mission et l'introduire dans la ville. Après avoir dépassé Naïmantchi, nous aperçûmes bientôt dans la plaine la porte dite de Gazavlyq ou de Tchilmaïr et les murs de Khoqand.

V.

Khoqand.

La porte de pierre appelée Gazavlyq est située au nord-ouest de la ville. On traverse d'abord les cimetières; puis commencent les cabanes, les magasins et tout ce qui caractérise une colonie sarte. Nous rencontrâmes d'abord peu de peuple; mais à mesure que nous approchions du medresé de Madali-khan et du medresé de la mosquée (Djami), et du bazar, la foule grossissait : le mécontentement était peint sur tous les visages. Nous passons devant le medressèh de Madaly-khan ; c'est un immense édifice ; puis nous franchissons le pont de Madaly-khan, nous traversons un coin du bazar et par des rues tortueuses nous arrivons à notre logis. On nous avait assigné la maison du riche marchand Mirza-Hakim, qui remplissait à Tachkend les fonctions de chargé d'affaires de Khoqand.

Le nom officiel et populaire de la capitale est Khoqand la Charmante. Sur les monnaies du pays, on lit, d'un côté, le nom du khan et de l'autre : « Frappé dans Khoqand la Charmante. » La ville a été bâtie il y a environ cent soixante ans, sous le règne de Saour-khan ; elle s'étend sur trois ravins formés par les contre-forts des monts Kachghar-devan, qui séparent le khanat de Khoqand de celui de Kachghar. Ces ravins s'appellent Kettèh-Tchaï, Kettèh-kan-Tchaï et Qara-sou. Ils se réunissent dans la partie nord-est de la ville et vont rejoindre, en changeant plusieurs fois de nom, la rivière de Syr-Deria. Ces ravins profonds sont assez pauvres en eau ; il n'y coule guère que des ruisseaux provenant de la fonte des neiges. Cette circonstance explique le grand nombre de goîtreux que l'on rencontre à Khoqand. Il n'y a point de puits dans la ville ; mais le sol est si saturé d'eau, qu'il suffit de creuser à un mètre de profondeur pour en trouver ; la ville n'a point de caves.

Les fortifications consistent en murs de terre glaise, très-mal construits en certains endroits ; la circonférence de la ville est d'environ seize verstes ; le plus grand diamètre est de cinq verstes. La ville est divisée en douze quartiers correspondant aux douze portes. Ils comprennent cinq cent quarante mahalla (commissariats, postes de police) confiés à autant d'Aqsaqals. Il y a vingt-deux mille maisons, quatre-vingt mille habitants, six cents mosquées (cinquante pour chaque quartier). Personne n'a compté ces mosquées, et les récits des musulmans sont en général assez mensongers; ils mettent une sorte d'orgueil national à éblouir le *kafir* (l'infidèle) par le nombre de leurs temples, de leurs écoles, etc.

Les medressèh sont au nombre de quinze; ils comptent quinze cents mollas (étudiants). Les medressèh de Madaly-khan et de Djami sont remarquables par leur grandeur; ils sont en briques cuites.

Il y a dix karavansérails : c'est à Zekatseraï que vivent les agents des marchands russes.

Le bazar de Khoqand est grand et propre; comme celui de Tachkend, il est couvert en divers endroits, mais lui est incomparablement supérieur pour la propreté et l'alignement des rues, le grandiose des édifices, la dimension des ponts. L'un d'entre eux, celui de Madaly-khan, est en pierre; il traverse le Kettèh-tchaï et porte des magasins des deux côtés; il fait le plus grand honneur à son architecte Khodja-Dadkhah.

Cette partie de la ville est très-animée; la partie méridionale de la ville est plus déserte; c'est là que, non loin de la porte de Kettèh-kan et de la cascade du même nom, se trouvait alors l'*ourdou* ou château du khan. On n'en connaît pas les dimensions, mais les murs sont construits en briques cuites et assez hautes. Il a été bâti, il y a dix ans, par le molla Alim-Qoul, alors régent du khanat. Le vieux palais se trouve dans la partie nord de la ville;

peu de temps après le départ de la mission, il a été remis à neuf par le khan actuel, peut-être en vue d'une attaque des infidèles.

La ville et le khanat de Khoqand sont peuplés d'Uzbeks (Qiptchaqs, Qirghizes, Qaraqirghizes et Qaraqalpaqs) et de Tadjiks, avec les Sartes, qui sont une branche de la famille tadjik.

On suppose que la population totale du khanat actuel compte deux millions d'hommes. Outre les villes de Khoqand, Marghilan, Endedjan, Ouch, Nemengan, on compte quinze cent soixante-quatorze villages.

Les représentants des nations non musulmanes sont les Juifs, les Indiens et les Russes; ils sont fort peu nombreux.

La population sédentaire laboure la terre, travaille dans les fabriques, se livre au commerce; la population nomade élève des troupeaux et pratique le brigandage.

Le khanat trafique exclusivement avec la Russie, Kachghar et Boukhara. Les routes sont parfaitement sûres sur notre territoire, vers Khodjend, Samarqand, Tachkend et Aulia-âta; mais elles sont dangereuses à Kachghar, dont les relations avec le gouvernement du khan sont toujours non-seulement indécises, mais fort tendues.

Les capitaux du commerce du khanat sont mal connus; on en prélève un quarantième pour l'impôt (cheriat), mais les abus sont innombrables, inévitables en l'absence de tout contrôle, vu surtout l'avidité et le peu de conscience des Sartes.

Voici les principaux articles du commerce du Khoqand :

On exporte à Tachkend la laine, les fruits, les peaux, la soie, l'opium.

On importe dans le Khoqand, par la voie d'Aulia-âta, des milliers de moutons. Les produits manufacturés de la Russie, le sucre, le fer viennent par Tachkend. On reçoit de Boukhara le thé indien, l'indigo, l'opium, les étoffes en soie des fabriques de Boukhara. Le commerce avec Kachghar a pour objet les mêmes articles que le commerce avec la Boukharie. Kachghar envoie, de son côté. de l'opium, des vases de faïence, de l'argent en lingots, des étoffes de soie chinoises, des feutres, des tapis.

Quand nous traversâmes Khoqand, le commerce des esclaves y existait encore. On dit que, dans les derniers temps, il a été supprimé.

J'arrive à l'industrie du khanat. Elle n'est pas très-variée. La seule branche qui mérite l'attention, c'est la production des étoffes de soie ou mi-soie dans les fabriques de Nemengan, de Khoqand et de Marghilan. Du reste, il y a peu d'industries remarquables, sauf les fabriques de soie. Vambéry, qui a écrit d'après des ouï-dire, raconte que les fouets et les brides de Khoqand sont très-célèbres; c'est là un mince mérite. J'ai d'ailleurs trouvé au bazar de Khoqand les mêmes courroies rudes, puantes, mal tannées, que j'avais vues à Tachkend. L'industrie minière pourrait acquérir un grand développement dans le khanat; mais l'ignorance et l'isolement de cet état laissent à la terre tous les trésors qu'elle renferme. Il y a pourtant dans les montagnes de l'or, de l'argent, du charbon de terre, de l'étain, du fer. Le fer est le seul métal qu'on exploite. Des voyageurs ont encore rencontré dans les montagnes des sources de naphte et des sources sulfureuses. Mais les Khoqandys négligent ces richesses. Ils sont très-paresseux et se renferment étroitement dans les lois de leur cheriat. Le cheriat dit : Paye le kharadj et le tanap, paye le zekat, offre ta tête quand il plaît au khan de la prendre. Le cheriat ne parle point du progrès. Les impôts du khanat sont à peu près les mêmes que ceux des provinces de l'Asie centrale : le kharadj (impôt sur les produits du sol); le tanap (impôt foncier), le zekat (impôt sur le commerce). Il n'y a pas d'impôt sur les tentes des nomades et le kharadj se prélève dans la proportion d'un cinquième. En cas de guerre, ou même sur une simple fantaisie du khan ou des beys, les sujets sont soumis aux impôts les plus fantastiques. Tous les fonctionnaires volent; il suffit au khan qu'on lui fournisse la somme qu'il a demandée. Tous les impôts sont centralisés dans le trésor du khan; ils servent à entretenir la cour, l'armée.

Seyid-Mohammed-Khoudayar khan est âgé d'environ quarante ans. Il est fort bien conservé. Sa famille se compose de huit femmes légitimes, cinq fils, dont l'aîné a vingt-six ans, et de deux filles. Il n'est pas très-versé dans les sciences, mais il aime la mécanique. En cas de besoin, il répare lui-même ses horloges et ses orgues; il en a reçu plusieurs des gouverneurs du Turkestan et d'Orenbourg.

Il aime passionnément la chasse au faucon et entreprend souvent des excursions de plaisir dans diverses régions de son empire; il laisse alors dans sa capitale un naïb ou vice-roi; il aime beaucoup les chevaux et il en a, dit-on, plus de trois cents dans ses écuries; il est excellent cavalier et rempli de courage. Il a eu plus d'une fois l'occasion de montrer cette vertu dans sa vie remplie d'inquiétudes. Il a été deux fois privé du trône. En 1845, à l'âge de treize ans, il fut élevé au khanat par le guerrier qiptchaq Moussoulman-Qoul. Il épousa sa fille et gouverna sous sa tutelle jusqu'en 1853. A cette époque, son fils aîné Molla-khan s'empara du trône et obligea Khoudayar à s'enfuir chez le khan de Boukhara, Mouzaffer.

Ils s'entendirent ensemble et Molla-khan fut tué. Khoudayar reprit le gouvernement; mais au bout de quatre mois un de ses frères, Châh-Mourad, le chassa de nouveau avec l'aide des Qiptchaqs. C'était en 1863. Cette fois encore l'émir de Boukhara replaça Khoudayar sur le trône.

Le Khoqand est d'ailleurs un pays difficile à gouverner. La liste des khans qui ont régné depuis quatre-vingts ans ici suffit à donner une idée de ce peuple. Les uns ont été massacrés, les autres ont dû s'enfuir. Khoudayar khan règne en ce moment pour la troisième fois, et il peut s'attendre encore à quelque mésaventure. Il manque de bons et solides conseillers. Presque tous les ministres sont remarquables par leur ignorance, leur fanatisme, leur haine des réformes.

Le conseil du khan se compose de quelques dignitaires qui reçoivent chacun quinze cents mesures de blé. La justice a pour base le cheriat, la coutume ou l'arbitraire du khan ou du bey. Les juges qui appliquent le cheriat sont, dans la ville de Khoqand, au nombre de trois : le qazy-kelan (juge suprême), le qazy-reïs (gardien de la religion) et le qazy-asker (juge militaire). Dans les villes de province, il n'y a en général qu'un, il y a rarement deux juges.

Ceux qui jugent d'après la coutume sont le khan, les dignitaires, les anciens des villes ou des villages et les beys gouverneurs des villes. Chaque bey est dans sa ville aussi puissant que le khan lui-même ; renfermé dans la citadelle, il dispose de la vie et de la fortune des citoyens ; une ou deux fois dans l'année, il paraît à la cour avec un rapport et des présents destinés au khan ou à ses favoris. D'après des témoignages dignes de foi, entre le peuple de Khoqand et ses chefs, il n'y a pas la moindre sympathie. Seuls, les Qiptchaqs honorent la mémoire de leur illustre compatriote Moussoulman-Qoul dans la personne de son fils Artobatcha, qui joue d'ailleurs à la cour du khan un rôle fort indécis.

Yaqoub-bey, le gouverneur actuel du Kachghar, est très-populaire depuis longtemps, non-seulement dans le khanat de Khoqand dont il fut naguère le sujet, mais encore dans l'Asie centrale ; il se distingua toujours par son intelligence et son énergie.

Sous le second règne de Khoudayar, Yaqoub-bey appela sur lui la colère du jeune khan et s'enfuit en Boukharie. Le khan lui-même dut bientôt fuir dans cette province ; ils y vécurent tous deux sans se voir. Plus tard, le frère de Khoudayar, Châh-Mourad, avec l'aide des Qiptchaqs, s'empara de Khoqand. Yaqoub-bey retourna à Khoqand. Là, dans une discussion avec le nouveau régent Alim-Qoul, le sage et vaillant adversaire du général Tchernaïev, il aurait déclaré qu'on ne pouvait lutter contre les Russes ; pour ce fait il aurait été exilé à Kachghar. Mais la chose paraît peu vraisemblable. Yaqoub est Sarte d'origine et

Alim Qoul était à la tête des Qiptchaqs. A cette époque, ces deux nations se rappelaient encore fort bien la guerre civile qui avait suivi la mort de Moussoulman-Qoul. Quoi qu'il en soit, Yaqoub-bey s'en alla à Kachghar. Aujourd'hui il gouverne en souverain indépendant l'Altychcher, et notamment les villes de Kachghar, Yarkend, Yenghy Cheher, Aqsou, Ouch, Tourfan, Khoten, etc. Il est fort puissant, il entretient les relations les moins amicales avec Khoudayar.

Les plus distingués des Khoqandy allèrent retrouver Yaqoub ; leurs maisons à Khoqand ont été pillées et vendues au profit du Trésor. Leurs femmes et leurs enfants vivent à la grâce de Dieu.

La route de Kachghar traverse la ville d'Ouch et ensuite les Monts du Ciel, au défilé de Terek-Devan. On dit que les caravanes mettent dix-huit jours ; il n'y a point de route carrossable. Il y a encore d'autres routes, mais je ne les connais pas. Elles sont dangereuses à cause des nomades Qiptchaqs.

L'armée du khan est, paraît-il, de trente mille hommes : infanterie, cavalerie, artillerie. Les canons, grands ou petits, sont au nombre de quarante ; la poudre se fait dans la ville, mais on la conserve dans le château du khan. La musique militaire est encore dans l'enfance. L'artillerie et l'infanterie sont commandées par un atabek ; la cavalerie par un chiraly-by. Ils ont le titre supérieur de minbachy [1]. Après eux viennent les pansads [2] (colonels) : on en compte douze dans l'armée ; les iuzbachy (capi-

1. Commandant à mille hommes.
2. Panssad bachy, commandant de cinq cents hommes.

taines), les pendjahbachy (qui commandent à cinquante hommes), les onbachy (qui commandent à dix hommes).

L'entretien de l'armée coûte annuellement au khan environ 150 000 ducats. Mais il ne faut pas oublier que dans le khanat tout le monde vole et beaucoup. Aussi ne faut-il pas s'étonner que ni l'armée ni la nation ne soient satisfaites de leur situation.

VI.

De Khoqand à Khodjend.

De Khoqand à Khodjend, il y a une excellente route carrossable qui traverse un paysage très-animé. Elle passe par le village de Bych-Aryk, la petite ville de Kanibadam, célèbre par ses jardins fruitiers (Kanibadam veut dire mine d'amandes), puis le village de Qaraqtchy-Qoum; le pays est sablonneux; on remarque auprès du village les débris d'une forteresse autrefois très-considérable. De Qaraqtchy-Qoum, on va directement à Khodjend.

Cette ville est une des meilleures de l'Asie centrale à cause de sa situation sur la grande route commerciale de Boukhara à Khoqand et à Kachghar. Elle possède un certain nombre de fabriques d'étoffe de soie. A Khodjend, la culture de la soie est fort développée. La citadelle est remarquable par sa situation inaccessible. Il y a une colonie russe assez nombreuse et un bon bazar. On passe ici sur la rive droite du Syr-Deria, d'où l'on aperçoit les monts Qouram, et, en suivant les piquets cosaques, après avoir dépassé les ruines de la forteresse khoqandy de Kereoutchi et un village qouram, on atteint Toï-tepèh.

VII.

De Tachkend à Samarqand.

Deux routes mènent à Samarqand, l'une par Tchinas, l'autre par Khodjend. La première est plus courte, mais plus fatigante ; elle traverse une steppe stérile. Ce fut néanmoins celle que nous préférâmes. Jusqu'à Tchinas (sur la rivière Syr-Deria), la route est très-animée et très-pittoresque. Elle longe la rivière Tchirtchik. On rencontre en route soit des caravanes de Qirghizes, soit des villages sartes. Le village de Zangata est visité l'été par les habitants de Tachkend, à l'époque de la fête annuelle du Qourbani-Yd. Ils viennent boire le thé à l'ombre de ses jardins et contempler les ébats des danseurs.

Aux environs de la station de Vieux-Tachkend (Isky-Tachkend en langue sarte), il y avait autrefois, d'après les traditions des indigènes, une grande ville, qui fut, à la suite de certaines catastrophes, transportée à l'endroit qui est aujourd'hui Tachkend ; cette tradition est douteuse. Cependant, auprès de la route, à Isky-Tchinas (le vieux Tchinas), on aperçoit des hauteurs nues désignées par les indigènes comme l'emplacement de l'ancien Tachkend.

La forteresse khoqandy de Tchinas a été occupée en 1865 ; les remparts de la citadelle et quelques habitations avec un bazar ont gardé leur ancien aspect ; mais, depuis qu'on a bâti, à cinq verstes au sud, sur les bords du Syr-Deria, une forteresse russe et une petite ville, la ville khoqandy s'appelle le Vieux-Tchinas.

Le Nouveau-Tchinas est l'un des plus importants établissements russes du pays nouvellement annexé. L'ancien a pourtant conservé une certaine importance comme étant le point où l'on passe le Syr-Deria pour entrer dans nos possessions de Trans-Deria. Tchinas fournit Tachkend de poissons et aussi de caviar. L'industrie de la pêche n'a pas encore atteint ici tout son développement.

Le passage du Syr-Deria se trouve sous la forteresse même. Le bac de fer sur lequel on traverse est très-solide et très-sûr. La rivière est très-large à ce point. On trouve au milieu deux îles. Le bac aborde à une tête de pont qui a été construite sous le général Tchernaïev et consiste en un fossé, un parapet et quelques baraques. Il y a toujours là un petit poste.

Dès qu'on a passé le fleuve, on entre dans la steppe : de Tchinas à Djizaq, il y a deux routes ; elles sont toutes deux longues et fatigantes par leur monotonie. Elles divergent à la tête de pont et se réunissent à moitié chemin de Djizaq à Mirza-Rabat. On appelle ainsi un immense bâtiment en pierres, bâti il y a deux siècles avec les citernes qu'on rencontre en cet endroit, sous l'émir Abdoullah-khan. *Mirza* veut dire écrivain et *rabat* désigne un édifice destiné aux voyageurs, un caravansérail. Les rabats étaient construits soit par le gouvernement, soit par des particuliers qui avaient fait un vœu, et ils portent quelquefois leurs noms. Ainsi, la première station, de Tchemkend à Tachkend, s'appelle Begler-beg, du nom d'un gouverneur de Tachkend, qui la fit bâtir ; elle abrite aujourd'hui un piquet de Cosaques et une station de poste.

Le Mirza-Rabat fut construit pour servir d'abri aux voyageurs ; mais il avait aussi une autre destination.

D'après des traditions assez obscures, la steppe aujourd'hui nue était autrefois arrosée et cultivée. Elle produisait beaucoup de bétail et de blé ; le gouvernement trouva utile d'envoyer dans cette contrée ses agents et collecteurs d'impôts. Ils établirent leurs bureaux dans le Mirza-Rabat. Il n'y a pas longtemps encore que ce bâtiment servait d'asile à des bandes de brigands. C'est auprès de Mirza-Rabat qu'ils firent prisonnier feu le lieutenant Sloujenko. Les postillons qirghizes qui viennent de Djizaq tâchent encore maintenant d'éviter le Mirza-Rabat et prennent à droite.

Pour plus d'exactitude dans notre itinéraire, revenons en arrière et suivons les deux routes depuis le passage jusqu'à Mirza-Rabat.

La route de droite longe d'abord les roseaux, puis la steppe : on y rencontre quelques puits dont l'eau est fort mauvaise.

La route de droite rencontre le lac Bouyatchy Koul à douze verstes de la tête de pont ; on y trouve quelques mauvais puits et une citerne desséchée.

Par l'une et l'autre route, on atteint le Mirza-Rabat en un jour. Il faut également un jour pour aller de Mirza-Rabat à Djizaq. A moitié chemin, on rencontre une citerne qui a parfois de l'eau. Les environs portent quelques traces d'irrigation ; à droite et à gauche se dessinent des montagnes.

La steppe, au printemps, offre un aspect beaucoup moins lamentable que durant les grandes chaleurs de l'été. Au printemps, surtout vers la fin d'avril, elle est couverte de verdure, de joubarbes d'un rouge vif et de tortues qui sortent de leurs trous pour saluer le retour du soleil. La terre produit aussi une plante de la classe des ombellifères qui atteint parfois trois pieds de hauteur. On l'appelle ici par dérision le chou de Boukharie. Toute la steppe en est couverte : cette plante n'est bonne à rien, elle brûle mal et répand une odeur désagréable.

Il n'y a point d'eau courante dans la steppe. On ne boit celle des puits qu'en cas d'extrême nécessité. Il faut donc emporter avec soi de l'eau du Syr-Deria. On profite du départ d'un convoi d'infanterie ou de Cosaques. Les charretiers sartes ont toujours de l'eau pour eux et pour leurs chevaux dans des outres. La soif, la fatigue et l'ennui sont les compagnons du voyage. A huit verstes en avant de Djizaq, on trouve des sources avec de l'eau potable.

Djizaq est un chef-lieu d'arrondissement de la province de Syr-Deria : on l'appelle plus correctement Dizaq : cette ville se trouve au pied des monts Nour-âta. Dizaq ressemble à toutes les villes de l'Asie centrale. Les Russes ont d'abord vécu dans l'ancienne citadelle ; mais plus tard la garnison et avec elle les négociants sont allés s'établir à trois ou quatre verstes de la ville, au lieu dit les Sources.

Les monts Nour-âta sont un prolongement de la chaîne dite de Sanzar. Ils sont peu élevés et séparés par un large défilé à travers lesquels court une rivière rapide : les Russes l'appellent Zmeïka. A moitié chemin de ce défilé, on rencontre des deux côtés de la route deux masses de granit : au pied de l'une coule la Zméïka ; au pied de l'autre passe la route. Cet endroit s'appelle Planata, ou en russe, Porte de Tamerlan. A gauche, en venant de Djizak, on trouve gravée sur le rocher une inscription arabe que personne n'a encore déchiffrée jusqu'ici. A gauche, il y a une grotte dans la montagne. Une obscurité profonde enveloppe le passé de toute cette région. Une tradition relative à l'existence d'un dragon qui aurait habité cette grotte se lie entièrement au souvenir de Tamerlan qui aurait fait graver cette inscription dans le rocher.

Les monts Nour-âta ou Nouratyn se dirigent à partir de ce point vers l'Occident ; ils s'élèvent sans cesse et deviennent âpres et rocheux. A l'ouest de Djizaq, ils longent la grande plaine d'Haouz-Kung ; elle est bornée au nord par les montagnes de Tchit tau. Du fort des Sources, on gagne cette vallée, soit en traversant Djizak, soit le ravin de Khanoum tchah et le bas-fond de Qouiou-bachy. En suivant la vallée d'Haouz-Kung, on arrive à la ville de Nour-âta ; on longe tout le temps les montagnes ; on peut les traverser à cheval pour passer dans le bassin de la rivière Zerefchan ; les chariots ne vont que jusqu'aux portes de Tamerlan. Le passage le plus proche de Djizaq est le défilé de Berichakoul, à vingt verstes de cette ville ; à vingt verstes plus loin à l'est, il y a un autre passage, Qoumbil-Qoïoutach, qui débouche à la source de l'Ormandar, en face du village de Nouret.

Dans les gorges et les vallées des monts Nour-âta, il y a beaucoup de villages. Ils ne sont habités que l'hiver : pendant les autres saisons, les Uzbeks de ces contrées mènent la vie nomade.

On connaît mal les monts Nour-âta. Au commencement de l'année 1868, le major Grippenberg a reconnu les montagnes jusqu'à la ville de Nour-âta. Cette reconnaissance avait pour but de déterminer le point utile à fortifier. Il était d'autant plus utile d'établir un fort en ces régions que les montagnes sont le repaire de bandes pillardes qui infestent la route de Djizaq à Yenghi-Qourghan.

Aux environs de Yenghi-Qourghan, le pays s'aplanit et ressemble à une steppe ordinaire.

Yenghi-Qourghan était sous la domination boukhare un point fortifié : jusqu'à la prise de Samarqand, nous avions là un avant-poste chargé de protéger notre territoire contre les Boukhares. De Yenghi Qourghan, après avoir passé devant le fort du Pont de Pierre (Tach-Kuprik), on atteint la vallée du Zerefchan, et après les villages d'Aqtepèh et de Djanbaï Bazar, on arrive à cette rivière. On aperçoit dans le lointain les hauteurs de Tchoupan-âta, célèbres par l'assaut du 1ᵉʳ mai 1860. Au-delà est Samarqand.

VIII.

Samarqand.

> Samarqand, visage de la terre,
> Boukhara, relique de l'islam.
> Si Mechhed n'avait pas sa coupole bleue[1], le monde ressemblerait à une fosse d'immondices.

Le voyageur qui se rend à Samarqand, en venant par

---

1. A Mechhed, en Perse, une mosquée s'élève sur le tombeau de l'un des douze imans honorés par les Chiites. La coupole est ornée, à ce qu'on prétend, d'un morceau colossal de turquoise; les parois sont décorées de carreaux de faïence verte et bleue.}

le Nord, suit, à partir de Djizaq, une série non interrompue de montagnes. A droite, il rencontre d'abord Godoun-tau; à gauche, Sanzar-tau et Chounkar-tau (les monts du Faucon), d'où sort la rivière Zerefchan. On ne tarde pas à atteindre la vallée de cette rivière. Là commencent les prairies, les jardins, les maisons; une foule de ponceaux peu solides traversent d'innombrables ruisseaux. C'est la contrée que Hafiz célèbre dans ses chants : « Je donnerais tous les trésors de Samarqand et de Boukhara pour une envie sur le cou d'une fille de Chiraz. » C'est, en effet, Chiraz, et les Uzbeks qui peuplent ce pays sont depuis longtemps célèbres pour la beauté de leurs femmes.

Le village le plus proche de la route de poste s'appelle Qobout. Ensuite, la route qui suit la vallée traverse le village d'Aqtepèh. Il y a là un beau caravansérail. C'est là qu'eut lieu, le 1er mai 1868, la première rencontre des Russes et des Boukhares. Elle se termina par la prise des hauteurs de Tchoupan-âta. On les aperçoit de loin, et une vue perçante distingue au sommet la chapelle qui s'élève sur la tombe de Tchoupan-âta, le patron des bergers. On peut supposer que ces collines se rattachent aux monts Godoun-tau, dont elles auraient été séparées par les eaux du Zerefchan. D'après la tradition locale, elles auraient été transportées dans les airs avec Tchoupan-âta lui-même d'Arabie jusque dans ces contrées.

Après avoir passé près le pont ruiné de Chadman-melik, la route se divise en deux branches. L'une se dirige vers Samarqand à travers les hauteurs, l'autre les contourne et se dirige vers les jardins qui entourent la ville. Là apparaissent les ruines de l'ancienne Merakend, construite par Afrasiab, l'un des premiers rois persans (antérieur à Alexandre le Grand). Des traditions mystérieuses se rattachent à ces régions. Là coulent deux larges ruisseaux, le Schâb et le Schâbtchay. C'est dans leurs eaux que l'empereur Afrasiab, assis sur les murs de son château, baignait ses pieds gigantesques. Auprès du ruisseau Schâb se trouve le tombeau du prophète Daniel (on prononce ici Daniar). Il a quatre toises de longueur; beaucoup de fidèles croient que c'était la taille du prophète.

Les mamelons qui représentent l'ancienne Merakend sont percés de grottes et de corridors. On les a visités, mais on n'y a rien trouvé. On rencontre encore un grand nombre de puits et de réservoirs. Sur le sommet des mamelons on trouve, paraît-il, de la brique cuite et parfois des monnaies d'or. Je n'en ai vu aucun échantillon.

Après avoir dépassé Merakend, le voyageur approche de Samarqand; le premier monument historique qu'il rencontre est le medressèh et le tombeau appelé Châh-Zendèh (le roi vivant). A ce monument se rattachent d'importants souvenirs de l'islam.

Vers le huitième siècle, un descendant d'Abbas (l'un des plus proches parents de Mahomet), en prêchant l'islam, eut la tête coupée par les infidèles; mais, au moment de sa mort, le bienheureux la saisit au vol et se cacha dans un puits; une araignée recouvrit l'ouverture du puits avec sa toile et personne ne pensa à y regarder. Châh-Zendèh, jusqu'à notre entrée dans Samarqand, jouissait d'une formidable réputation, car, vers le quatorzième siècle, un autre saint, Hazret Ahmed Yessevy, avait annoncé que Châh-Zendèh sortirait de son puits, qu'il empêcherait les Russes d'entrer à Samarqand et prendrait lui-même part à l'expulsion des Kafirs.

Voici cette prédiction, traduite sur les vers de l'ancien dialecte uzbek.

« Amis, je vous dirai l'avenir : les musulmans auront beaucoup à souffrir. Les infidèles en tueront beaucoup. Vers 1281 (1864), les infidèles viendront. Ils soumettront les environs de Turkestan ; ils y établiront leur pouvoir. En 1282 (1865), ils passeront le Deria et soumettront le pays. Les fous seuls leur résisteront. Le sultan Ahmed, ressuscité, reparaîtra parmi le peuple. En 1283 (1866), vous aurez beaucoup de terreur. Les infidèles marcheront sur Samarqand. Châh-Zendèh sortira de son tombeau et marchera contre eux. En 1284, ils seront anéantis. Les croyants rendront grâce à Dieu. En 1285 (1868), revivra le sultan Ahmed. Les saints se rassembleront autour de lui, liront une prière et la trace même des infidèles disparaîtra. »

Aujourd'hui, la réputation du saint commence à baisser.

— Ainsi, il est vivant ? demandai-je à un indigène d'âge assez mûr.

— Sans doute.

— Et sans doute, il mange du pilau et boit du thé.

Mon interlocuteur me regarda de travers et eut un malin sourire.

Autrefois, les émirs en arrivant à Samarqand faisaient d'abord le ziaret (visite pieuse) au Roi Vivant et allaient ensuite au palais. Mais le tombeau du saint se trouve au nord-est de la ville ; l'entrée, en venant de Boukhara, est à l'ouest; ils faisaient donc le tour de la ville et entraient par la porte de Châh-Zendèh.

Maintenant, comme autrefois, un certain nombre de mollas vivent des offrandes et des dons faits au saint par testament.

Devant le tombeau, il y a une petite chapelle, d'où l'on pénètre dans le tombeau; l'entrée est fermée par une serrure qui représente un poisson inconnu; c'est l'emblème du silence et du mystère. On ne laisse passer que les mollas ou les donateurs particulièrement généreux; sinon, les mollas déclarent qu'ils n'ont point la clef. Auprès de la chapelle se trouve une mosquée ; elle n'a rien de bien remarquable, sauf un corridor en carreaux de faïence, œuvre intéressante des artistes d'Ispahan, et un Qoran qui a presque une toise carrée de surface; il a été légué à la mosquée par le père de l'émir. La première fois que nous visitâmes cette remarquable mosquée, c'était le 2 mai 1868, le lendemain de l'assaut des hauteurs de Tchoupan-àta. La foi au saint était encore si vive, que nos guides semblaient craindre de conduire les infidèles auprès de sa tombe. Ils furent fort étonnés de recevoir deux roubles en papier et d'apprendre que ces papiers avaient la valeur de dix tengas.

Depuis, je suis retourné plusieurs fois au medressèh. Un jour, après les avoir salués avec la formule patriarcale : Que la bénédiction de Dieu soit sur nous; après avoir reçu la réponse : Et sur vous aussi, je me dirigeai vers le gigantesque Qoran et je récitai tout haut la première soura, c'est-à-dire le chapitre que doit connaître tout musulman, sans parler des lettrés. Puis, je posai sur le livre saint un billet d'un rouble. Les mollas enthousiasmés me montrèrent en détail toutes les curiosités du sanctuaire. Cependant ils n'ouvrirent pas la porte au poisson. Le Khalifèh était alors malade dans son lit; il refusa de donner la clef, redoutant un châtiment céleste. Alors, sur ma prière, les mollas mirent à ma disposition quelques namaz-djay (nattes pour la prière), je les disposai sur le grillage qui me séparait du tombeau et je concentrai la lumière de façon à voir plus distinctement. J'aperçus un tas de couvertures sombres sous lesquelles le tombeau disparaît. On assure que les mollas profitent de l'inviolabilité du lieu pour y cacher leurs trésors. Les mollas me montrèrent ensuite le tchillèhgâh : c'est un petit caveau sombre où des musulmans dévots se renferment de dix à quarante jours pour expier leurs péchés. Dans la chapelle, je remarquai des qithas ou feuilles de papier couvertes de versets du Qoran et un dessin grossier imprimé à Qazan, qui représente les plus célèbres coupoles du monde musulman. Dans un des portiques de la mosquée, je vis une sorte d'étendard composé de chiffons arrachés aux vêtements des fidèles. C'est une offrande faite au saint. On m'a dit que la plupart de ces oripeaux proviennent de femmes stériles qui, une ou deux fois par semaine, adressent leurs prières au Roi Vivant. D'ailleurs, je n'ai jamais rencontré ici de pèlerins. Un musulman de mes amis me disait que la foi s'affaiblissait; je crois qu'il avait raison.

En dehors du medressèh, j'ai visité quelques ruines du voisinage ; elles portent les mêmes traces de l'art des anciens maîtres persans. Au medressèh est adjoint un cimetière ; il s'étend presque jusqu'aux murs de la ville. Je n'y ai pas rencontré une seule pierre qui eût plus de quatre-vingts ans d'antiquité.

En face du medressèh de Châh-Zendèh, il y avait autrefois un autre medressèh ; il est transformé aujourd'hui en prison ; les évasions en sont faciles, à cause de l'éloignement de la citadelle et du voisinage d'un cimetière qui va jusqu'aux portes de Samarqand. Ainsi, en partant du Roi Vivant et de la prison, la route franchit deux cimetières. Avant d'arriver à la porte de la ville, on aperçoit à droite une mosquée blanche ; un peu plus loin une petite chapelle s'élève au-dessus du tombeau de Hazret Khizr, patron des voyageurs.

« Dieu vous donne de rencontrer Hazret Khizr, » dit le pieux musulman à celui qui se met en route. Ce saint, lui aussi, est encore vivant ; il erre par les grandes routes, il protége les voyageurs et il les défend contre les brigands.

Nous entrons dans Samarqand par la porte dite de Châh-Zendèh ou Hazreti Châh Dervazèh. Elle est en pierre. Des deux côtés se dressent deux petits postes ; ils sont occupés d'ordinaire par des policiers assez suspects et demi-nus ; leurs qourbach servent à maintenir l'ordre dans Samarqand. La porte est fort encombrée, les jours de bazar, par la foule, qui vient acheter, voler, boire ou s'amuser dans certains repaires. Samarqand est la ville la plus débauchée de l'Asie centrale, et je les ai toutes visitées. Deux rues traversent la ville dans toute sa longueur. L'une, celle par où nous entrons, s'appelle Yenghi-koutchèh (la rue neuve). Elle est spécialement affectée aux voitures, qui l'évitent, cependant, à cause de la poussière. Cette rue n'a rien d'intéressant ; mais l'autre, l'ancienne, offre des curiosités que nous allons passer en revue.

D'abord, à droite du voyageur, à quelque distance de la porte, on rencontre les ruines du medressèh Khanym, construit par Tamerlan, en l'honneur de sa femme préférée, une princesse chinoise dont le nom n'a pas été conservé. « Khanym » n'est pas un nom propre : « khanym », mon khan, mon roi, et « âïm », ma lune, sont des termes de tendresse entre époux croyants. Le mot « âïm » est employé dans la conversation des musulmans pour remplacer le mot femme, qui, dans l'idée de gens sérieux et puritains, n'est pas tout à fait convenable : « J'ai été chez vous, dit un musulman à l'autre, mais on m'a dit qu'il n'y avait que votre lune à la maison. »

Ainsi le farouche Timour appelait sa femme favorite Khanym et il construisit sur sa tombe ce medressèh qui aujourd'hui menace ruine ; sa chute sera fatale aux boutiques et aux bicoques qui l'entourent. Elles me font l'effet de boîtes vides de cigares jetées au hasard. Il faut rendre justice aux architectes persans qui ont bâti les medressèh et les mosquées des villes de Qazvin, Mechhed, Gazna, Boukhara, et Samarqand. Timour étant mort en 1403, ce medressèh a maintenant plus de cinq cent soixante ans ; mais il n'a pas longtemps à durer, attendu que les tremblements de terre sont fréquents dans ces contrées. Après Khanym commence le bazar : on arrive ensuite au Tcharssou. C'est un petit pavillon de pierre à jour ; il renferme des magasins de détail. Vient ensuite le Righistan. C'était autrefois le centre de la ville, le foyer de la vie sociale et intellectuelle ; il est encore aujourd'hui assez animé. C'est une longue place d'environ cinq cents toises carrées. Elle est entourée de trois côtés de vastes et antiques medressèh : au nord Tilla-Kari, à l'est Chirdar et à l'ouest Ouloug-beg ; elles sont couvertes de carreaux de faïence. Malgré tous mes efforts, je n'ai jamais pu savoir des plus doctes indigènes l'époque de leur fondation. Chacun avait sa tradition. On disait que Tilla-Kari et Chirdar avaient été construits il y a plus de deux cents ans par Ialang-bi ou Ialang-tach-behadour avec l'argent et les trésors trouvés lors du sac de la ville de Meched, en Perse. Jalang tach (pierre polie) était Uzbek de naissance et de la tribu d'Altchin. Vambéry, je ne sais pour quelle raison, en fait un Qalmouq converti à l'islam. Le modeste tombeau du fléau des Persans, Ialang Tach-behadour (le héros), se trouve aux pieds du tombeau de saint Makhdoum-azem, son patron et contemporain, au village de Dèhbid (à treize ou quatorze verstes de Samarqand). Le medressèh d'Ouloug-beg aurait été bâti aussi par un des gouverneurs de Samarqand (Ouloug-beg), il y a plus de cinq cents ans. A la même époque fut découvert le ruisseau appelé Mirza ; il constituait autrefois un vaqouf de ce medressèh ; tous ceux qui se servaient de l'eau de ce ruisseau payaient une certaine somme pour l'entretien du medressèh et des mollas. La coupole du medressèh d'Ouloug-beg était alors, paraît-il, dorée, et on n'ôtait le tendelet qu'aux grandes fêtes du Ramazan et du Qourban. Je me figure ce qu'était alors le Righistan avec ces édifices presque neufs. Aujourd'hui encore, les jours de fête, cette place avec ces vastes et antiques édifices couverts de faïence et d'inscriptions, pleine de peuple aux vêtements bariolés, inondée de soleil, offre un aspect fort original. Les medressèh d'Ouloug-beg et du Chirdar, situés l'un en face de l'autre, ont chacun aux coins de leur façade principale un minaret. Maintenant ces minarets sont abandonnés par le muezzin; celui d'Ouloug-beg s'incline vers la place et son voisinage n'est pas sans danger. La partie occidentale du Righistan, aux pieds du medressèh Chirdar et Tilla-kari, est couverte de petites tables où l'on vend des bibelots et des comestibles.

Sur le Righistan débouchent un certain nombre de rues, notamment la rue Yenghi-restèh (nouvelle rue). Elle conduit à la place située devant la citadelle. C'est le marché au bétail; une route débouche sur cette place. Du temps des Boukhares, elle était occupée par des maisons et des ruelles étroites. Aujourd'hui elle constitue l'esplanade de la citadelle de Samarqand. Elle est fort animée les jours de bazar. Elle donne sur la façade orientale de la citadelle. A gauche de la porte (en regardant de l'est), une petite partie des murailles est en pierres; c'est le dernier débris d'une splendeur évanouie. Le reste des murs est en terre glaise. Derrière le mur de la citadelle, on remarque une coupole de moyennes dimensions, naguère bleue, aujourd'hui toute écaillée : on l'appelle Qoubbèhi-tcheharoum, c'est-à-dire la quatrième coupole. D'après la tradition, un riche habitant de Tachkend, un illuminé, vint à Samarqand et y exerça son métier d'illuminé; il fut mis au nombre des saints. Samarqand lui plut tellement, qu'il exprima le désir d'y être enseveli. Il s'y fit préparer un tombeau et ordonna d'élever auprès une chapelle et d'orner la coupole avec un qoubbèh doré. Je ne me rappelle plus le nom de ce saint homme; on l'appelle généralement la quatrième coupole. Jusqu'à lui, il y avait à Samarqand trois qoubbèhs : 1° sur le tombeau de Timour; 2° sur la coupole du tombeau de Rakhabat, dont il sera question plus loin; 3° sur une chapelle du tombeau de Timour. Ainsi il y avait autrefois dans l'Asie centrale des coupoles dorées comme il y en a aujourd'hui en Russie. Beaucoup d'indigènes s'imaginent que ce qoubbèh est d'or pur; je me suis plusieurs fois évertué à leur ôter leur illusion. Mes auditeurs secouaient la tête d'un air de doute.

En dehors du qoubbèh Tcheharoum, il y avait dans la citadelle beaucoup d'autres tombeaux de saints; mais ils ne remontent pas à des temps très-anciens. Il faut encore noter dans la citadelle la cour de réception des émirs avec la célèbre pierre verte sur laquelle s'asseyait Timour et où le pavillon russe flotte aujourd'hui les jours de fête. Du reste, ce n'était pas dans cette cour que Timour s'asseyait; le palais n'était pas là, mais à quelques verstes plus loin, à l'ouest. Samarqand était alors beaucoup plus vaste qu'aujourd'hui. La célèbre pierre verte (keuktach) était, il y a une dizaine d'années, au même endroit, dans un réduit assez peu convenable; c'est dans un logis aussi peu confortable que les émirs se logeaient eux et leurs harems quand ils visitaient Samarqand; ces visites étaient rares et courtes. L'émir actuel eut le premier l'idée d'installer la pierre d'une façon un peu décente. Cela n'a pas empêché Vambéry de tomber dans le pathos;

il montre Timour, dans cette cour qu'il appelle une salle, assis sur la fameuse pierre : les représentants de toutes les nations soumises entourent les galeries qui circulent autour de la salle et des hérauts transmettent ses ordres à toutes les parties du monde (!) On n'a conservé nulle part le récit des audiences de Timour. Les historiens musulmans, très-riches en renseignements sur Adam, sont fort pauvres sur les temps modernes. Ils n'aiment pas les détails de la vie journalière, même intéressants. Où Vambéry a-t-il pris ces fantaisies? Le transport de la pierre dans ce nouvel endroit s'effectua sans aucune cérémonie.

Seule, la cour a conservé aujourd'hui sa physionomie antérieure; le reste du bâtiment est occupé par un hôpital. Au-delà du mur de la cour se trouvaient les bains assez sales du commandeur des croyants. Ils sont transformés aujourd'hui en caserne.

En suivant le mur oriental de la citadelle, au-delà des casernes, on atteint la cour des Serbaz, où était autrefois l'artillerie. Elle comprenait de un à deux bataillons de Serbaz.

On entre ensuite dans la place. C'est le plus agréable endroit de la citadelle; on y trouve l'église russe, et un peu plus loin l'école russe. En sortant de la citadelle par la porte de Boukhara, on débouche sur l'esplanade. On aperçoit dans le lointain les magasins russes. A gauche des magasins s'élève un édifice en pierre, de forme cubique, surmonté d'une coupole. C'est le Rakhabat ou le tombeau du saint Bourhan Eddin. C'est un édifice très-ancien et fort peu solide. On trouve à l'intérieur quelques dalles et l'étendard gigantesque du saint. Autour sont dispersés quelques tombeaux. Il y avait là autrefois un cimetière; l'émir Mouzaffer le fit niveler, réunit quelques terrains voisins et construisit ici un medressèh, transformé aujourd'hui en Zekat Seraï. Le medressèh se composait d'une grande cour avec beaucoup de cellules; l'une d'entre elles, réservée pour l'émir, était revêtue de stuc en dedans; le plafond était couvert de peintures; les murs des autres étaient nus. C'est là que vécurent plus tard les portiers du Zekat Seraï. Aujourd'hui, de ces cellules, il ne reste qu'un auvent. Le grand étang du Zekat Seraï se recommande aux amateurs comme le seul réservoir où l'on puisse prendre un bain agréable à Samarqand.

Par la porte méridionale du Zekat Seraï, on peut gagner le tombeau de Timour; on l'appelle généralement Gouri Mir (tombeau de l'Émir). Il n'est pas très-éloigné. Quelques rues tortueuses et sales y conduisent.

Ce tombeau a été décrit convenablement par Vambéry[1]. Il a un minaret assez haut; si on l'ajoute à ceux que nous avons signalés plus haut et qui sont à peine visibles derrière les édifices qu'ils accompagnent, cela fait un total de cinq minarets. Vambéry, se dirigeant en chariot vers Samarqand, admire de loin la foule des minarets et des coupoles.

Il y a encore d'autres tombeaux en dehors de Samarqand. Elle justifie bien son surnom de Tcharbaghi-bouzourgan, le jardin de saints. Le nombre des tombeaux est de plus de deux cents; celui des medressèhs de vingt. Les mosquées sont fort nombreuses et comprennent des cel-

---

1. Nous omettons la description du tombeau. (*Tr.*)

lules spéciales pour les ascètes. Toutes ces institutions avaient ou ont encore aujourd'hui des vaqoufs, c'est-à-dire des biens de main-morte ; ils consistent exclusivement dans le produit d'une certaine étendue de terrain. Certains établissements abandonnaient le surplus de ces revenus à l'émir pour l'entretien des pauvres.

Arrivons maintenant à la topographie et à l'ethnographie de Samarqand. Mais auparavant disons un mot de son histoire.

L'étymologie de son nom est fort embrouillée. Les indigènes écrivent « Siamiar-qand ». La dernière syllabe se prononce d'une façon dure, gutturale ; d'autres disent « Samarqand ». J'ai entendu raconter les fables suivantes : « Il y avait une fois un roi nommé Samar, sa femme s'appelait Qand ; ce sont eux qui fondèrent la ville. » — « Il y avait une fois deux frères, appelés Samar et Qamar ; ils exercèrent, à l'endroit où est aujourd'hui la ville, leurs œuvres d'ascétisme et de charité ; ils la bâtirent et lui donnèrent leur nom. » Leur tombeau se trouve encore ici dans le medressèh de Razy-soufi. On peut prononcer aussi « Samar-kend ». « Kend » désigne une ville, un bourg ; exemple : Tachkend (la ville de pierre) ; Tchemkend (la ville verte), etc. Les uns veulent que l'ancien nom ait été Merakend, d'autres Miranda, etc. Quoi qu'il en soit, sa fondation remonte au moins au cinquième siècle avant Jésus-Christ. Cyrus le Grand, qui régnait au sixième siècle, entreprit des expéditions contre la tribu scythe des Massagètes qui vivaient sur le Yaxarte (Syr-Deria). Les Scythes étaient un peuple nomade, mais il est difficile de savoir si leurs courses s'étendaient jusqu'à l'Oxus (l'Amou). Si elles étaient bornées par le Yaxarte, la vallée du Zerefchan devait avoir déjà des villes. Samarqand en faisait peut-être partie et se rattachait à la province voisine de Bactriane gouvernée par des lieutenants du roi de Perse. Ce qui confirme cette hypothèse, c'est que la Bactriane est considérée comme le berceau de la race iranienne ; les Tadjiks, aujourd'hui vers les sources du Zerefchan, parlent le persan pur. Ainsi donc, dans la vallée du Zerefchan (naguère appelé Sogdiane), les villes remonteraient à deux mille cinq cents ans avant notre ère. Alexandre y prit des villes, notamment Merakend, dont les ruines sont situées près de Samarqand.

Après Alexandre le Grand, neuf siècles s'écoulent sans presque laisser de traces dans l'histoire. La Bactriane et la Sogdiane échurent à l'un des généraux d'Alexandre et formèrent avec le temps un empire bactrien, dont on peut encore acheter les monnaies dans toutes les villes de l'Asie centrale.

L'empire bactrien subsista plus de huit cents ans. Les Arabes s'étendirent jusqu'au Parapamise (Hindou-Kouch) et au nord jusqu'à la mer Caspienne et au Yaxartes. Samarqand était sans doute alors assez forte pour leur résister ; car les généraux du premier khalife Aboubekr-Siddyq durent avoir recours à la ruse. Ils firent entrer dans la ville une énorme caravane de chameaux ; ils étaient chargés de grandes caisses d'où sortirent pendant la nuit des guerriers qui s'emparèrent de la ville. Cette légende paraît démontrer que, dès le sixième siècle, les Arabes s'efforcèrent de propager leurs doctrines dans la Sogdiane et la Bactriane. En tout cas, l'islamisme y prit peu de racines ; les Arabes recommencent au huitième siècle leurs prédications guerrières. Cette fois l'islam se propage avec tant de succès, qu'il est accepté même par les populations nomades. A partir de cette époque, Samarqand devient le centre des sciences dans l'Asie centrale ; on y fonda un observatoire. C'est la terre classique de la légende musulmane, comme nous l'avons vu par l'histoire du Châh Zendèh. Désormais, l'esprit national se développa dans le sens musulman, malgré la conquête du pays par les Uzbeks, les Qalmouqs et plus tard par les Russes. Cependant, aujourd'hui le mysticisme arabe commence à décliner. Les medressèhs se vident ; les mosquées, depuis la suppression des reïs (gardiens de la religion), ne sont visitées que par quelques rares vieillards, on raille les tombeaux des saints... Mais revenons à la topographie.

Samarqand est situé sur la rive gauche du Zerefchan, au sud-ouest des hauteurs de Tchoupan-âta, à six ou sept verstes de la rivière. Les parcs qui entourent la ville sont arrosés par les ruisseaux Sehâb, Sehâbtchay, par la source d'Abi-Meched, etc. Le côté sud des jardins est arrosé par le grand ruisseau de Dargam, qui reçoit lui-même plusieurs affluents par la source Abdi-Deroun. Les ruisseaux ne présentent rien de remarquable ; mais il y a des détails intéressants à donner sur les sources :

1. *Source d'Abdi-Deroun.* — Le saint Abdi, qui est enterré sur les bords de cette source, entra un jour en grande colère contre les sangsues, les grenouilles et il les malmena si durement, que ces animaux abandonnèrent la source. Les croyants qui rencontrent ces émigrants dans leurs cours d'eau y versent quelques gouttes de la source

sainte, qui ont la vertu de les en chasser. Cette vertu n'empêche pas d'ailleurs les grenouilles de continuer leurs concerts. Ce qui est plus remarquable, c'est que le limon de la source Abdi guérit, paraît-il, les chevaux de la morve, maladie incurable en Russie. Il serait intéressant de l'analyser.

2. *Source de Qountchileq.* — Ses eaux jaillissent dans la ville au delà de la citadelle ; à partir de la citadelle, le ruisseau s'appelle Tchermakary, parce que ses eaux servent à préparer le cuir. Elles sont considérées comme ayant des vertus curatives ; les émirs s'y baignaient autrefois.

3. *Source d'Abi-Mechhed au-delà de Châh-Zendèh.* — Dans la nuit du nouvel an (seri sal), il y a une fête populaire aux bords de cette fontaine. Autrefois même on tirait un feu d'artifice exclusivement composé de fusées. Vers minuit, les hommes se baignaient et la pluie tombait sur eux, mais seulement sur les baigneurs. Les spectateurs restaient à sec ; j'ai vu des originaux affirmer avec insistance que la pluie n'était tombée que sur eux seuls et pendant qu'ils étaient dans la fontaine. On en sort, disaient-ils, léger comme un oiseau. Depuis quelques années, il n'y a plus ni grandes fêtes, ni pluie ; je n'ai pu réussir à assister à la cérémonie. « Ça n'en vaut pas la peine, me disait le même vieillard, qui raillait les saints de son pays : deux ou trois baccals (débitants) se rassemblent pour vendre leurs gâteaux ; deux ou trois badauds forment le public, et c'est tout. Vous savez bien que nos musulmans sont des imbéciles. »

Arrivons à la ville. Elle n'est pas très-grande et n'a

guère plus d'une verste et demie (1 600 mètres) de diamètre. Tachkend en a huit! Elle est entourée d'un rempart en terre glaise en partie détruit; il y a six portes : à l'ouest, celle de Boukharie; au nord, celles de Paï-qabaq et de Châh-Zendèh ou Hazret-Châh; à l'est, celle de Qalender-khanèh; au sud, celles de Souzen-Daran et de Khodja-Ahrar.

L'intérieur de Samarqand ne se distingue guère de celui des autres villes de l'Asie centrale. Ce sont les mêmes rues tortueuses, la même poussière, la même monotonie. Parfois, on rencontre quelque rue belle, grâce aux arbres dont elle est plantée. Les medressèhs et les autres édifices n'appellent l'attention que par leur importance historique. J'ai déjà parlé des quatre medressèhs les plus anciens et les plus remarquables. Il reste maintenant à parler de ceux de second ordre : Sefid, Cheïbany-khan, Arif-Djan-baï, Tourbèhi Khodja, Tourdalp, Khalifèh-qazan, Pazyk-soufi, Makhdoumi-Kharezm et quelques autres.

Au medressèh Makhdoumi-Kharezm s'instruisent un grand nombre de mollas aveugles; il y a même, assure-t-on, des professeurs aveugles, par exemple, le qary[1] Mokhallin-Iousouf. Auprès de ce medressèh, il y a quelques kuknar-khanèh (endroits où l'on fume de l'opium), dont les habitués oisifs s'amusent sans cesse, dit-on, aux dépens des mollas aveugles. Ils dérobent leurs pantoufles, il les font tourner à faux au moment de la prière, etc.

Presque tous les medressèhs de Samarqand sont vides,

1. Lecteur du Qoran.

ils n'ont que très-peu d'élèves (mollas). Mais ils ont des professeurs (muderris), des économes qui dirigent les revenus des biens vaqoufs et qui les emploient Dieu sait à quoi.

Il y a dans Samarqand et dans les jardins qui l'entourent une grande quantité de mosquées : elles sont dans une situation misérable. Il est difficile d'en fixer le nombre.

Le bazar de Samarqand consiste en une série de lignes nouvellement construites (depuis 1868); il a gardé en partie son ancienne physionomie ; les rues sont couvertes. Il n'y a pas beaucoup de caravansérails à Samarqand; l'un d'entre eux appartient aux Hindous qui se livrent exclusivement à l'usure. En dehors des magasins et des caravansérails, il y a aussi à Samarqand ce qu'on appelle des tim, c'est-à-dire des rues de tout petits magasins. « Tim » veut dire, à proprement parler, ligne, mais il n'y a à Samarqand que deux tim. Les magasins de comestibles sont répandus un peu partout dans la ville, dans les jardins, dans les villages voisins.

J'ignore le chiffre exact de la population de Samarqand ; personne, probablement, ne le connaît. Qui l'a jamais recensée ? A première vue, j'évalue la population à quatre mille familles, ce qui donnerait un total de vingt mille âmes.

Les Tadjiks forment les six dixièmes de ce chiffre.

D'après les classes, les Tadjiks de Samarqand se subdivisent ainsi :

Classes privilégiées, un dixième.

Agriculteurs et ouvriers, quatre dixièmes.

Classes inférieures, deux dixièmes.

Ainsi un tiers des Tadjiks sont d'assez mauvais citoyens. Si on ajoute toutes les non-valeurs qui se rencontrent parmi les Uzbeks, les Iraniens, les Juifs, les Tsiganes et enfin les Tartares, le prolétariat de Samarqand s'élève donc au chiffre assez considérable, un tiers environ de la population.

Les Tadjiks, bien qu'ils se soient alliés à des Uzbeks et à des Iraniens, n'ont rien pris de cet esprit d'ordre qui caractérise ces populations. Les Uzbeks de diverses tribus constituent un dixième de la population de Samarqand. Ils sont beaucoup plus moraux que les Tadjiks : on trouve parmi eux des marchands, des mollas, des ouvriers, des laboureurs et beaucoup de vagabonds (spécialement des voleurs de chevaux). Mais, en thèse générale, les mœurs des Uzbeks sont plus pures que celles des Tadjiks; d'ailleurs, leurs rites, leurs coutumes, leurs vêtements sont presque identiques. Ils faut rattacher aux Uzbeks les Tartares russes qui vivent à Samarqand. Ce sont exclusivement des interprètes, des commis, des maîtres de bains ou d'établissements publics : ils sont fort habiles à exploiter même les Tadjiks, sans parler des naïfs Uzbeks, qui voient dans chaque Tartare l'idéal du savant. Il n'y a que peu de Qirghizes à Samarqand. Ils servent dans les djighits[1] et pour les services des postes. Ils y sont fort utiles, grâce à leur habitude du cheval. Le courrier qirghize franchit en une nuit les 70 verstes (80 kilomètres) qui séparent Samarqand de Kettèh-Qourghan; en cas d'absolue nécessité, il revient

---

1. « Djighit » signifie en turc brave et désigne les soldats chargés de la police.

le lendemain à Samarqand. Il va toute la nuit d'une allure égale et sans fatiguer son cheval. Tandis qu'on écrit la réponse, il donne à son cheval une ou deux bottes de trèfle, mange quelques petits pains, fait un somme et se remet en route.

Les Iraniens (Persans) constituent un quart de la population. Ils vivaient autrefois dans la citadelle et dans les villages environnants. Ils ne vivent aujourd'hui que dans les villages. Sous les émirs, ils jouaient un certain rôle, grâce à leur intelligence et à leur condition d'esclaves. Elle leur permettait d'acquérir la confiance de leurs maîtres, d'arriver à une situation importante, et souvent à la liberté. Ils sont remarquables par leur chasteté ; ils ignorent la prostitution. Autrefois ils punissaient de mort ceux qui s'y livraient. Les Iraniens sont encore fort remarquables par l'esprit d'indépendance qu'ils ont toujours montré, même vis-à-vis des émirs. L'émir venait généralement à Samarqand pour désigner un bey, visiter les saints tombeaux et faire décapiter quelques criminels. Un jour qu'il était assis pieds nus dans la grande salle de son palais, il aperçut un serpent de carton qui se roulait et sifflait sur le Keuk tach (fragment de marbre vert qui a jadis servi de piédestal au trône de Tamerlan). Saisi de fureur, il appelle le derban (portier) et ordonne d'enlever le serpent et de punir celui qui l'a introduit de soixante-quinze coups de bâton. Le coupable était un Persan nommé Ioussouf : il reçut les coups de bâton et le serpent mécanique fut détruit. Cette double exécution mécontenta fort les Iraniens. Quelques jours après, on accusa devant l'émir un certain Zoulfeqar, un autre Iranien, qui, paraît-il, se livrait à la débauche dans les jardins du palais. L'émir le fit jeter dans le zendan et lui fit couper la tête peu de temps après.

Le zendan est une fosse en forme de poire ; elle a environ sept sagènes de profondeur. Cette fosse a été creusée à l'angle nord-est de la citadelle. On y jetait les prisonniers et on les en retirait avec un nœud coulant. L'ouverture de cette prison était quadrangulaire ; elle était formée par des poutres sur lesquelles j'ai vu les marques des cordes. Dans le fond de la fosse, j'ai distingué dans l'ombre quelques chaudrons et cruches brisés. Au-dessus de la fosse s'élevait une coupole de pierre d'un sagène et demie de diamètre et deux sagènes de hauteur. Elle était percée d'une petite ouverture circulaire ; une petite porte donnait accès, sous cette coupole, à l'entrée du trou. Les condamnés qu'on y précipitait ne voyaient rien qu'un petit coin du ciel et ne pouvaient même pas se distinguer les uns les autres. On cite des malheureux qui ont souffert là des années entières. Le zendan de Boukhara est encore plus affreux ; il pullule de vermine.

Le lieu des exécutions publiques à Samarqand était une petite place devant la mosquée de Khanym. C'est là qu'on pendait et décapitait les criminels. Les femmes accusées d'adultère étaient fusillées dans la citadelle, ou dans leurs propres maisons. Les emlakdar et autres collecteurs d'impôts concussionnaires étaient cloués par les oreilles aux portes des mosquées ou de la ville.

Mais revenons à Zoulfeqar. Dès que les Iraniens apprirent sa mort, ils prirent leurs armes et leurs sabres et allèrent à Keuk-tach. En arrivant dans la cour du palais, ils déposèrent leurs armes et sortirent pour donner à entendre qu'ils n'étaient plus les serviteurs de l'émir. Plusieurs jours s'écoulèrent, pendant lesquels l'émir resta enfermé dans son palais. A la fin, il appela auprès de lui les plus distingués des Iraniens, Zeynel-toqsab et quelques autres, les caressa, leur donna des robes, du thé, du sucre, du sucre candi, et la réconciliation s'opéra. C'était d'ailleurs une fâcheuse affaire pour l'émir de décapiter les sujets qu'il avait achetés.

Aujourd'hui beaucoup d'Iraniens, sinon tous, ont rejeté la foi sunnite qu'ils étaient obligés de pratiquer sous les émirs, et sont revenus au chiisme. Ils s'occupent de l'élève des vers à soie, du commerce, de jardinage et d'agriculture; ils tissent des étoffes de soie. On trouve parmi eux des mollas, des ouvriers, des gens de toute sorte, notamment chez les anciens fonctionnaires; des toksab, des karaoul-beys, des mirakhor, etc., qui aujourd'hui encore cherchent à obtenir des emplois de qourbachy, emlakdar, etc.

Les juifs, les Hindous, les Afghans, les Tsiganes constituent un vingtième environ de la population de Samarqand. Les juifs occupent un quartier spécial dans la partie nord-est de Samarqand. Ils ne ressemblent pas aux juifs européens: ils sont plus propres dans leurs vêtements, doux et hospitaliers. Sous les émirs, ils étaient persécutés et chaque année ils devaient payer des droits énormes pour résider à Samarqand. Cette loi existe encore aujourd'hui à Boukhara. Les juifs vendent de la soie, de l'indienne et toute espèce de marchandises. On remarque parmi eux leur plus ancien aqsaqal et le kelanter Moïse. C'est un personnage fort honorable par son caractère et par l'influence qu'il exerce sur ses compatriotes. Il a une grande fortune, une belle famille, quelques maisons et jardins. Il est fort estimé, même par les musulmans. Quand, en 1868, les Qeneghez (Cheherisebzy) assiégèrent la citadelle, une bande pénétra dans le quartier juif et amena le kelanter à Djoura-bek, qui le maltraita gravement; il revint chez lui en fort mauvais état. Pour le mettre à l'abri de nouvelles injures, quelques musulmans le coiffèrent d'un turban et l'accompagnèrent jusque chez lui (le turban est interdit aux juifs). Il a maintenant cinquante-cinq ans ; il a voyagé autrefois en Europe et en Palestine. Les juifs et leurs femmes portent à peu près le même vêtement que les musulmans. Leurs mœurs sont pures; ils boivent du vin et un esprit de fabrication spéciale avec quelque excès. Ils sont de belle complexion et parlent persan et uzbek.

Il n'y a pas à Samarqand plus de cent Hindous. Tous sont usuriers. Ils vivent dans des caravansérails, dans de petites cellules où ils font leurs opérations financières et accomplissent leurs rites religieux. L'Hindou, chaque matin, fait ses ablutions, se peint le front, fait sa prière : les conversations, la nourriture et les affaires ne viennent qu'après l'accomplissement de ce triple devoir. Ils mangent chacun dans leur tasse, avec une cuiller qu'ils ne prêtent à personne, pas même à leurs coreligionnaires. Les vases ou le feu touché par un infidèle sont considérés comme impurs : ils sont généralement sales et maigres; ils consomment beaucoup d'opium.

Les Tsiganes (louli, djoughi et mazang) sont au nombre de quelques dizaines. Ils sont à peu près oisifs et courent les bazars ; quelques-uns s'occupent d'agriculture.

Les Afghans sont des négociants de passage : ils importent de l'indigo, de la mousseline, de l'indienne, etc. Quelques-uns vivent à demeure et fréquentent assidûment les cabarets. Ce sont les débris de cette milice qui prit part aux expéditions de 1868. Toutes les fois que j'ai eu l'occasion d'observer les Afghans ou d'en parler avec les musulmans d'ici, j'ai pu me convaincre que c'est un peuple rapace et vénal. Leur physionomie se rapproche de celle des Hindous.

La population des villes sur le territoire de Boukhara se compose toujours d'éléments de nationalités diverses. Les habitants primitifs sont les Tadjiks et les Uzbeks ; les Persans sont depuis longtemps considérés comme des indigènes. Les juifs se sont de bonne heure établis dans la vallée du Zerefchan. Du reste, la ville s'est peuplée par une série de colonisations successives : certains quartiers nommés Tachkend, Kachghar, etc., rappellent l'origine de leurs habitants.

Cependant les Tadjiks peuvent être considérés comme aborigènes de Samarqand. Ils forment les six dixièmes de la population totale. Ils ont pour eux l'industrie, le commerce, la religion et la débauche ; la classe privilégiée de Samarqand est constituée par les Tadjiks (les emlakdars, les mutevellis, aqsaqals, imams, mollas, khalifèhs, etc.). La plus grande partie des Khodjas et des Seiyds (descendants du Prophète ou des premiers khalifes) sont des Tadjiks, les marchands et les industriels sont des Tadjiks ; la plus grande partie des saints qui reposent dans la ville et dans ses environs sont des Tadjiks ; Tadjiks encore ceux qui exploitent la prostitution. Les riches vivent confortablement, ceux surtout qui ont eu l'occasion d'être pendant quelques années emlakdars (collecteurs d'impôts). Les travailleurs sont les laboureurs et les ouvriers. Quant aux gens des classes privilégiées, ils consacrent la plus grande partie du temps au sommeil et aux plaisirs. Ils se rassemblent dans les magasins à thé pour boire, se réunissent sans cesse à l'occasion de fêtes de famille, naissances, fiançailles, enterrements, ils lisent ensemble les livres sacrés à l'occasion du Ramazan : ils se divertissent à danser ou à tenir les propos les plus cyniques avec quelques prostituées plâtrées et fardées. Ce dernier genre d'amusement est aujourd'hui en grande faveur auprès des fils de marchands, baï-bètchèh, mariés pour la plupart. Ainsi, malgré le cheriat, la nature humaine réclame dans les sociétés joyeuses la présence de la femme, même sous l'aspect d'un jeune garçon déguisé. Aucune réunion n'a lieu sans pilau et sans thé. Les plus bruyantes sont arrosées de boissons fermentées : l'eau-de-vie de vin fabriquée par les juifs, ou bien notre eau-de-vie russe. Les plus riches, comme par exemple l'ancien Qazy Kemal Eddin et quelques marchands ou emlakdars buvaient ou boivent des sirops, de l'ale, du porter et même du champagne. Le cognac est un élément indispensable du festin. Ce sont là les plaisirs d'automne et d'hiver : pendant l'été, il faut y ajouter les kokbary, qui sont plutôt le divertissement national, celui des Uzbeks que des Tadjiks.

D'après le cheriat, les femmes ne sont point admises

dans la société des hommes : elles ont leurs réunions particulières. Elles se réunissent encore dans certaines circonstances spéciales. Par exemple, quand une jeune femme est malade, sa mère envoie chercher ses compagnes, fait appeler quelque vieux molla et leur prépare du pilau. Vieilles et jeunes se rassemblent : le molla entoure la malade de cierges allumés et lit des prières, puis il lui remet un morceau de papier avec un verset du Qoran, lui ordonne de le faire tremper le lendemain dans un verre d'eau et de boire cette eau à jeun. Le plus souvent la jeunesse triomphe de la maladie. Quelquefois, à la fin de sa visite, après avoir reçu deux ou trois tengas pour sa peine, le mollah propose au maître de la maison de lui vendre un talisman propre à conjurer les sorts et toutes les maladies : c'est un ruban de papier où est racontée l'histoire d'un homme qui, après avoir commis toutes les infamies possibles, a fini par obtenir de Dieu son pardon. On paye cette amulette quelques tengas, puis on achète chez l'orfèvre une boîte-coffret cylindrique en argent : on y enferme l'histoire du criminel et on attache la boîte à son vêtement, sur le côté droit de la poitrine : les petites maîtresses portent constamment cette amulette et la cousent successivement à chacune de leurs robes : on l'appelle « bazoubend » en tadjik, « thoumar » en uzbek.

Il y a peu de femmes instruites parmi les Tadjiks, bien qu'il y ait des écoles pour les femmes; mais elles se marient trop tôt pour avoir le temps de finir leur éducation. D'ailleurs, il y a chez eux beaucoup de femmes honnêtes et intelligentes. Leur costume est celui de toutes les femmes de l'Asie centrale. Les cérémonies nuptiales consistent dans les fiançailles, le festin donné aux parents et amis, les présents, la lecture d'une prière et la signature du contrat chez le qazy de la ville. Une fille paye dix tengas (2 roubles, 7 francs); une veuve cinq tengas (1 rouble). Mais des qazys peu consciencieux forcent le tarif. Elles se marient à treize ou quatorze ans : aussi vieillissent-elles vite. Elles ont plus d'une occasion de sortir du droit chemin; leurs maris prennent des concubines ou se livrent à des débauches contre nature, sans respect pour la présence de la femme, de la mère ou même des enfants. Dans de pareilles conditions, la femme ne reste pas longtemps vertueuse. Le plus souvent l'objet de sa passion est le favori même de son mari.

« La femme est un démon, me disait un vieux molla auquel j'exprimais mes idées — nouvelles pour lui — sur l'émancipation des femmes. Otez-leur le voile et laissez-les circuler par la ville le visage découvert, vous verrez ce qui arrivera : des querelles, des violences, des meurtres. Aujourd'hui, avec le voile, il faut les surveiller rigoureusement. Que serait-ce si..... Voici ce qui arriva dans le harem de feu l'émir Nasroullah (le père de l'émir actuel). L'une de ses femmes s'éprit du plus intime de ses serviteurs. Il s'appelait Nasr-Qouly; il était jeune et beau comme une fille ; le bruit de leur liaison parvint aux oreilles de l'émir; il fit venir les deux coupables devant lui et demanda à Nasr-Qouly comment il avait pu pénétrer chez sa femme. Le jeune homme souleva un tapis de soie, puis un autre tapis et une pièce de feutre qui recouvraient le plancher et montra à l'émir une ouverture assez large pour laisser passer un homme. Elle conduisit par-dessous le mur à l'appartement de la princesse. Nasr-Qouly l'avait creusée pendant la nuit. L'émir les fit exécuter tous les deux. Ainsi, concluait le molla, on ne peut pas croire la femme. Le chien est l'idéal de la fidélité, la femme, le mensonge incarné. »

Chez les Tadjiks des classes inférieures, la polygamie est rare. Les principaux d'entre eux sont des laboureurs ; ils sont pauvres et de mœurs douces. Il m'est arrivé de voir plus d'une fois un vieux Tadjik occupé dans les champs, attacher à son bonnet quelques fleurs qui lui tombent sous la main. On l'aborde ; il arrache une fleur de sa couronne rustique et vous l'offre avec un sourire. Il est fanatique de sa religion ; il est prêt à mourir pour elle ; mais il reste fidèle au sol qui a nourri ses ancêtres et qui nourrira ses enfants. Il n'est pas capable d'agitation ; il ne s'en prend qu'à la destinée. Les artisans et les petits marchands sont plus rusés et plus fanatiques, parce qu'ils ont plus de rapports avec les mollas et qu'ils ont sans cesse sous les yeux les scandales de la ville. Quelques-uns vont jusqu'à fabriquer de la fausse monnaie. Une troisième catégorie comprend les mendiants, les voleurs, les vagabonds, les recéleurs, les souteneurs de prostituées, etc. Les bas-fonds de Samarqand ne le cèdent pas à ceux de Paris ou de Londres. Ces déclassés forment de véritables corporations plus ou moins régulièrement organisées, et ayant à leur tête d'habiles chefs. Ils s'entendent avec la police, la tiennent en échec, et dans les mouvements populaires ils se mettent avec les mollas et les fanatiques à la tête des qizil-ayaq ou pieds-rouges, comme on dit à Samarqand. Leur objet est le butin sous toutes les formes. En 1868, ils pillèrent la citadelle, tandis que les Iraniens, qui en constituaient la garnison, apprenant l'occupation de Tchoupan-âta par les Russes, fuyaient dans la direction de Boukhara ; ensuite, ils laissèrent les Qeneghez assiéger la citadelle, tandis qu'eux-mêmes pillaient les citoyens inoffensifs dans la ville et dans les jardins. C'est de ses propres habitants que Samarqand eut le plus à souffrir.

Ces dangereux personnages se recrutent parmi les marchands ruinés, les fils illégitimes, les criminels étrangers réfugiés dans la ville, les fumeurs d'opium, les ivrognes, les joueurs, etc. Ils sont tranquilles et dévots quand il le faut ; ils s'occupent au besoin d'agriculture ; ils ont des jardins et font commerce de menus objets pour cacher leur vraie profession. Avec les mollas, les emlakdars, les aqsaqals, et un certain nombre d'Iraniens et d'Uzbeks, ils constituent un élément redoutable. Tous ceux qui ont étudié les Tadjiks, et Vambéry, en dernier lieu, s'accordent à leur refuser les bonnes qualités, là surtout où ils n'ont pas subi une forte influence étrangère. Les habitants de Tachkend sont aussi des Tadjiks, mais ils n'ont pas la réputation des Samarqandiens ; ils sont mêlés avec des Uzbeks ; ils ont même perdu leur langue maternelle, qui s'est conservée dans les montagnes de Tchaskal et d'Angren : au contraire, dans le bassin du Zerefchan domine la langue tadjik ; elle est en usage même chez les Uzbeqs, par exemple chez les Qeneghez. Ainsi les deux nations ont agi l'une sur l'autre. L'habitant de Tachkend, de Tchemkend, d'Aulia-âta, de Turkestan, etc., a tout l'aspect d'un Tadjik ; un visage blanc et régulier, une barbe épaisse, souvent rouge, de grands yeux. L'Uzbek, au contraire, a le teint bronzé, des pommettes saillantes, des yeux étroits, une barbe rare. On rencontre les traits tadjiks, chez les habitants des villes, le long du Syr et du Zerefchan ; les traits uzbeks chez les Uzbeks, les Kirghizes et d'autres peuples de la même région qui vivent dans l'état nomade, ou semi-nomade. Celui qui sait les dialectes de ces régions trouve dans la langue des villes du Syr-Deria, moitié de mots tadjiks. La langue des Uzbeks, des Qirghizes et autres peuples manque de certains mots pour expliquer les choses les plus élémentaires : un mouchoir, une mouche, etc. ; ils sont empruntés à la langue tadjik, comme les noms des jours de la semaine ; mais ils sont tellement corrompus, qu'on a peine à les reconnaître. Les Uzbeks, de leur côté, ont introduit les deux tiers de leur vocabulaire dans la la langue des Tadjiks du Syr-Deria ; ainsi s'est formé le dialecte sarte, qui ne ressemble ni au qirghize, ni au tartare, ni au turc, bien que les lois grammaticales des quatre idiomes soient identiques. J'insiste sur ces détails parce que certains ethnographes, peu au courant, proclament la langue des gens de Tachkend la plus pure parmi les Uzbeks. Les Tadjiks du Syr-Deria, mélangés aux Uzbeks, se sont transformés même moralement et ressemblent peu aux Tadjiks du Zerefchan.

Parmi les populations uzbeks de la vallée du Zerefchan, les meurtres et le pillage ne sont pas rares : on trouve certainement plus d'un Uzbek parmi les Tadjiks de Samarqand, comme on rencontre des Tsiganes, des

Iraniens, des Afghans. Mais en somme toutes ces nationalités (sauf les Afghans et les Tsiganes) sont bien supérieures aux Tadjiks; elles ne tolèrent ni l'ivrognerie ni la prostitution sous les formes ignobles où on les rencontre chez les Tadjiks. Si un Uzbek enlève une femme ou une jeune fille, c'est plutôt un acte d'audace. Dans la tribu des Qara-Naïman, on encourage même ce genre d'exploits. Le rusé Tadjik des villes se glisse la nuit comme un voleur dans une maison étrangère, au milieu même de Samarqand, égorge l'homme, déshonore la femme, enlève l'argent et disparaît. Les nuits paisibles sont rares à Samarqand. L'Uzbek vole le bétail, tombe sur les caravanes et se mesure à visage découvert avec ses adversaires. Quand il pénètre dans la ville, c'est sous la conduite du Tadjik qui connaît les bons endroits et qui veut mettre à profit le courage de l'Uzbek pour arriver à ses fins criminelles. J'ai vécu six mois entiers chez les Uzbeks, dans la vallée du Zerefchan, et je n'ai vu qu'un seul meurtre dans la tribu des Qaraqalpaqs, qui semble la plus sauvage de toutes. Un Uzbek avait tué un compatriote qui s'efforçait de séduire sa femme; le meurtre ne fut accompagné ni de vol ni de violences inutiles.

Arrivons maintenant à la description des environs de Samarqand. Le lecteur est invité à sortir par la porte de Boukhara (à l'ouest de la ville) et à visiter les jardins qui entourent la ville. Devant nous, le long de la route qui mène à la colonie russe (*slobodka*) s'étendent les jardins des Iraniens; ils sont déjà occupés en partie par des constructions russes; un quartier nouveau ne tardera pas à se former. La slobodka consiste en quelques petites maisons qui appartiennent pour la plupart à des soldats mariés ; on trouve aussi quelques maisons d'officiers.

De la slobodka, on va par des détours infinis à travers des jardins, des ruisseaux, vers le petit village de Khodja-Ahrar ; il est situé au sud-est et renferme une mosquée très-ancienne, ornée de carreaux de faïence. Le medressèh est à peu près carré ; au delà, s'étend un petit jardin qui renferme le tombeau d'un des grands saints musulmans, Khodja-Ahrar, et de sa famille. C'est un monticule de pierre, au milieu duquel le saint gît sous une dalle ; de petites dalles, étendues tout autour, recouvrent les restes de ses parents. Un étendard (toug) et une queue de cheval sont attachés à une longue perche ; tout près de là s'élèvent une mosquée et une école.

Dans le medressèh de Kohdja-Ahrar se conservait l'exemplaire du Qoran, qui est considéré comme l'exemplaire princeps du saint livre et qui est aujourd'hui à la bibliothèque impériale de Saint-Pétersbourg. Khodja-Ahrar était, dit-on, si riche, que tout le pays au sud de Samarqand jusqu'aux monts Charzabiz lui appartenait; ses troupeaux étaient innombrables ; ses jardins étaient merveilleux. Un certain Mechreb-divanèh (l'illuminé), contemporain de Khodja-Ahrar, parcourait sur son âne (la seule bête qu'il possédât) le pays entre Boukhara et Samarqand. Un jour il arriva à Samarqand et vit un immense troupeau d'agneaux.

— A qui sont ces agneaux? demanda-t-il au berger.

— A Hazret Khodja Ahrar.

Un peu plus loin, il rencontra un immense troupeau de vaches :

— A qui sont ces vaches?

— A Hazret Khodja Ahrar.

Un peu plus loin, il rencontra un immense troupeau de chameaux. Même question, même réponse. Enfin il aperçut un immense troupeau d'ânes. Ils appartenaient aussi à Hazret Khodja Ahrar.

— Grand Dieu! s'écria l'innocent, tout appartient à Khodja Ahrar, et toi aussi, dit-il en s'adressant à sa monture, va rejoindre le troupeau de Khodja Ahrar.

Et il sauta à bas de son âne et l'envoya dans le troupeau.

Khodja Ahrar était célèbre par sa bienfaisance : il distribuait des aumônes, nourrissait les pauvres; il donna aux habitants de Samarqand un immense jardin avec une vaste mosquée pour les réunions populaires du Ramazan et de la fête des Sacrifices. Ce jardin existe encore aujourd'hui et s'appelle Namazghâh. Nos troupes y ont campé tout un été. Il se trouve à une verste de la porte de Khodja-Ahrar.

Les jardins qui entourent la ville sont les plus beaux de l'Asie centrale. On y trouve le peuplier, le platane, l'orme et le saule, le pommier, le noyer, l'amandier, le cerisier, le pêcher, le prunier, le grenadier, la vigne. Les jardins sont plantés d'arbres fruitiers, de coton, de riz, de céréales ; les routes bordées de mûriers, de saules et d'ormes; les ruisseaux, les ravins escarpés, les boutiques de fruits, le mouvement perpétuel, surtout les jours de bazar, rendent les promenades délicieuses aux environs de Samarqand. Malheureusement la poésie des jardins offre des contrastes prosaïques et des côtés tragiques :

dans les jardins, grâce à leur éloignement des habitations, se commettent des crimes de toute espèce, des vols, des meurtres.

C'est dans ces jardins que se cachent tous les malfaiteurs attirés par la faim, ou la convoitise du bien d'autrui. Il y a dans les jardins, notamment auprès du village de Khodja-Ahrar, des repaires bien connus, où les voleurs reçoivent l'hospitalité. Ils cachent encore leur butin dans des terriers creusés sous les bords escarpés du ruisseau de Dargam ; c'est dans ces cavités qu'une partie de la population s'est cachée en 1868. L'une d'entre elles, près la porte de Qalender-Khanèh, s'étend, d'après la légende musulmane, jusqu'à la Mecque. Elle s'appelle Iarachkan ; un divanèh a fait ainsi le pèlerinage de la ville sainte, ainsi que me l'affirmait sérieusement un molla, qui lui-même avait bien l'air d'un innocent.

En avançant vers l'est, on trouve quelques villages iraniens, le grand pont de pierre de Pouli-Mougâb jeté sur un ravin profond et les restes du grand jardin de Timour. Il s'appelait Khan Tcharbaghy et il était entouré autrefois d'un mur en terre glaise, flanqué de tours ; ce mur est en grande partie détruit ; on peut néanmoins juger de l'étendue de ce parc ; il était digne de son possesseur. C'est dans cette partie que se trouvait le jardin de l'émir ; il appartient aujourd'hui à la couronne. Parmi les tombeaux des saints musulmans, les plus remarquables sont ici. Il faut citer d'abord le tombeau du prophète Daniel, dont nous avons déjà parlé. L'endroit où il se trouve est fort beau et fort animé, à cause du voisinage d'un grand nombre de moulins situés sur le ruisseau voisin et de la grande route. Un autre tombeau est celui du patron des bergers, Tchoupan-Ata. C'est un petit édifice en pierre, à moitié détruit. Il s'élève sur une hauteur au nord-est de la ville. Cette colline produit de l'herbe qui attire les agneaux et les chèvres autour du monument consacré au patron des bergers.

Au nord des jardins, on rencontrait naguère l'intéressant tombeau de Sengresan, où l'un des prédécesseurs de l'émir actuel avait construit une maisonnette en terre cuite. Mais dans les derniers temps, un habitant de Samarqand a emporté une partie des briques pour bâtir un établissement de bains. Les musulmans ont peu le respect de leurs monuments; ainsi le plus ancien medressèh de Samarqand, celui de Khanym, a été transformé en écurie.

Après avoir dépassé les vestiges de l'ancienne Merakend, on arrive à la porte de Païqabaq et au hameau des Serbaz. Il n'en reste plus que les ruines. Il était près de la citadelle et les Serbaz pouvaient facilement visiter leur famille. Ils formaient à Samarqand deux bataillons (environ deux mille hommes). Ils étaient commandés par un certain Osman-Ourous, artificier déserteur de l'artillerie cosaque de Sibérie. Près du hameau passe la route qui conduit dans la vallée du Zerefchan; sur cette route on rencontre les habitations des lépreux (mahallèhi-pis). L'aspect de ces malheureux est lamentable, les jeunes filles jusqu'à l'âge de treize ou quatorze ans, les hommes jusqu'à dix-sept, dix-huit ans, ne se distinguent pas du reste de la population; mais, une fois mariés, la maladie éclate et ils meurent à l'âge de quarante ans complétement défigurés.

Du même côté (nord) de Samarqand à douze verstes sur les rives du Zerefchan, on rencontre le grand village de Dehbid, où se trouve le tombeau du saint Makhdoum Azem qui vivait ici il y a plus de deux cent cinquante ans. Une large allée bordée de mûriers conduit à ce village; ils ont été plantés, il y a deux cents ans, par le gouverneur de Samarqand Ialang-Tach-Behadour, en l'honneur du saint Makhdoum Azem, patron du terrible gouverneur. Le tombeau du saint et de sa nombreuse famille est gardé par ses descendants. Ce sont des Khodjas qui reçoivent les aumônes des pélerins. Ils acceptent d'ailleurs volontiers celles des infidèles. Auprès du tombeau, on trouve une mosquée et les cabanes des Khodjas; dans la mosquée on garde les palanquins du saint. La cour de la mosquée est plantée de mûriers vigoureux dont quelques-uns sont fort curieux. Au pied du tombeau du saint, une pierre modeste indique la sépulture de Ialang-Tach, qui a voulu être enterré là. Il y a à Dehbid un bazar; ce bourg est important; cependant il n'a jamais eu ni bey ni garnison.

A seize verstes, au nord de Dehbid, dans le village de Khodja Ismaïl, s'élève un énorme bâtiment de pierre, auprès du tombeau du saint qui porte ce nom. Au nord-est de Khodja Ismaïl (à environ seize verstes), on trouve une autre grande mosquée de pierre sur le tombeau d'un saint. Ces deux tombeaux sont l'objet d'une vénération spéciale de la part des Uzbeks. En général, des tombeaux de saints se rencontrent dans tous les environs de Samarqand. C'est ce qui a valu à cette ville le surnom de « Jardin des Bienheureux », et « Visage de la terre ».

DESCRIPTION
DE LA MOSQUÉE DE HAZRET

(KHODJA AHMED YESSEVY)

DESCRIPTION

DE LA

MOSQUÉE DE HAZRET [1]

SITUÉE DANS LA VILLE DE TURKESTAN

La mosquée de Hazret existe depuis près de cinq siècles. Ce remarquable édifice atteste le talent des artistes qui l'ont élevé. Il pourrait servir encore aujourd'hui de modèle s'il répondait mieux aux lois de l'harmonie. Il se trouve en dehors des remparts, dans une cour spéciale entourée d'un mur en terre glaise. Les angles de ce mur sont flanqués de bastions en briques cuites armés de pièces de rempart. La cour se partage en deux moitiés ; dans la première se trouve aujourd'hui le poste principal et le logement du fonctionnaire de l'intendance; on a adopté pour cet usage les saklias (cabanes) qu'habitait autrefois le hakim (commandant) indigène ; la mosquée est située dans l'autre moitié.

En voici la description : sur le devant se dressent deux minarets élevés ; l'un d'entre eux est entouré d'un escalier par lequel, les vendredis, l'Ezantchy monte pour ap-

1. D'après la Revue militaire russe (*Voienny Sbornik*, n° d'août 1866).

peler les fidèles à la prière. Les deux minarets sont reliés entre eux par un mur en pierres qui constitue la façade de la mosquée. Dans ce mur se trouve la porte extérieure ; au-dessus de la mosquée il y a deux coupoles nues. Sur la face antérieure du mur, on remarque encore aujourd'hui quelques solives qui, sans doute, supportaient les échafaudages au temps de la construction.

La mosquée de Hazret se divise à l'intérieur en trois parties : on rencontre d'abord une immense salle surmontée d'une coupole ; elle a douze sagènes de hauteur. A droite et à gauche, de chaque côté, sont quatre chambres remplies de tombeaux. A gauche de la partie antérieure de la mosquée, une porte conduit dans le sanctuaire où les cérémonies religieuses ne se célébraient qu'une fois par semaine, le vendredi ; il y a, au milieu, une chambre assez vaste où se trouvent les tombeaux de Hazret et de sa famille. A gauche de cette chambre s'étend un long corridor éclairé à son extrémité par une petite fenêtre ; il est également rempli de tombeaux. Ce corridor conduit dans une chambre vaste et allongée où il y a un puits.

Dans la cour s'élève un petit édifice circulaire surmonté d'une coupole et couvert d'une mosaïque en carreaux de faïence. Si l'on en croit la tradition, Tamerlan aurait eu le dessein d'y bâtir un tombeau et d'y transporter le corps de sa petite-fille favorite. La mort l'empêcha d'accomplir ce projet.

La mosquée est bâtie en excellentes briques cuites appliquées sur de l'albâtre. Les murs sont reliés entre eux par de fortes poutres ; les portes sont toutes en bois ; le plafond de la grande chambre qui est sous la coupole est formé de moulures en albâtre ; extérieurement toute la mosquée et même le sommet des coupoles est couverte de fort belles plaques de faïence. Sur la corniche supérieure, qui est en carreaux bleus, se déroulent des versets du Qoran. Ils sont d'une écriture massive et élégante ; en plus d'un endroit les caractères sont effacés ; de toute l'inscription on ne peut déchiffrer que la fin : *Travail de Khodja Hussein de la ville de Chiraz.*

La mosquée a été construite par Tamerlan en l'an 806 de l'Hégire, c'est-à-dire 1404 de notre ère.

Voici, d'après la tradition, en quelle circonstance elle fut construite. Tamerlan perdit à la fleur de l'âge son arrière-petite-fille, la sultane Rebia-Begum, la fille de Mirza-Oloug beg. Pour honorer sa mémoire, il ordonna de construire sur le monument de Hazret un tombeau et un temple magnifique et de déposer la défunte à côté du saint. On appela de tous côtés les meilleurs artisans ; ils travaillèrent plusieurs années de suite et terminèrent l'édifice vers l'époque de la mort de Timour.

Dans les huit chambres dont nous avons parlé plus haut, vivaient les serviteurs de la mosquée et les étudiants. Plus tard, on se mit à enterrer dans ces chambres les personnages les plus remarquables : les cheikh ul-islam, les Khodjas, les Seyids[1], les Hakim de la ville de Turkestan et les By les plus distingués des Qounghourat[2].

Outre le tombeau de la sultane Rabia Begum, on

1. Ceux qui font remonter leur généalogie jusqu'aux prophètes.
2. C'est le nom générique des Qirghizes nomades qui vivent dans le bassin de l'Amou-Deria.

trouve ici ceux de quelques sultans qirghizes de la moyenne et de la petite Horde, entre autres d'Ablaï-Khan[1] et de tous les ancêtres d'Aboul-Khaïr-Khan[2] qui ont régné à Turkestan, et celui du prince héritier d'une province inconnue, Baba-Samed-Ilbars-Ata. Sur quelques-uns de ces tombeaux s'élèvent des monuments, sur d'autres de simples blocs de marbre de diverses formes et diverses grandeurs ; ils portent gravés en admirables caractères les noms des défunts, mais ils n'indiquent pas l'année de leur mort. Les murs de la première chambre de Hazret sont couverts d'inscriptions diverses en langue arabe et persane. Ces inscriptions sont tracées sur du papier collé au mur. Elles renferment soit des textes du Qoran, soit des vers spirituels, ou des noms de saints musulmans.

Voici la traduction littérale de ces inscriptions :

(1) Il n'y a point d'autre Dieu que Dieu, et Mohammed est son envoyé. J'atteste qu'il n'y a point d'autre Dieu que Dieu ; j'atteste que Mohammed est son serviteur et son prophète.

Écrit par l'esclave Mohammed-Aly [a], originaire de la ville de Khoqand, en 1254 (1838).

(*Vers persans.*) Seigneur, en l'honneur de ton saint prophète,
Pardonne les péchés de Mohammed-Aly.

(2) (*En arabe.*) Il n'y a point, etc... Que sur nous soit la bénédiction et la paix de Dieu. (Écrit par l'humble et misérable voyageur Mohamed-Khaïroullah, originaire de la ville de Boukhara, en l'an 1252 (1836).

1. Mort en 1781.
2. Khan de la Petite Horde, qui se soumit à la Russie en 1731.

a. Mohammed-Aly, khan de Khoqand, était, dit-on, excellent calligraphe. Il fut tué en 1842 par l'émir de Boukhara, lors de la prise de Khoqand.

(*En arabe.*) Dis : Dieu est un ; Dieu est éternel, Dieu n'a pas engendré et n'a pas été engendré. Il n'a pas d'égal en quoi que ce soit.

(*En persan.*) Dieu, Mohammed, Abou-Bekr, Omar, Osman, Aly. (Écrit par l'humble misérable Seyid Nazar Khodja.)

Cette inscription est plusieurs fois répétée et signée de noms divers.

(3) (*En persan.*) A ton seuil, avec une entière dévotion, j'incline ma tête.

Si tu la reçois... ah ! quel sera mon bonheur !

Écrit par l'humble Nour-Khodja, originaire de Kani-Badam.

(*Du même, en arabe.*) Pardonne ses péchés et détruis ses vices.

Ces inscriptions sont des modèles de calligraphie, offerts par les fidèles qui viennent visiter le tombeau de Hazret.

Sur la porte de la chambre où est le tombeau de Hazret sont gravés en langue arabe des vers :

(4) La porte des saints — est la mine du bonheur. — L'amour des saints — est la clef du bonheur.

Au milieu de la première chambre de la mosquée se dresse sur un piédestal un immense vase d'airain : il a la forme d'un chaudron et peut contenir environ soixante seaux d'eau. Autour se déroulent trois lignes d'inscriptions en arabe :

(5) *Première ligne*. Le Dieu haut et tout-puissant a dit : Mettez ceux qui portent de l'eau aux pèlerins et aux artisans de la sainte maison sur le même rang que ceux qui croient à Dieu et au jugement dernier. Le Prophète (que la paix de Dieu soit avec lui !) a dit : Si quelqu'un, pour l'amour de Dieu, fabrique un vase d'eau, Dieu le récompensera dans le paradis avec un vase d'eau. Par l'ordre du grand émir, commandeur des croyants, autocrate par la grâce de Dieu (que Dieu prolonge son règne !), ce vase a été fabriqué en l'honneur du

khodja Ahmed-Yessevy, chef de tous les cheikhs ul-islam. Que Dieu donne la paix à son âme sainte! Du mois de chevval de l'an 821 (1418).

Deuxième ligne. Le pouvoir absolu est en Dieu seul.

Ces mots sont écrits en caractères coufiques.

Troisième ligne. Travail du maître Abdul-Aziz, fils du maître Cherefuddin, originaire de la ville de Tébriz.

On suppose que l'eau de ce vase servait aux pèlerins et aux étudiants du médressèh.

Il y a, en outre, dans la mosquée quatre grands flambeaux de cuivre. Ils portaient aussi une inscription, mais elle s'est usée en beaucoup d'endroits; et ce n'est pas sans peine qu'on lit les mots suivants en langue arabe :

Emir Timour Gouregan. Travail d'Abdoullah, fils de Tadj-ouddin, originaire d'Ispahan, le 20 du mois sacré de Ramazan, 799 (1397).

La mosquée était desservie par les dignitaires suivants :

1° Le cheikh ul-Islam Nasr-oullah-khodja, fils de Ishaq-khodja (chef de tout le clergé du Turkestan);

2° Le azizlar cherify : Khodja Behboud (le premier dignitaire après le cheikh oul-Islam);

3° Naqib : Hamid bek-Khodja-khan;

4° Khatyb : Serym-khodja, fils de Behboud-khodja;

Ces deux derniers fonctionnent dans les cérémonies, l'un en qualité d'imam; l'autre en qualité de vaiz (prédicateur);

5° Tchiragtchi : Aman-Niaz-Mohammed et Mohammed-Kerim-Baba;

6° Ferrach : Redjal, Mohammed-Myr, Hachim (les deux

premiers allument les cierges, le dernier est chargé de l'entretien de l'édifice);

7° Le muezzin Hassan-Soufi, fils de Ibadoullah-Khodja (qui appelle les fidèles à la mosquée).

La mosquée de Hazret a, au point de vue religieux, une grande importance. Les musulmans sunnites la vénèrent comme un sanctuaire particulier. Ils affirment que jusqu'à la conquête russe la mosquée était visitée par des musulmans de toutes les parties de l'Asie. Les émirs, les khans, et autres personnages faisaient des dons importants aux étudiants du medressèh et de la mosquée, et au clergé.

Les revenus de la mosquée et de son clergé sont :

1° Le loyer de deux bazars et d'un caravansérail : les bazars étaient la propriété d'un ancien hakim de Turkestan, le cheikh Beha-Cheikh-khodja, qui est mort il y a quarante ans. De son vivant, il les a convertis en biens vaqoufs (biens de mainmorte), au profit de la mosquée.

Son fils, le mutevelli Athaoullah khodja, loue tous les magasins qui se trouvent dans ce bazar aux négociants, et en emploie le revenu de la manière suivante :

Il en garde pour lui un dixième. Il dépense un tiers du reste pour l'entretien des muderris ou maîtres des écoles de la ville de Turkestan. Les deux autres tiers sont consacrés à la mosquée qui reçoit chaque lundi dix tengas[1].

Dans le caravansérail, il y a quatre-vingts boutiques; elles sont louées aux marchands qui résident temporairement dans la ville. Cette location rapporte environ cent tillas[2]; cet argent, sauf un dixième qui appartient au

1. Le tenga, monnaie d'argent, vaut 20 kopeks, environ 80 centimes.
2. Le tilla, monnaie d'or, vaut 3 roubles 80 kopeks (environ 15 francs).

cheikh ul-Islam, est consacré à l'entretien de la mosquée.

2° Tout le terrain qui longe le ruisseau Urtach est affermé. On en retire :

a. Sur la récolte en millet, froment, orge, un batman [1] sur cinq.

b. Sur les bagtchèhs et les vergers dix tengas par tanab [2].

c. Cinq tengas par tanab de trèfle.

Le total de ces divers revenus est divisé ensuite entre trois personnages, le cheikh ul-Islam, le azizlar cherify et le naqib.

3° Tout le terrain arrosé par le arik (canal) est à la disposition des prêtres de la mosquée de Hazret et de tous leurs parents ; ils ensemencent eux-mêmes ou le louent comme ils l'entendent.

4° Le khan de Khoqand, jusqu'à la conquête du Turkestan, envoyait chaque année cinq cents tillas. Beaucoup d'autres bienfaiteurs offraient de l'argent ou des présents.

Les trois personnages que nous avons nommés plus haut profitaient seuls de ces libéralités.

5° Beaucoup de pèlerins offrent des moutons. On les tue tous les vendredis et on distribue la chair aux pauvres et aux voyageurs.

---

1. Le batman du Turkestan vaut huit pouds (soit 320 livres russes, environ 130 kilogrammes), celui de Tackhend vaut dix pouds et demi, celui de Boukhara, sept pouds 32 livres. Dans la partie du Turkestan soumise à la Chine, le batman vaut vingt et un pouds 12 livres (le poud russe vaut 40 livres).

2. Le tanab vaut 40 sagènes carrées.

La mosquée n'a été réparée qu'une seule fois sous le règne de l'émir de Boukhara, Abdoullah-khan[1], à l'époque où la ville de Turkestan dépendait de Boukhara.

L'émir Abdoullah-khan fit faire dans le mur, sur la porte extérieure de la mosquée, une petite chapelle sans destination aucune ; il fit restaurer la mosquée à l'extérieur, mais fort maladroitement. Les parties du mur qui ont des lézardes, ou dont la faïence est tombée, sont encore aujourd'hui tout simplement badigeonnées à l'albâtre. Aussi la mosquée présente aux regards une bizarrerie assez désagréable.

Lors de la prise de Turkestan, elle éprouva quelques dommages. Ses bastions étaient armés de canons qui gênaient notre marche ; le commandant russe se résolut donc à détruire la mosquée, qui était facile à bombarder.

Elle reçut un certain nombre de projectiles, dont quelques-uns percèrent le toit de part en part[1]. Elle aurait sans doute été complétement détruite si le cheikh-oul-Islam, au péril de sa propre vie, n'avait lui-même planté sur l'un

---

1. Cet article, publié en août 1866 dans le Recueil militaire, provoqua la réponse suivante d'un officier russe.

« Il est inexact que les Russes aient voulu bombarder la mosquée : comme témoin oculaire, je conteste entièrement cette assertion. Je sais positivement que le chef du détachement russe, le colonel Jerevkine, sous lequel j'avais l'honneur de servir, ne songea nullement à cette destruction inutile. Je me rappelle parfaitement qu'il ordonna au commandant de l'artillerie, le lieutenant-colonel Karalov, d'épargner la mosquée comme un monument intéressant. Cet ordre fut exactement exécuté, et jusqu'au dernier jour du siége pas un projectile ne fut lancé sur la mosquée. Un jour, le colonel apprit par un déserteur qirghize que cette circonstance soutenait le moral d'une population superstitieuse ; les habitants s'imaginaient que leur saint

des minarets le drapeau blanc, qui annonçait la reddition de la ville. Ces dégâts ne sont pas encore réparés aujourd'hui.

Mir-salih-Bektchourin.

Orenbourg, 19 février 1866.

protége la mosquée contre les infidèles ; c'est alors qu'il fut ordonné de tirer onze coups de canon pour désillusionner la garnison.

« Il est également inexact de dire que le cheikh-oul-islam arbora le drapeau blanc ; aucun signal n'annonça la reddition de la ville : tandis qu'une partie des habitants était déjà soumise, l'autre tirait sur les troupes russes...

« *Signé :* L. Mayer.

« Toula, 13 septembre 1866. »

عمل حاجی حسین شیرازی

(۱) لا اله الا الله محمد رسول الله   اشهد ان لا اله الا الله واشهد ان محمدا عبده و رسوله

الهی بحق نبی و ولی   بخشا کناه محمد پ علی

(۲) لا اله الا الله محمد رسول الله   و صلی الله علیه و سلم

کاتبه فقیر حقیر ملا فو محمد خیر الله بخاری سنه ۱۲۵۵

(۳) قل هو الله احد الله الصمد لم یلد و لم یولد و لم یکن له کفوا احد

الله   محمد   ابوبکر   عمر   عثمان   علی

نویسنده فقیر حقیر کمینه سید نظر خواجه

(۴) براستان تو ست مرا دست یا   اگر قبول افتد زهی سعادت ما

مشق کمینه توره خواجه کان بادامی غفر ذنوبه و ستر عیوبه

(۵) باب السامع الدعات   حب لسان مفتاح السعادت

(6) قال الله البارّ وتعالى اجعلتم سقيا الحاجّ وعمارة المسجد الحرام

وقال عليه السلام من بنى سقاية في سبيل الله تعالى بنى الله تعالى له حوضاً في الجنة امر بعمارة هذه السقاية الامير الاعظم مالك رقاب الامم المختصّ بعناية الملك خلّد الله تعالى ملكه لاجل روضة شيخ الاسلام سلطان مشايخ في العالم شيخ احمد يسوى قدّس الله روضة العزيز في شهر شوّال سنة احدى وعشرين وثمان ماية

(7) الملك لله

(8) عمل الاستاذ عبد العزيز ابن استاد شرف الدين تبريزي

(9) الامير تيمور كوركان

عمل عبد الله ابن تاج الدين اصفهاني وعشرين رمضان المبارك سنة تسع وتسعين وسبعماية

ITINÉRAIRE

DE LA

VALLÉE DU MOYEN ZEREFCHAN

Le travail dont nous donnons ici la traduction a été publié en russe par M. Th. Radloff dans les *Mémoires de la Société de géographie de Saint-Pétersbourg*. D'origine allemande, M. Radloff est surtout connu en Occident par les travaux qu'il a écrits dans sa langue maternelle : les savantes contributions qu'il a fournies au recueil d'Ermann : *Archiv für wissenschaftliche Kunde Russlands* (années 1861 et suivantes), *Bericht über eine im Sommer 1863 unternommene Reise in den östlichen Altaï* (dans le *Bulletin de l'Académie impériale des sciences de Saint-Pétersbourg*), et particulièrement son magnifique ouvrage sur la littérature populaire des nations turques : *Proben der Volkslitteratur des Türkischen Stämme Südsibiriens*, publié aux frais de l'Académie, et dont il a déjà paru huit volumes (Saint-Pétersbourg, 1866-1872).

M. Radloff a entrepris, soit dans la Sibérie, soit dans l'Asie centrale, de nombreux voyages. Il a été pendant quelque temps professeur à l'École des mines de Barnaul (Sibérie). Il est actuellement établi à Kazan et chargé de l'inspection des écoles tatares, dans lesquelles le gouvernement russe s'efforce de faire pénétrer les méthodes et les idées européennes (voir mon volume : *Études slaves*, p. 140 et suiv.). Pour répondre aux intentions du ministre de l'instruction publique, M. Radloff a publié récemment à Kazan trois volumes dont la rédaction lui a demandé un travail considérable : le *Bilik*, livre de lectures ; le *Hisablik*, traité élémentaire d'arithmétique, et une grammaire russe. Il s'est efforcé d'écrire ces ouvrages en pur tartare, en rejetant la terminologie arabe, chère aux mollas et aux medressèhs.

Je n'ai pas à insister sur l'intérêt de la *Description de la vallée du Zerefchan;* elle se recommande assez par le nom et le mérite de l'auteur. M. Schefer a bien voulu revoir les épreuves de ma traduction et rétablir la transcription des noms orientaux qui échappaient à ma compétence. Je le prie d'agréer tous mes remercîments.

Louis L<small>EGER</small>.

ITINÉRAIRE

DE LA

VALLÉE DU MOYEN ZEREFCHAN

En 1868, les Russes pénétrèrent au cœur du Touran jusqu'au moyen Zerefchan. J'ai eu l'occasion de visiter avec nos troupes, à cette époque, la partie la plus méridionale des possessions russes dans l'Asie centrale. Je crois remplir un devoir en décrivant la vallée du Zerefchan, centre des possessions de Timour, et qui est depuis longtemps considérée comme le cœur de l'Asie centrale; cette vallée a été jusqu'ici très-peu accessible aux voyageurs. Je dois prévenir le lecteur que les renseignements que j'ai recueillis s'appuient, les uns sur des observations personnelles, les autres sur les récits des indigènes; l'état de guerre ne me permettait pas de m'éloigner, fût-ce de quelques verstes, de l'armée ou de ses détachements. J'acquitte une dette en adressant mes sincères remercîments au général commandant von Kaufmann pour la protection et le concours qu'il m'a prêtés durant mon séjour dans l'Asie centrale. Je dois également beaucoup au lieutenant-colonel Schaufuss, commissaire de la délimitation des frontières entre la Russie et la Boukharie.

Montagnes et rivières.

La rivière Zerefchan, à ce qu'on m'a affirmé, sort du lac Iskender-koul, dans la partie sud-est du Thiang-chang (Kachghar-devan); elle se dirige, dans la plus grande partie de son cours, vers l'occident. Jusqu'à la ville de Pendjikent, cette rivière suit une vallée assez étroite, resserrée par des montagnes très-hautes; un peu à l'est de Pendjikent, cette vallée commence à s'élargir. La chaîne méridionale des monts Altaba recule vers le sud; la chaîne septentrionale, Choungar-tagh, se trouve déjà à cinq verstes de distance du cours du Zerefchan. J'ignore quels affluents cette rivière reçoit dans son cours supérieur. A Pendjikent, elle a déjà acquis tout son volume d'eau; il suffit à arroser toute la vallée jusqu'à Boukhara; les affluents qu'elle reçoit à l'ouest de Pendjikent sont sans importance et sont drainés par les campagnes. Les montagnes, qui s'étendent en une ligne continue au-dessus du Zerefchan, sont connues sous le nom général de monts de Cheherisebz; c'est sur elles que se trouve le beylik de Cheherisebz indépendant de Boukhara. Elles se composent de deux chaînes parallèles; la partie septentrionale s'appelle, dans sa partie orientale, Altaba-tagh, et dans sa partie occidentale, Kaman-Baran-tagh, ou monts de Samarqand. La chaîne méridionale, au pied de laquelle est la ville de Cheherisebz, s'appelle Sultan-Hazret-tagh. Ces montagnes sont assez hautes et, dans beaucoup d'endroits, elles s'élèvent au-dessus de l'altitude des neiges éternelles. Vers l'ouest, elles sont beaucoup plus basses, bien qu'elles atteignent encore une hauteur respectable. Dans cette direction, je n'ai pas, du fond de la vallée, aperçu de très-hautes montagnes.

Au sud-est de la ville de Kettèh-Qourghan commence une nouvelle chaîne qui se détache brusquement, fait un angle presque aigu et s'avance dans la vallée du Zerefchan sans approcher la rivière de plus de sept verstes. Au sud-ouest de cette chaîne, qui porte le nom de Timtagh, s'étend, à ce que l'on dit, une grande steppe, Ortatcheul. Toutes les montagnes dont j'ai parlé descendent en terrasses vers le Zerefchan; la route entre Samarqand et Kettèh-Qourghan longe les pentes de ces montagnes.

Parmi celles qui s'élèvent au nord du Zerefchan, la montagne de Choungar-tagh s'étend parallèlement au cours de la rivière, au nord de Pendjikent. A quinze verstes à l'ouest de cette ville, le Choungar-tagh se dirige vers le nord et se rattache aux contre-forts méridionaux des monts Sengzar-tagh, qui s'étendent à l'ouest jusqu'à la ville de Djizaq. Aux monts Sengzar-tagh se réunissent, vers l'ouest, les monts Nourâta-tagh, qui séparent et préservent la vallée des sables du nord. Plus loin, vers le sud du Sengzar-tagh s'étend une chaîne de hauteurs assez importantes, dont les ondulations, sur une longueur de dix à quinze verstes, poussent vers l'occident jusqu'au sud du Nourâta-tagh. Ces hauteurs constituent la ligne de partage du Syr-Deria et de l'Amou-Deria. La petite rivière d'Ilang-eti, sortie des monts Sengzar-tagh, se dirige vers le nord et arrive à Djizaq;

elle arrose cette ville et la forteresse de Yenghy-Qourghan et sépare par son étroite vallée les monts Sengzar-tagh de la partie septentrionale des monts qui constituent le Nourâta-tagh.

Les monts Nourâta-tagh s'étendent, dans leur direction principale, de l'est à l'ouest, de la rivière Ilang-eti à la ville de Nourâta, qui leur a donné son nom; ils ont en tout cent cinquante verstes de longueur. La principale chaîne, celle du nord, connue sous le nom de Qara-tagh, est fort escarpée et offre de véritables pics. Au sud de la partie occidentale du Qara-tagh s'étend la chaîne à peu près indépendante de Khadoum-tagh. A l'occident de cette chaîne insignifiante s'étend la chaîne de Qaradjèh-tagh; de cette dernière se détache vers l'occident, presque parallèlement au Qara-tagh, la chaîne de l'Aq-tagh. Les chaînes de Khadoum-tagh et de Qaradjèh-tagh sont très-peu importantes et n'offrent que de légères ondulations. Mais l'âpre Aq-tagh, avec ses cimes dentelées, ne le cède guère en hauteur au Qara-tagh. Les monts Aq-tagh et Qara-tagh s'abaissent graduellement à l'ouest du village d'Aq-tchap, se rapprochent l'un de l'autre et se rencontrent sous un angle aigu près de la ville de Nourâta. Sur les montagnes au nord de la rivière Zerefchan, je n'ai vu nulle part de perce-neige. L'espace compris entre les deux chaînes du Nourâta-tagh a environ quinze à vingt verstes de largeur; il ne présente nulle part une surface plane; il est coupé par des mouvements de terrain plus ou moins élevés et dirigés principalement du nord au sud.

Toutes ces montagnes au nord et au sud du Zerefchan

sont nues; elles ne présentent de rochers que dans les parties les plus élevées. Je n'ai remarqué nulle part de forêts ou bois, sauf quelques plantations artificielles au bord des rivières. Ces montagnes présentent l'aspect de masses grises, monotones, sans rien de pittoresque dans l'ensemble.

Toutes les rivières sur le versant septentrional de la ligne de partage coulent vers le nord. Elles sont en général peu importantes. En commençant par l'est, on trouve d'abord l'Ilang-eti, qui arrose une vallée très-étroite entre le Sengzar-tagh et le Qara-tagh. Ensuite, en allant vers l'ouest, les petites rivières du versant nord du Qara-tagh sont le Qara-qaya, l'Achandara, l'Oustakhan, le Nourek, l'Asman-Saï, l'Ajamatch, l'Yenghi-Qychlaq-sou, le Koulima, le Deristan, l'Ouchma, le Toutar-Saï, le Sefer-âta, le Serym-saqaly, le Farych, l'Oukhoum, l'Andakhych, le Mourjeroum, le Samtan, le Saï, le Kettèh-Saï, l'Eïtch, le Temir-qoulou, l'Oukoun. Toutes ces rivières sont fort petites et arrivent à peine jusqu'au pied des montagnes. Autrefois, quand les montagnes étaient encore en partie couvertes de bois, ces rivières étaient certainement plus importantes; maintenant toute leur eau est absorbée par les pâturages. Elles se réunissaient sans doute naguère à la rivière Ilang-eti et constituaient un affluent important du Syr-Deria; aujourd'hui même, au moment des plus hautes eaux, elles vont toutes mourir dans la steppe.

Les rivières qui sortent du versant méridional du Qara-tagh sont des affluents du Zerefchan. On trouve d'abord quatre rivières assez importantes, sorties des monts Nourâta; elles tombent sur la rive droite dans le moyen Zerefchan; trois d'entre elles descendent du Qara-tagh. La première, le Qara-abdal, prend sa source dans la gorge de Sary-bel et coule entre le Khadoum-tagh et le Qaradjèh-tagh. La seconde, le Toursoun, sort au-dessous des sources de l'Oukhoum et coule au milieu des montagnes du Qaradjèh-tagh. La troisième, le Pichat, coule sur le versant méridional du Qaradjèh-tagh, près le village de Penkent, et sépare par sa vallée le Qaradjèh-tagh de l'Aq-tagh. L'eau des affluents de ces rivières se perd dès la montagne dans les pâturages; les rivières principales ne roulent dans leurs larges lits que de minces filets d'eau et se terminent à quelques verstes du pied des montagnes; il faut que l'eau soit très-haute pour qu'elle arrive jusqu'au Zerefchan. Le quatrième affluent du Zerefchan, en partant du nord, est la rivière de Djisman. Il prend sa source au nord de la ville de Qatirtchy, dans l'Aq-tagh, au défilé de Tikenlik; pendant l'hiver, il n'arrive pas jusqu'au Zerefchan; cependant la largeur de son lit au village de Tasmatchi permet de supposer qu'il l'atteint quelquefois.

Le Toursoun se forme des rivières Qarabaï, Nakrout et Seraï; ses anciens affluents, le Thaq-mezar, le Kazhamar, l'Ortaboulaq, le Kerech, etc., ne l'atteignent pas même au temps des plus hautes eaux.

La rivière Pichat reçoit à l'ouest le Khochravat; les autres rivières que j'ai vues plus loin, vers l'ouest, l'Aqtchaï, le Qaratchiak, le Djouch-Baghadjat, se perdent toutes dans les plantations. Au sud d'Aq-tagh, entre les rivières de Pichat et de Djisman, il y a encore trois petites rivières : le Zerbend, l'Andaq et le Burdjeng. Se réunissaient-elles autrefois ou arrivaient-elles chacune isolément au Zerefchan? Je n'ai rien pu apprendre sur ce point.

Les principaux affluents du Zerefchan au sud sont les suivants : le Tcharvaq au sud de la ville de Pendjikent, le Tchour-tcha, près de Pendjikent; il est formé de trois petites rivières, le Qoum-aryq (près du village de Daoul), le Qara-Sou, l'Inam-Iakhchi, près de la ville de Kettèh-Qourghan.

On ne peut aujourd'hui se rendre compte des dimensions primitives de tous ces affluents. Dans tous les endroits propres à l'établissement des champs ou des vergers, on leur emprunte l'eau nécessaire pour les irrigations; ainsi, non-seulement ils ne reçoivent pas les affluents que la nature leur avait destinés, mais encore ils perdent chaque jour leurs propres eaux.

En ce qui concerne les noms de toutes ces rivières, il faut remarquer qu'ils démontrent combien l'homme, en ces régions, a besoin de l'eau et quel rôle elle joue dans l'établissement de ses résidences. La rivière ou le ruisseau porte, près de chaque village, le nom du village, ou le village le nom du cours d'eau. Ainsi le Qara-ablad s'appelle, dans son cours supérieur, le Qara-ablad-boulaq, puis le Jar-boulaq, puis le Tchartchik-boulaq, puis enfin le Djouma-bazar-boulaq, toujours d'après les noms des villages qu'il arrose. D'autre part, les villages de Kettèh-saï (grand ravin), Tas-ketchu (gué printanier), Saouq-boulaq (source froide), Orta-boulaq (source centrale), doivent évidemment leurs noms aux cours d'eau qui les arrosent.

De l'irrigation artificielle.

Les montagnes et les vallées nues et sans forêts qui s'étendent au sud et au nord du Zerefchan sont, sauf sur les sommets rocheux, recouvertes d'une couche uniforme de glaise grasse qui, dans les grandes chaleurs et pendant les longues sécheresses, réclame une immense quantité d'eau. Ce sol ne se couvre que d'une herbe maigre, si l'on n'a pas recours à l'irrigation artificielle. Mais cette herbe même disparaît au commencement de l'été et ne subsiste jusqu'à la moitié de cette saison que dans le creux des montagnes. Le paysage prend un aspect désolé et mort qui ne cesse que si l'homme fournit à la terre l'eau nécessaire. Alors elle devient fertile ; elle se couvre d'une herbe épaisse, et l'on voit apparaître des champs superbes, des vergers magnifiques, véritables oasis du désert.

Dans ces conditions, la fortune des villages et des habitants dépend de la quantité d'eau dont ils disposent pour l'irrigation, et la densité de la population est strictement limitée. Elle est en raison directe du volume de l'eau employée ; cette eau est dépensée jusqu'à la dernière goutte, et l'on ne peut créer ici une nouvelle colonie sans nuire aux habitants antérieurs. Si la population, comme il semble, a naguère été ici plus nombreuse, c'est que l'eau était plus abondante. Nous avons des raisons de croire qu'elle diminue ici peu à peu ; il faut chercher la cause de ce phénomène dans la destruction complète des bois sur la montagne.

Une expérience séculaire a seule pu donner la possibilité d'établir le système d'irrigation artificielle que nous voyons pratiquer ici et de résoudre ce problème difficile : avec très-peu d'eau arroser beaucoup de terrain.

Avec les petits affluents du Zerefchan, qui ont une pente plus ou moins forte, le problème n'est pas difficile à résoudre : avec peu d'eau on n'a à arroser que très-peu de terrain. Les grandes difficultés à vaincre se rencontrent dans la large vallée du Zerefchan, où il faut distribuer régulièrement l'eau sur une étendue de cent cinquante ou deux cents verstes de longueur, vingt ou vingt-cinq verstes de largeur, avec une pente insignifiante. Là, il a fallu donner aux champs des niveaux différents, créer un réseau de canaux qui se coupent sous des angles divers, et tantôt répandent l'eau en minces filets, tantôt la rassemblent pour être employée plus loin. C'est une véritable merveille que ce système d'irrigation : nos ingénieurs n'auraient certainement pas mieux fait. L'étonnement s'augmente encore en songeant que cette œuvre gigantesque a été accomplie par de simples laboureurs dépourvus des procédés scientifiques que nous possédons en si grand nombre.

Je ne suis pas en état de donner une description exacte du système de ces canaux; je me borne à une description rapide des parties principales.

Étudions d'abord l'irrigation des affluents du Zerefchan. Les petits cours d'eau ne peuvent arroser de grandes cultures; ils n'alimentent que les plantations des villages situés sur leurs rives. Pour diminuer l'évaporation de l'eau, on n'a creusé que de courtes rigoles qui traversent des plantations longues et étroites. Les villages consistent en groupes d'habitations éloignés les uns des autres.

Ainsi le village de Djisman a plus de dix verstes de longueur; celui de Khochravat, situé entre les monts Aq-tagh et Qara-tagh, est encore plus long. Dans ces régions, la répartition de l'eau est chose facile. Je citerai comme exemple la rivière de Djisman. Elle arrose trois villages : sur le cours supérieur, Djisman; sur le cours moyen, Orta-boulaq, qui possède quelques sources indépendantes; sur le cours inférieur, Nao-khandaq. Djisman n'a le droit de disposer de l'eau pour l'irrigation que trois jours par semaine; Orta-boulaq et Nao-khandaq ne jouissent de ce droit que deux jours par semaine. Les jours où il est interdit à un village d'irriguer, les écluses de ses canaux doivent être fermées. Les populations comprennent si bien la valeur du droit à l'irrigation, que jamais, — à ce qu'on m'a assuré — il ne se produit de protestations à ce sujet.

A Baghadjat, entre le Qara-tagh et l'Aq-tagh, j'ai vu un cours d'eau artificiel; on avait creusé sur le flanc de la montagne huit puits à la file et on les avait réunis par une tranchée souterraine. De cette façon on avait constitué un cours d'eau artificiel qui suffisait à arroser quinze plantations.

Le Zerefchan coule dans son propre lit jusqu'à la ville de Samarqand, ou, pour être plus exact, jusqu'à la montagne de Tchoupan-âta, près Samarqand. La ville de Pendjikent et ses environs empruntent l'eau nécessaire à de petits torrents qui descendent des monts Altab;

ainsi font certains villages situés au pied de ces montagnes (Qirqazy, Mouminavat, Ourgout, Qara-tepèh, etc.). A environ quinze verstes de Pendjikent, part du Zerefchan un grand canal qui doit arroser tous les pays compris entre les monts Altab et le Zerefchan lui-même. Ce canal se subdivise en trois petits canaux; celui du milieu, le plus important, l'Angar-Aryk, arrose le grand village de Djouma-bazar et une longue série de villages. Lors des grandes eaux, il va rejoindre, à l'ouest de Samarqand, la rivière de Qoum-Aryk. Le canal oriental fournit de l'eau à un groupe très-peuplé aux environs de la ville de Ming; le canal occidental arrose la petite ville de Pendjchenbèh et ses environs. A une ou deux verstes à l'ouest du grand canal, un autre grand canal, ouvert sur la rive du Zerefchan, lui enlève une grande quantité d'eau qui arrose une large vallée au pied du Choungar-tagh. Entre le Choungar-tagh et la grande route de Djizaq à Samarqand, on rencontre un grand nombre de villages. Au nord de ce grand canal s'en détache un autre, le Taïlan, qui arrose le bourg important d'Aq-tepèh; à l'ouest du Taïlan, le canal principal se subdivise en quelques canaux inférieurs qui arrosent un groupe de villages connus sous le nom générique de Bech-aryk (les cinq ruisseaux). A huit verstes environ au nord du canal Taïlan, au nord d'Aq-tepèh, coule dans un ravin assez profond un cours d'eau important qui se dirige vers l'ouest. La route de Djizaq à Samarqand traverse ce cours d'eau sur le Khicht-Keupru (pont de briques). Je n'ai pas pu savoir si c'est là un canal artificiel dérivé du Zerefchan ou une rivière indépendante originaire du Choungar-tagh. C'est vraisemblablement un canal artificiel; le ravin est évidemment de formation postérieure. D'abord, sur les deux côtés, on voit encore des restes d'habitations, abandonnées il y a environ cent cinquante ans. D'autre part, vu le niveau actuel des eaux, l'irrigation des localités environnantes par ce canal serait chose impossible, et il n'y a point d'autre eau dans le pays. J'ai trouvé, au nord du pont de briques, des vestiges d'anciens canaux desséchés, aujourd'hui hors d'usage, parce que le canal principal coule beaucoup plus bas qu'auparavant. Il arrive très-souvent que les lits des canaux s'abaissent; l'eau entraîne la terre glaise sur laquelle elle coule. Voici ce que j'ai pu apprendre sur ce cours d'eau. Dans son cours supérieur, on l'appelle Tué-Tartare; dans son cours moyen, près du pont de Touiakli, dans son cours inférieur, Boulinghir. C'est sous ce nom qu'il arrive à la ville de Tchilek. A quelques verstes au sud de Tchilek, j'ai rencontré un village de Boulinghir qui est, selon toute apparence, situé sur les bords de ce canal. Au sud-ouest du canton de Bech-aryk, sort du Zerefchan le canal Yenghi-aryk (le nouveau canal), qui arrose le village d'Ianbaï, au nord du Zerefchan, sur la route de Djizaq à Samarqand. Plus loin, à l'est de l'Yenghi-aryk, sortent, sur la rive droite du Zerefchan, trois canaux : 1° le Mirza-aryq, d'où sort plus loin l'Och-nakssa; 2° le Tongouz-aryq; 3° le Khoch-qalèh. Ils arrosent toute la vallée entre le Zerefchan et la ville de Tchilek et conduisent leurs eaux à l'ouest jusqu'au village de Mitan.

Au nord de la ville de Samarqand, au pied du mont Tchoupan-àta, le Zerefchan est artificiellement divisé en deux bras : celui du nord s'appelle Aq-deria (rivière blanche); celui du sud, Qara-deria (rivière noire). L'Aq-deria, qui coule dans le lit primitif du Zerefchan, est beaucoup plus important que le Qara-deria. Cette division artificielle du fleuve doit remonter à une époque très-ancienne. Le bras artificiel est très-profond et tout rempli de cailloux. L'Aq-deria a pour objet d'arroser la partie occidentale de la vallée du Zerefchan, c'est-à-dire le pays compris entre les vallées de Qatirtchy et de Boukhara. Dans la partie moyenne de la vallée du Zerefchan, il n'y a que quelques canaux sans importance qui arrosent un petit nombre de villages sur la droite entre Mitan et Qatirtchy. Le Qara-deria arrose toute la vallée moyenne du Zerefchan jusqu'à la ville de Qatirtchy et le beylik de Ziaouddin, au sud-ouest de Qatirtchy. La digue qui sépare les deux bras du Zerefchan se trouve au pied même du mont Tchoupan-âta. Il faut la réparer deux fois par an, au printemps et en hiver. C'est là un travail fort important; la digue est en pierres brutes; il faut chaque fois cinq mille travailleurs dont deux mille sont fournis par les beyliks de Kettèh-Qourghan et de Pendjchenbèh, et trois mille par le beylik de Ziaouddin. Cette différence dans le nombre des travailleurs a sa raison d'être; c'est surtout le beylik de Ziaouddin qui aurait à souffrir du manque d'eau.

Pour alimenter d'eau toute la contrée entre l'Aq-deria et le Qara-deria, il existe, outre une infinité de petits canaux, quatre canaux principaux; ils partent de la rive droite du Qara-deria et se dirigent au nord-ouest; ce sont : 1° l'Aferinkent; il se détache du Qara-deria à quinze ou vingt verstes à l'ouest de Samarqand et près du village de Naïmantcha; il sert surtout à l'irrigation de la ville de Yenghi-Qourghan (Qyptchaq-Yenghi-Qourghan sur les cartes, pour la distinguer de la forteresse de Yenghi-Qourghan, sur les bords de l'Ilan-cti) et ses environs; 2° le Khodja-aryk, qui, sorti du Qara-deria à vingt verstes à l'ouest de l'Aferinkent, arrose les villages de Terbiztalak, Ichtakaï, etc.; 3° le Ming-aryk, qui part du Qara-deria, près du village d'Aman-Khodja, et arrose tous les villages qui entourent le bourg de Djouma-bazar; 4° le Qilytch-avat, qui arrose tous les villages au nord de la ville de Kettèh-Qourghan, et notamment la ville de Pendjchenbèh et ses environs.

Ces quatre canaux et les rigoles qui circulent entre eux usent la moitié de l'eau du Qara-deria. Il est situé bien au-dessus de l'Aq-deria et ne reprend jamais l'eau qui lui a été enlevée. Aussi diminue-t-il considérablement.

Pour arroser la partie méridionale de la vallée centrale, c'est-à-dire la ville de Kettèh-Qourghan et ses environs et tout le beylik de Ziaouddin, il part de la rive gauche du Qara-deria un grand canal appelé Nourpaï. Le Nourpaï a au moins dix-huit ou vingt sagènes de largeur. Sa profondeur est considérable, car à chaque village il est traversé par un pont de bois; or, au prix où le bois est dans ces contrées, on ne construit de pont qu'en cas d'absolue nécessité. J'ai vu le Nourpaï au moment des basses eaux, on pouvait le traverser à pied; l'eau avait baissé parce que, vu l'état de guerre, on n'avait pas réparé la digue de Tchoupan-âta, et le Qara-deria n'avait guère reçu que la moitié du volume d'eau habituel. Aujourd'hui le Nourpaï commence au village d'Aldjan, mais autrefois il sortait, dit-on, du Qara-deria, près du village de Tchimbaï. Non loin de Kettèh-Qourghan, le Nourpaï reçoit une petite rivière qui descend des montagnes méridionales. Je n'ai pu étudier que la partie méridionale du Nourpaï. Entre les villages d'Arab-Khani et de Khodja-Qourghan où j'ai résidé quelques jours, il y a, m'a-t-on dit, quatre canaux qui sortent du Nourpaï : au nord, l'Isabiskhor et le Bechkhandak, au sud le Kayak-aryk et le Dam-aryk.

Je voudrais maintenant examiner une question qui a suscité de nombreux débats : peut-on barrer l'Aq-deria et enlever l'eau à Boukhara? A mon avis, une telle pensée n'a pu venir qu'aux gens tout à fait ignorants de la situation géographique du Zerefchan. La vallée du Zerefchan est limitée des deux côtés par de hautes montagnes ; la masse principale des eaux doit en toute hypothèse se frayer un passage vers l'ouest. Que d'ouvriers ne faudrait-il pas pour barrer l'Aq-deria, quand on songe qu'une seule digue exige cinq mille travailleurs durant plusieurs semaines? En supposant même la chose possible, le Qara-deria et le Nourpaï déborderaient, inonderaient nos possessions, et l'eau finirait par aller rejoindre le cours inférieur de l'Aq-deria.

Lieux habités : villages, bourgs et villes.

Toute la vallée du Zerefchan, partout où elle est couverte d'un réseau de canaux, présente une population assez dense. Quand on longe les hauteurs qui la délimitent, on aperçoit dans le fond des bois sombres qui tranchent sur la lumière crue de la steppe. C'est la partie habitée de la vallée ; là, les champs et les vergers se succèdent sans interruption ; pas un coin de terre ne reste en friche. De magnifiques prairies de trèfle charment l'œil par leur verdure ; elles entourent des champs luxuriants où croissent le tabac, le maïs, les pastèques et les melons. A travers ces champs coulent avec un doux murmure d'innombrables ruisseaux, le long desquels croissent de longues files d'arbres. Au milieu des champs se groupent des vergers entourés de murs en terre glaise. D'immenses peupliers élèvent au ciel leurs cimes argentées ; des ormes puissants dressent leur feuillage sombre ; des arbres fruitiers courbent sous le poids des pêches, des pommes, etc. Ici s'étendent les plantations jaunes de riz, là les champs gris de coton. L'œil ne se rassasie pas de ce spectacle.

Ainsi la vallée du Zerefchan constitue un jardin ininterrompu ; il est difficile de distinguer les villages les uns des autres. Ils ne ressemblent point aux nôtres ; les canaux, ces artères vitales de la population, ne permettent ici que de petits groupes de maisons et de plantations. Quelques groupes, jetés sans ordre et arrosés par un canal principal, constituent un *qychlaq* (qychlaq veut dire littéralement séjour d'hiver; en qirghize, qychtau). Cette dénomination s'explique sans doute par ce fait, que les Turcs, lors de leur arrivée dans ces contrées, étaient encore nomades et n'avaient de résidence fixe que pendant l'hiver.

Comme les canaux décrivent de fortes courbes, il arrive souvent que les domaines d'un qychlaq empiètent sur le territoire d'un autre. Néanmoins, malgré cette dissémination, c'est le canal qui constitue le centre réel du village. Les travaux communs pour son entretien, l'intérêt général d'une répartition régulière des eaux obligent les propriétaires à une entente intime et à une action combinée. C'est ce que j'ai eu l'occasion de constater lors de la délimitation des nouvelles possessions russes sur la frontière de Boukharie. Aux endroits où la frontière traverse la vallée du Zerefchan, il a fallu se résigner à toutes sortes de sinuosités ; en effet, il n'était pas possible de distraire une seule maison du qychlaq auquel elle appartenait sans causer le plus grand dommage aux habitants.

Entre ces lignes continues de qychlaqs, il s'est formé peu à peu un certain nombre de bourgades centrales plus semblables à nos villages. Ce sont les qychlaqs à bazar; ils occupent pour la plupart une étendue assez considérable. Autour de la place du bazar qui en occupe le milieu, les maisons sont beaucoup plus denses. Elles abritent les artisans, dont les demeures ne sont pas entourées de vastes plantations ; dans les petits qychlaqs ne vivent que des laboureurs et des horticulteurs. Les marchands sont fort rares. Le bazar n'est en général qu'une grande place vide sur laquelle s'élèvent quelques baraques en terre glaise ayant la forme d'une caisse, ouverte par devant. Les jours ordinaires, ces baraques, ainsi que tout le bazar, sont complétement vides. Mais, les jours de bazar, elles se remplissent de marchands et de marchandises. Toute la place est couverte de monde ; jeunes et vieux se rassemblent de tous les environs; les qychlaqs restent vides. Même les gens qui n'ont rien à vendre ni à acheter ne négligent pas cette occasion d'aller flâner au bazar.

Le trafic de ces marchés est nécessairement fort restreint. Les marchands des villes ne visitent que rarement ces bazars, à l'époque de la récolte de la soie, du coton ou du raisin. Les objets qu'on apporte des villes sont les instruments en fer, la poterie, les étoffes. Parmi les produits locaux, ceux qui se vendent le plus sont les instruments agricoles, les chariots, les roues, le pain, les fruits.

Les plus importants qychlaqs à bazar que j'aie vus ici sont Aq-tépèh, entre Khicht-keupru et Samarqand et Dèhbid sur l'Aq-deria, au nord de Samarqand. Ils avaient l'air de petites villes; on y trouve déjà des rues, des boutiques d'artisans et de commerçants ouvertes chaque jour, et quelques caravansérails avec de grandes cours et des galeries où les voyageurs trouvent à manger pour eux et leurs chevaux. A mon grand étonnement, j'y ai vu des samovars russes.

Dans les parties de la vallée du Zerefchan que j'ai visitées, je puis nommer les qychlaqs à bazar suivants :

1. Ming-bazar (sur le Qara-deria).

2. Pendjchenbèh (sur l'Aq-deria).

3. Djouma-bazar.

4. Zira-boulaq.

5. Iorghan (au nord de Djouma-bazar).

6. Mitan (au nord de l'Aq-deria).

7. Ichtikhan.

8. Tchimbaï.

9. Kettèh-Qourghan.

Je puis encore citer les villes de Yenghi-Qourghan, Dèhbid, Daoul, Djouma-bazar, Tchilek.

Les villes servent de centre à un certain nombre de cantons à bazar. Elles ont l'aspect d'immenses qychlaqs et consistent dans la ville proprement dite avec sa forteresse et une vaste enceinte de jardins tout autour. Elles se ressemblent toutes et ne diffèrent que par leur étendue.

Le centre de la ville proprement dite est la forteresse. Elle se trouve d'ordinaire sur une élévation artificielle et est entourée d'un fossé et d'un mur crénelé assez haut, en terre glaise. L'intérieur de la forteresse est occupé par des constructions et des murs où vivent, outre le bey et ses soldats, un grand nombre d'habitants. Autour de la forteresse, ordinairement de trois côtés s'étend la ville proprement dite, entourée également d'un mur moins important, percé d'un certain nombre de portes (dervazèh); les rues de la ville sont étroites et sinueuses; elles consistent pour la plupart en deux files parallèles de murs; les maisons, sans exception, s'ouvrent sur les cours. Parfois la terre glaise dont sont construits les murs est décorée de grossières arabesques. Il n'y a presque point de jardins, on rencontre rarement même un arbre isolé. Je n'ai vu de rues formées par des maisons que dans les grandes villes, autour du bazar; là, le prix élevé du terrain ne permet pas d'avoir de grandes cours. Mais ces maisons mêmes tournent le dos à la rue et ne s'ouvrent que sur des cours. Les seules bâtisses qui rompent la monotonie du coup d'œil sont les mosquées et les medressèhs. La mosquée consiste, en général, en une grande galerie découverte appuyée sur de hautes colonnes de bois dont le plancher est peint des couleurs les plus criardes. A côté de cette galerie ouverte, il y a une mosquée fermée pour les prières des grandes fêtes (djouma namazy) et pour les offices d'hiver. Les rues du bazar sont un peu plus larges que les autres ; les unes sont couvertes, les autres découvertes. Les magasins et les ateliers des artisans sont ouverts sur la rue ; là la vie est bruyante et animée. Les medressèhs se trouvent en général près des bazars ; ce sont les seules constructions en brique cuite. Ils sont tous carrés et ont une cour à l'intérieur. Les cellules des mollas s'ouvrent sur cette cour ; chacune a une porte particulière. La façade qui donne sur la rue est en général bâtie avec soin et élégance ; il y a au milieu une porte cintrée à deux battants.

Les résidences particulières entourées d'un mur en terre consistent, comme dans les villages, en un certain nombre de petites cours avec d'insignifiantes maisonnettes. Dans les plus importantes, on trouve des bassins quadrangulaires à côté desquels croissent parfois quelques arbres. Les canaux traversent chaque résidence ; les gens s'y lavent ou y nettoient leur vaisselle, sans songer que le voisin boit cette eau; on comprend que dans les villes l'eau soit absolument repoussante pour l'Européen.

Les villes paraissent en général vides; les habitants restent toute la journée chez eux.

La ville proprement dite est entourée, comme je l'ai fait remarquer, d'une ceinture de jardins qui occupe un espace dix fois plus considérable que la ville elle-même. Entre les jardins, les rues sont beaucoup plus larges. Là, on ne voit nulle part de maisons, mais seulement des murs de terre glaise qui entourent les jardins. Ils sont mieux construits qu'à l'intérieur de la ville. L'ombre épaisse des arbres qui dépassent ces murs prête un grand charme aux promenades à travers ces rues verdoyantes.

Tel est l'aspect général des villes. Voici maintenant quelques détails sur celles d'entre elles que j'ai eu l'occasion d'observer.

1. PENDJIKENT. Petite ville avec une forteresse assez importante. Elle est située sur la rive gauche du Zerefchan. Les jardins de cette ville sont arrosés par une rivière qui descend des monts Altab. Les environs sont fort montueux et, à ce que l'on m'a assuré, la situation de la ville est très-belle.

A Pendjikent vivait autrefois un bek qui, à beaucoup de points de vue, était indépendant de l'émir de Boukhara et prenait souvent le parti du bek indépendant de Cheherisebz. En ce qui touche la population de Pendjikent et de ses environs, tous les riverains du Zerefchan déclarent qu'elle fournit d'excellents tireurs et de braves soldats. Tout le monde pensait qu'ils s'allieraient avec le bek de Cheherisebz contre la Russie ; mais cette espérance ne s'est pas réalisée ; les habitants de Pendjikent se sont unis aux Russes sans aucune résistance.

2. SAMARQAND. La ville de Samarqand, capitale de Tamerlan, la Mecque de l'Asie centrale, est située sur la rive gauche du Zerefchan, à cinq verstes de la rivière. Elle reçoit en partie son eau d'un petit torrent. Celui qui a rêvé un tableau idéal de cette ville d'après les noms magnifiques que lui prodiguent les poëtes persans, est singulièrement désenchanté en y arrivant. Samarqand ne se distingue en rien des autres villes de l'Asie centrale. Elle est entourée de la même ceinture de jardins ; les mêmes maisons en terre glaise, les mêmes murs à moitié détruits y constituent des rues étroites et sinueuses. Dans les rues plus éloignées du bruyant bazar, règne un calme aussi silencieux que dans les autres villes. Le seul détail qui distingue Samarqand, ce sont ses monuments d'architecture, restes d'un temps plus prospère, et à demi détruits. Avec leurs ruines et leurs monceaux de décombres, ils contemplent orgueilleusement cette foule de marchands qui n'ont pas su mieux conserver ces sanctuaires consacrés par tant de souvenirs. J'ai visité Samarqand à une époque peu agréable pour le voyageur, et je n'ai pu m'en faire qu'une idée relative. Quand j'y suis entré, le bazar présentait un gigantesque monceau de cendres et de décombres, d'où jaillissaient de hautes colonnes de fumée ; les rues où les maisons avaient été détruites étaient couvertes d'une couche épaisse de glaise réduite en poudre ; à chaque pas des

chevaux, s'élevait une épaisse poussière. La population, surtout les classes instruites s'était enfuie, craignant la vengeance des Russes; même la partie préservée du bazar était, les jours de marché, presque entièrement vide. On comprend que, dans de pareilles circonstances, je n'aie pu recueillir que peu de renseignements et que j'aie dû me contenter de visiter les anciens monuments de la ville et le quartier juif.

On sait que les seuls monuments de l'antique architecture de Samarqand sont les medressèhs, les mosquées et les tombeaux. Les musulmans orthodoxes de l'Asie centrale ne pouvaient pas célébrer par des monuments ce monde périssable. Bien que Vambéry, Khanikov et Lehmann aient déjà décrit les curiosités de Samarqand, je ne crois pas inutile de les décrire encore une fois.

Les plus anciens monuments datent du règne de Tamerlan. Le plus intéressant et le mieux conservé est le tombeau de Tamerlan, le Turbèti-Timour. Le mausolée de Timour est construit en briques cuites couvertes de faïences vernies. Les murs extérieurs présentent des embellissements consistant en arabesques et inscriptions en mosaïques. Ce mausolée octogone est surmonté d'une coupole en forme de melon, entièrement vernissée. Aux deux côtés de l'édifice s'élèvent deux colonnes creuses en briques, couvertes de carreaux de faïence; il y a à l'intérieur un escalier en spirale, presque complétement ruiné. Les ornements de ces colonnes sont du même genre que ceux de l'édifice; non loin de l'édifice principal se dresse une porte semblable au mausolée. Sur cette porte se lit distinctement l'inscription suivante :

« Construit par l'humble esclave Mohammed, fils de Mahmoud d'Ispahan. »

Cette inscription montre, comme l'a fort bien remarqué Vambéry, que les monuments de Samarqand furent exécutés par des artistes persans.

De la porte, qui est assez grande, un corridor étroit, voûté, conduit à l'intérieur du mausolée, du côté gauche. Le bâtiment où se trouve la pierre tumulaire de Timour consiste en une coupole principale flanquée de quatre niches. Les murs sont garnis à l'intérieur de grandes plaques en jaspe ornées d'arabesques fort élégantes et d'inscriptions; les niches sont aussi richement décorées. Le sol est pavé en pierres; au milieu, juste sous la coupole, s'étendent sept pierres funéraires; du côté qui regarde la Mecque se dresse une petite colonne à laquelle est fixé un large étendard. Mais en quel état de délabrement se trouve ce magnifique monument! Les revêtements des murs sont tombés en grande partie; sur le plancher, auprès des pierres tumulaires, gisent des monceaux de chaux. Les parties les plus endommagées ont été fort mal réparées, et cela quand, après la prise de Samarqand, le général Kaufmann eut donné une somme assez importante pour la reconstruction du mausolée.

Les pierres tumulaires sont disposées dans l'ordre suivant et entourées de mauvaises balustrades en pierre.

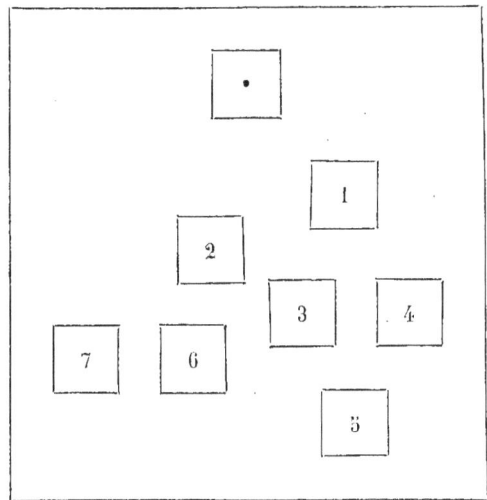

1. Pierre longue de trois archines et large de deux tiers d'archine (marbre gris); elle est aujourd'hui recouverte d'une couche de chaux. D'après les récits de mon guide, c'est ici qu'est enterré Mir-Séiyd-Berekèh-Cheikh, précepteur de Timour, qui mourut deux ans après lui.

2. Pierre longue d'une archine et un quart, en marbre gris, avec des inscriptions. C'est la pierre tumulaire d'Abdul-Lathif-Mirza, fils d'Ouloug-Beg, mort en 804 (1401 de notre ère).

3. Pierre de marbre noir, cassée en deux morceaux, longue de trois archines et large de trois quarts d'archine; tout autour court une inscription très-effacée. C'est la pierre de Timour, mort en 807 (1404 de notre ère).

4. Pierre de marbre gris avec des inscriptions; longueur, trois archines; largeur, une demi-archine. C'est la pierre de Mirza-Ouloug-Beg, petit-fils de Timour (fils de Timour, suivant les gens de Samarqand), mort en 853 (1449 de notre ère). Les côtés et une partie de cette pierre sont couverts de chaux.

5. Pierre brisée; à sa place s'élève un prisme de briques recouvert depuis peu de temps de chaux. Sous ce prisme s'étend une plaque de marbre blanc. C'est la pierre tumulaire de Mirza-Ibrahim, fils d'Ouloug-Beg, mort en 854 (1450).

6. Cette pierre est tout entière couverte de chaux; on l'attribue à Mirza-Bédi, fils de Mirza-Ouloug-Beg, mort en 853 (1449).

7. Pierre de marbre gris, bien conservée et toute couverte de versets du Qoran. C'est la pierre de Naïb, fils d'Ouloug-Beg.

Près de l'entrée du mausolée il y a une ouverture dans

le sol ; par cette ouverture on peut descendre dans une chambre qui se trouve sous l'édicule. Cette crypte est très-basse ; elle est voûtée et construite en briques cuites, sans aucun enduit ni ornement. Les briques nues se sont admirablement conservées. Sur le sol, aux endroits correspondant aux pierres de l'étage supérieur, s'étendent sept plaques minces de marbre avec inscriptions. Sous ces plaques sont enterrés les personnages que j'ai nommés plus haut.

Au milieu de la ville, près du bazar, sont construits trois medressèhs, dont les façades grandioses constituent un carré ; c'est la place du Riguistan. C'est le seul endroit de Samarqand où, par une disposition symétrique des édifices, on se soit efforcé de produire sur le spectateur une impression agréable. Si ces édifices étaient en bon état, si la place qu'ils environnent était propre, ils offriraient un spectacle rare dans l'Asie centrale. Mais les habitants de Samarqand n'ont nullement compris la pensée de l'architecte et ils ont encombré cette place d'une quantité d'affreux magasins, de maisonnettes en terre glaise jusqu'aux murs des medressèhs que longe une rue très-étroite. Lors du grand incendie de 1868, cette partie du bazar a plus souffert que les autres ; elle a même complétement brûlé ; grâce à cette circonstance, les medressèhs apparaissent aujourd'hui dans toute leur grandeur. Les restes des magasins incendiés indiquent clairement que la rue centrale n'avait pas plus de deux ou trois sagènes de largeur. Je m'étonne que Vambéry ait pu joindre à son récit un dessin qui représente cette place large et grandiose ; il a dû la trouver couverte encore de maisons. Le commandant en chef de nos troupes a ordonné — je tiens le fait de lui-même — de dégager cette place et a interdit d'y bâtir désormais. Ainsi c'est grâce à l'occupation des infidèles que la plus belle place de Samarqand sera respectée comme elle le mérite.

A mon grand regret, j'ai trouvé les medressèhs vides (tous les mollas avaient fui). J'ai dû me contenter des explications sommaires de mon guide.

Ces trois medressèhs s'appellent : Medressèh-i-Chirdar, Medressèh-i-Tillakary, Medressèh-i-Ouloug-Beg. Leurs façades sont richement décorées en mosaïque, en carreaux de faïence verts, bleus, blancs et rouges, dans le style du Turbèti-Timour. Sur le medressèh d'Ouloug-Beg, au portail principal, sont figurés deux énormes tigres. Les deux medressèhs qui se font vis-à-vis ont des deux côtés de hautes colonnes en briques, également embellies de mosaïques. Les trois medressèhs sont carrés et ont des cours à l'intérieur ; la façade seule a des portes et des fenêtres extérieures ; les autres corps de bâtiment prennent jour sur la cour. Les façades de ces édifices sont ornés de portiques grandioses, dont les cintres montent jusqu'au toit. Les trois autres corps de bâtiment sont surmontés de coupoles vernissées en forme de melons.

1. Le medressèh-i-Chirdar a été bâti par Yalanghtach (non pas Yielenktach) Behadour, en l'an 1010 (1601). En entrant par le portail principal dans la cour intérieure, on aperçoit, au milieu des trois autres corps de bâtiment, des portiques assez hauts, entre lesquels les portes des cellules apparaissent sur deux étages. Chaque porte conduit à une cellule habitée par deux mollas. Le medres-

sèh-i-Chirdar comprend soixante-quatre chambres; il peut donc abriter cent vingt-huit mollas.

2. Le medressèh-i-Tillakary a été construit dix-huit ans après Chirdar, en 1028 (1618). Le style de l'intérieur est tout à fait semblable à celui du premier. Il n'a que cinquante-six chambres, soit cent douze mollas. Dans l'aile gauche du medressèh-i-Tillakary est une mosquée à voûte très-élevée. L'escalier de l'imam est en marbre blanc. L'ornementation des niches est analogue à celle du Turbèti-Timour. Les biens vaqoufs de ces deux medressèhs se trouvent au sud-ouest de la ville de Kettèh-Qourghan et occupent tout l'espace entre le Nourpaï et les monts Tim-tagh, du village d'Aghechki à celui de Chirin-Khatoun. Ces vaqoufs furent donnés au medressèh par Yalanghtach.

3. Le medressèh d'Ouloug-Beg, petit-fils de Timour : il est beaucoup plus petit que les autres medressèhs et n'a que deux étages. Il a vingt-quatre chambres et quarante-huit mollas. Sur le derrière est une mosquée qui a été détruite et rebâtie récemment. Le plafond est aujourd'hui en bois; il s'appuie sur des colonnes en bois élégamment sculptées.

Le plus grandiose de tous les medressèhs est le medressèh-i-Khanym. Il a été bâti en 791 (1388), par une femme de Timour. Sans aucun doute, il a servi de modèle aux trois autres medressèhs; il leur ressemble dans tous ses détails. Mais, comme il est en partie détruit, on ne peut comprendre ses ruines qu'en les comparant aux medressèhs intacts. Le medressèh-i-Khanym est beaucoup plus considérable que les autres. Les minarets de sa façade étaient presque doubles en diamètre des coupoles de ces medressèhs. Il est en grande partie détruit et ses briques tombées ont servi à bâtir les rues voisines. De la façade sont restés seulement un portail et les fondements des minarets. Les ailes sont complétement détruites ; seul, le portail du milieu de l'aile gauche est entièrement conservé ; il sert aujourd'hui de magasin. Il n'est resté du corps de derrière que la mosquée qui en occupait le milieu. C'est la partie la mieux conservée de l'édifice. La coupole de cette mosquée est fort haute. Les ornements des murs intérieurs sont complétement tombés. La coupole a craqué et a une crevasse de plus d'une archine de largeur. Cependant, l'édifice est tellement solide, qu'il subsiste en cet état depuis de longues années. A l'intérieur de la mosquée, il y a une immense table de marbre blanc.

On ne peut se dissimuler la pénible impression que produit l'état actuel de ce magnifique édifice, avec ses merveilleuses mosaïques. Cette impression engendre un sentiment de mépris pour les habitants dont la négligence a amené la ruine de l'édifice. En comparant les proportions du medressèh-i-Khanym à celles des autres édifices, on peut hardiment dire que quelques centaines de cellules abritaient ici les mollas.

En dehors de la ville, du côté du sud-est, se trouve la chapelle funéraire, dite « Chah-Zendèh » (de Qassim-ben-Abbas). L'édifice qui renferme le tombeau de ce saint s'élève sur une hauteur assez considérable et est entouré, de tous les côtés, par d'immenses cimetières, qui s'étendent presque jusqu'à la ville. Toute la terrasse qui monte de la rue à la chapelle est remplie de constructions diverses, dont l'irrégularité montre qu'elles ont été bâties à diverses époques. A la chapelle conduit une rue assez étroite, pavée en cailloux. Je n'ai pas vu les marches de marbre dont parle Vambéry. En compagnie de quelques mollas, nous nous dirigeâmes vers la chapelle. Un silence profond régnait autour de nous ; en différents endroits, nous rencontrâmes des croyants absorbés dans une pieuse contemplation. A travers le portail et un long corridor cintré, on nous conduisit à une mosquée richement ornée. Là, mes guides firent une courte prière, et après qu'elle fut terminée, nous entrâmes par une petite porte dans une petite chambre où était l'étendard du saint. A l'ouest de la chambre, une grille de fer était adaptée au mur. Derrière cette grille se trouvait le tombeau. Mes compagnons de voyage appliquèrent dévotement leurs figures à la grille, passèrent leurs mains sur elle et lurent le fatihah. Je m'approchai aussi de la grille, et j'aperçus à travers une petite chambre en briques cuites où se trouve un tombeau revêtu de briques. Sur le tombeau s'étalait un monceau de chiffons bleus et verts.

Mes compagnons m'expliquèrent que, suivant l'usage, il fallait donner quelque chose au gardien du tombeau. Je donnai au molla qui me paraissait l'être un rouble en papier. Jusque-là, un silence religieux avait régné autour de nous. Tous paraissaient absorbés par la dévotion. Mon offrande changea ce tableau. Un second molla expliqua que c'était à lui qu'il fallait donner l'argent ; une querelle éclata entre les deux intéressés ; malgré la sainteté de l'endroit, elle donna lieu aux mots les plus grossieurs; tous les assistants prirent part à cette scène. Elle me fut tellement désagréable, que je me hâtai de quitter le sanctuaire.

La mosquée et la chapelle ont dû être autrefois très-richement ornées, mais leurs splendeurs ont depuis longtemps disparu. Le riche dallage du sol, le vernis des murs ont disparu en partie ; les réparations sont fort grossières et sans goût. Je demandai si c'était là qu'était la résidence d'été de Timour ; aucun des assistants ne put me répondre. Tout ce que je pus apprendre, c'est que cet édifice avait été bâti en l'an 795 (1392) de l'hégire et que Qassim-ben-Abbas était toujours là vivant sous la terre.

Au sud-est de la ville se trouve la citadelle. Elle est fort considérable par rapport à la ville et a quelques verstes de tour. Le fossé qui entoure cette forteresse est peu profond, mais le mur est haut et épais. Il était facile de reconnaître que l'intérieur de la citadelle avait été autrefois occupé par un très-grand nombre de petits bâtiments, au milieu desquels serpentaient d'étroites rues. C'est au milieu de ces maisons que s'élève le château où l'émir passait quelques mois d'été et où tout nouvel émir était tenu de recevoir le pouvoir. Extérieurement, ce château ne se distingue guère des autres bâtiments de la forteresse; le mur qui l'entoure est un peu plus haut et un peu plus régulier. Il consiste en beaucoup de cours, de bâtiments, de galeries reliées sans aucun ordre. Les maisons sont toutes en terre glaise ; un très-petit nombre d'entre elles sont revêtues de plâtre. Je n'ai rencontré aucune trace de luxe royal ou impérial. La vérité est que ce palais offrait naguère un autre aspect qu'aujourd'hui qu'il est transformé en hôpital. La seule chose remarquable que j'y aie rencontrée est le fameux Keuk-tach (pierre bleue). C'est sur cette pierre qu'on intronisait les émirs; elle se trouve dans une grande cour, au milieu d'une galerie bien bâtie. Derrière la pierre, il y a dans le mur une niche, dont l'ornementation rappelle celle des niches de Turbèti-Timour. Ce Keuk-tach est un énorme morceau de marbre blanc avec quelques veines bleues à peine visibles. Il est poli; au sommet court une bande étroite d'arabesques dessinées avec goût. Le Keuk-tach est d'une archine et demie, sa longueur de quinze tchetverts, sa largeur de sept tchetverts[1]. Au mur sont encore suspendus les deux firmans dont parle Vambéry, mais ils sont écrits avec de l'encre ordinaire et non pas en lettres d'or. Dans le mur à gauche de la dernière niche, il y a une pierre noire oblongue qui porte une inscription.

Tout dans le château de l'émir indique qu'il a été bâti récemment. Dans toute la forteresse, il n'y a nulle part d'anciennes constructions, sauf le cimetière, qui se trouve à l'une des extrémités, et le tombeau de Qouthbi-Tchardehoum. Sur ce tombeau s'élève une chapelle dont les murs sont, à l'extérieur, ornés de mosaïques. On descend à ce tombeau par de nombreuses galeries et des corridors souterrains. Il est, comme le tombeau de Châh-Zendèh, construit en briques et couvert d'une foule de chiffons; il est également protégé par une grille, qui en défend l'approche. Lors de ma visite, la chapelle était complétement

1. L'archine vaut 71 centimètres; le tchetvert vaut un quart d'archine. (*Tr.*)

abandonnée et la grille ouverte; j'ai donc pu examiner le tombeau tout à mon aise. Sur le tombeau, j'ai trouvé une pierre oblongue analogue à celle qui est dans le mur au-dessus du Keuk-tach. Malheureusement cette inscription, en beaucoup d'endroits, n'était pas très-claire. On dit que le tombeau a été construit sous le règne de Timour.

Sous le règne de ce souverain, Samarqand était beaucoup plus vaste qu'aujourd'hui. La forteresse de Samarqand était située à trois ou quatre verstes de la ville actuelle. J'ai visité l'endroit et j'ai trouvé une hauteur assez importante. Des vestiges de remblais artificiels indiquent l'emplacement de l'ancienne citadelle. Cet endroit est fort important au point de vue défensif; la nature l'a fortifié de tous les côtés et il domine la ville. J'ai remarqué un grand nombre de fosses profondes; on m'a dit que les habitants, en temps de guerre, y enterraient leurs richesses.

Au sud-est de la ville, à une verste et demie environ de la porte de Boukhara, s'élève, au milieu des jardins, le medressèh-i-Khodja-Ahrar. Il ressemble au medressèh-i-Chirdar et est orné, comme lui, de mosaïques. Sa fondation remonte à trois cent trente ans. La coupole de la mosquée tombe déjà en ruine. Il y a là trente cellules où vivent soixante mollas. Autour de ce medressèh est un jardin délicieux, planté d'arbres magnifiques. Dans ce jardin s'élève une mosquée moderne fort endommagée; on l'a restaurée il y a quelques années. On y trouve aussi un mamelon entouré d'un mur de briques et portant le tombeau de Khodja-Ahrar. Sur ce tombeau est une large plaque de marbre noir toute couverte d'inscriptions ; devant le tombeau se dressent un large étendard et une colonne sur laquelle on allume des cierges. On m'a dit que Khodja-Ahrar était mort depuis environ quatre siècles.

Parmi les nouveaux medressèhs, un seul mérite d'être mentionné : c'est le medressèh-i-Ali, construit par l'émir Moustafa. C'est un grand bâtiment carré, à un seul étage, en briques cuites. Il renferme quarante-huit cellules pour les mollas; la cour de ce medressèh comprend un grand bassin carré, entouré d'arbres superbes.

En dehors de ces medressèhs et des chapelles funéraires, il y a dans la ville même et dans ses jardins un grand nombre de mosquées et de tombeaux plus ou moins renommés. Je mentionnerai seulement les principaux que j'ai eu l'occasion de visiter :

1. Makhdoum-i-Kharezm, grand cimetière renfermant beaucoup de tombeaux de saints d'une famille bien connue, venue de Kharezm il y a cent trente ans. Plusieurs de ces tombeaux sont ornés d'une plaque de marbre debout. Dans le cimetière se trouvent deux mosquées avec de magnifiques vergers et des bassins; il y a dans ces mosquées un petit medressèh à six chambres. C'est là que vivent encore aujourd'hui les descendants des saints. Je n'ai pas vu un seul molla ; après la prise de Samarqand, tous s'étaient enfuis.

2. Tombeau de Khodja-i-Nisbetdar, mort il y a environ huit siècles. Ce tombeau est en briques et entouré d'une grille de bois. Il y a auprès une mosquée construite par le marchand Hadji-Bay.

3. Tombeau du saint Khodja-Yaqoub; il est orné d'une

coupole construite, à ce qu'on dit, au temps de Timour. A côté du tombeau, une vieille mosquée dans le style du Turbèti-Timour et une nouvelle mosquée construite par le marchand Hadji-Bay. Dans l'ancienne mosquée est pratiquée une ouverture qui conduit au tombeau de saint Khodja-Yaqoub. Il est couvert d'une pierre noire oblongue.

Mesdjed-i-Qalender, tombeau du saint Qalender-Hadji-Seif, qui vint de la Mecque à Samarqand ; il est construit en briques, entouré d'une grille en bois et couvert d'un toit en bois. Auprès se trouve la mosquée de rigueur. Elle possède un magnifique verger ; il y a là beaucoup de cabanes où les pauvres et les pèlerins trouvent un asile. Tous les revenus de ce verger appartiennent aux pauvres.

Le nombre des mosquées à galeries couvertes pour les prières de chaque jour est innombrable. Les mosquées sont en général des lieux de réunion ; elles ont chacune un jardin et un bassin. Les arbres qui les entourent offrent un frais abri. C'est autour d'elles un va-et-vient perpétuel. Des foules d'hommes aux vêtements bigarrés occupent tous les endroits ombragés. Ici, des marchands sont assis ; ils causent bruyamment de quelque affaire importante. Là, une foule attentive écoute les légendes pieuses que raconte un derviche ou un molla. Divers groupes font une collation frugale de pain et de fruits. C'est un mouvement perpétuel ; on se croirait dans une auberge, n'était le spectacle édifiant des fidèles en prière. Singulière et inexplicable chose que le fanatisme de ces musulmans ! Les mêmes gens qui, quelques jours auparavant, auraient massacré tout infidèle prêt à entrer dans la cité sainte, m'invitaient maintenant à déjeuner dans la mosquée ; je ne remarquai autour de moi aucun visage épouvanté à l'aspect du kafir ; au contraire, les assistants se mêlaient à notre conversation, qui était même assez gaie.

Du reste, on ne saurait prétendre que les chrétiens soient bien vus à Samarqand ; les yeux noirs qui nous regardaient brillaient souvent d'un feu sauvage et la main cherchait involontairement une arme à la ceinture en présence de ces regards venimeux. Une seule partie de la population a reçu ici les chrétiens avec une grande joie ; ce sont les juifs. Le juif considère ici le chrétien comme son ami, son défenseur ; il se sent protégé par lui contre le musulman. Quelques juifs dont j'ai fait la connaissance m'invitèrent à les visiter chez eux. A peine entrés dans le quartier juif, qui extérieurement ne se distingue en rien des autres quartiers, nous nous vîmes environnés d'une foule compacte, qui nous accompagna par les rues avec des cris d'enthousiasme. On nous reçut dans les maisons avec les plus grands égards. On nous offrit du pain, des fruits, de l'eau-de-vie de raisin ; nous reçûmes cette cordiale hospitalité sur des galeries découvertes entourés de curieux.

Les maisons des juifs sont pareilles à celles des musulmans et bâties, pour la plupart, par des ouvriers musulmans. Quelques-uns des juifs, notamment l'aqsaqal (l'ancien), chez lequel nous entrâmes, sont assez riches. Le salon était confortablement orné. Un grand jardin confinait à la maison. Notre hôte avait beaucoup voyagé et était même allé en Allemagne.

L'accueil que les juifs font ici aux chrétiens s'explique par les persécutions atroces que les musulmans leur ont infligées. Ils devaient même porter un costume différent de celui des croyants, une ceinture de corde et, pour coiffure, un qalpaq pointu, afin que le croyant ne saluât point par erreur un infidèle. Il leur était défendu d'aller à cheval ou à âne; ils devaient céder le pas aux musulmans, en s'inclinant avec respect. Naturellement tout cela est changé aujourd'hui; les juifs portent des ceintures et des bonnets garnis de fourrure. Ils rasent leur barbe comme les mahométans; seulement, ils laissent pendre sur les tempes deux boucles de cheveux. C'est le seul détail qui les distingue des musulmans de la ville. Outre les impôts ordinaires, ils payaient un impôt particulier, prélevé sur chaque tête et variant de deux à douze roubles. La persécution des juifs était chose très-ordinaire. Souvent, quand l'émir ou les beys étaient dans le besoin, ils menaçaient les juifs de mort et les obligeaient de se racheter à très-haut prix. Récemment encore, l'émir a fait payer par les juifs la plus grande partie des contributions de guerre qui lui étaient imposées. Si les juifs n'osent pas porter de turbans et gardent en général une attitude très-réservée, ils le font dans l'intérêt de leurs frères de Boukharie; l'émir a menacé de les tuer s'ils osaient porter la coiffure sacrée des croyants.

La principale occupation des juifs est le commerce et spécialement le commerce de la soie qu'ils teignent eux-mêmes. Ils distillent aussi de l'eau-de-vie qu'ils vendaient autrefois en cachette aux musulmans. Ils se sont immédiatement emparés du commerce avec les Russes.

Leur type est resté parfaitement pur : de longs nez arqués, des visages étroits, pâles, des lèvres proéminentes ; en somme, des traits nobles. J'ai vu peu de femmes ; les jeunes filles étaient presque toutes d'une admirable beauté.

Toutes les démarches des juifs portent l'empreinte de la servitude à laquelle ils ont été soumis durant tant de siècles. La passion du gain, le goût du commerce sont aussi développés chez eux que chez leurs coreligionnaires européens ; mais ces traits de caractère sont moins remarquables ici, parce que les mahométans, à ce point de vue, ne leur cèdent nullement.

La langue qu'ils parlent entre eux est le persan ; mais tous, même les enfants, savent le tartare ; quelques semaines après l'arrivée des Russes, beaucoup de juifs étaient déjà capables de s'expliquer en russe.

Pendant mon séjour dans le quartier israélite, j'ai visité aussi la synagogue. Nous nous arrêtâmes devant une petite maison ; nous traversâmes deux ou trois cours étroites et nous débouchâmes enfin dans une assez grande cour où, sous une galerie découverte, étaient assis environ quarante enfants. Au milieu d'eux était assis un jeune homme de vingt ans ; il psalmodiait à haute voix les versets d'une grande Bible hébraïque et balançait son corps en cadence. Les enfants étaient assis trois par trois, les jambes croisées, autour d'une Bible et répétaient les paroles prononcées par le maître, en l'imitant en cadence. On m'expliqua que ces enfants apprenaient seulement à lire, sans s'occuper du sens du texte. Continuant notre visite, nous traversâmes une cour et un corridor étroit ;

nous arrivâmes, à la fin, à une petite maison entourée, de tous côtés, de maisons élevées. Devant cette maison, il y avait une galerie découverte. Là étaient assis environ quarante enfants de dix à seize ans ; au milieu d'eux se tenait un vieux rabbin. Il les faisait lire tour à tour et leur interprétait le texte. Là aussi les élèves agitaient leur buste en cadence. Je regardai quelques-uns des livres et je constatai, à mon grand étonnement, que c'étaient des éditions de Vienne et de Londres. Je demandai au maître s'ils ne possédaient point de vieux manuscrits ; il me répondit qu'il n'en existait point et que tous les livres leur arrivaient par la Russie ou par l'Inde. En ce qui concerne l'origine des juifs de Samarqand, il me raconta qu'ils étaient venus il y a cent ou cent cinquante ans de Perse en Boukharie et de là à Samarqand. Il se rappelle avoir connu des vieillards originaires de Perse. Dans les derniers temps, un certain nombre de juifs sont venus de Tachkend. On en compte un millier environ ici ; presque tous savent lire.

Le rabbin me conduisit ensuite dans une petite maison sans fenêtres. C'était la synagogue. L'intérieur était sans aucun ornement ; dans le mur du fond était percée une porte derrière laquelle étaient cachés les rouleaux de la loi, enveloppés de fourreaux en velours rouge. Le texte était écrit en caractères modernes, sur du papier nouveau. J'exprimai mon étonnement de voir la synagogue si petite. Le rabbin m'expliqua que jusqu'alors les juifs avaient dû se cacher pour accomplir leurs rites religieux. Les mahométans les auraient massacrés s'ils avaient connu l'existence d'une synagogue.

J'ai rencontré chez les juifs beaucoup d'Hindous du Pendjab. Pendant le siége de la citadelle, ils avaient cherché un abri chez les juifs. Ils sont très-peu nombreux à Samarqand; ils exercent ici, comme dans toute l'Asie centrale, le métier d'usurier. Ils sont encore plus détestés des mahométans que des juifs.

Je ne suis pas en état de fournir des renseignements statistiques sur Samarqand. Elle est certainement beaucoup moins importante que Tachkend, qui est sans contredit la ville la plus considérable des trois khanats. Comme cité commerçante, Samarqand est bien au-dessous de Tachkend; elle n'est traversée que par la route commerciale qui va de Boukhara à Khoqand. Les marchandises russes et indiennes viennent ici par Boukhara, mais seulement en quantité suffisante pour la consommation de Samarqand et de ses environs; Khoqand reçoit les produits russes par Tachkend. Les habitants de Samarqand s'occupent peu d'industrie : il n'y a ici que quelques fabriques de soie et de coton; les principales industries des habitants sont l'agriculture, la production de la soie et du coton.

Ce qui distingue essentiellement Samarqand des autres villes, c'est son passé, c'est la grande quantité des lieux saints qui attirent les pèlerins de tous les pays.

3. Kettèh-Qourghan. Cette ville est située à soixante ou soixante et dix verstes à l'ouest de Samarqand, sur le canal Nourpaï; j'ai dû y passer plus d'une semaine pour attendre les commissaires boukhares. Nous trouvâmes une résidence assez confortable dans le parc de l'émir, et nous dressâmes nos tentes autour d'un

grand bassin quadrangulaire, à l'ombre d'arbres gigantesques.

Le jardin de l'émir à Kettèh-Qourghan est très-grand ; il ne répond pas à nos idées européennes sur le parc d'un château princier ; cependant il se distingue des autres jardins par son dessin régulier, ses beaux arbres, ses larges allées recouvertes de pampre. La résidence de l'émir se compose de plusieurs bâtiments ; elle est assez vaste et sans ornements particuliers. Il y a dans le bâtiment principal une grande salle donnant sur les jardins, et de l'autre côté une galerie extérieure. A gauche de cette cour, il y a une petite mosquée, et auprès, des cabanes pour les serviteurs de l'émir. A droite du bâtiment principal est l'appartement des femmes, avec une cour couverte, éclairée d'en haut par une lanterne. Les murs sont tout simplement badigeonnés de blanc. A la cour principale se rattachent d'autres cours où se trouvent les écuries et les communs.

L'émir vivait habituellement ici un ou deux mois par an. On m'a fait d'effroyables récits de ces jardins.

Le parc de l'émir est situé à une demi-verste au sud de la ville de Kettèh-Qourghan. Une route droite, large, telle que je n'en ai jamais vu dans l'Asie centrale, mène du parc à la ville. Elle est carrée et a une porte de chaque côté : au sud, Samarqand dervazèh-i (la porte de Samarqand) ; à l'est, Haydar-Tchemen dervazèh-i ; au nord, Bazar dervazèh-i ; à l'ouest, Boukhara dervazèh-i. Au milieu de la ville, sur une petite éminence artificielle, s'élève une citadelle peu importante. Les rues sont étroites et tortueuses, les maisons et les murailles à moitié ruinées.

Il n'y a dans toute la ville qu'un seul édifice en briques ; c'est le medressèh qui se trouve sur le bazar, non loin de la citadelle. Ce medressèh s'appelle Medressèh-i-Naqchy. Il a été bâti il y a soixante et dix ans et a, comme les autres medressèhs, la forme d'un bâtiment carré enveloppant une cour intérieure. Durant l'été, il est complétement désert. Je n'y ai trouvé qu'un mouderris, un khatib, un imam, un muezzin et douze aveugles. L'hiver, m'a-t-on dit, le medressèh renferme plus de cent habitants.

Le bazar est une rue sinueuse. Il commence au sud de la forteresse et se prolonge jusqu'à la porte du Bazar. De chaque côté s'étend une ligne de magasins, qui sont généralement fermés en dehors des jours de marché ; les boutiques des artisans sont toujours ouvertes. J'ai remarqué au bazar deux caravansérails. Les habitants de la ville sont en général pauvres ; ce sont des artisans, des ouvriers, de petits marchands. Il y a environ trente ou quarante familles de juifs. Il n'y a pas plus de deux ou trois riches capitalistes.

En dehors des jours de marché, la ville est vide ; à peine voit-on quelques groupes au bazar ; les autres parties de la ville sont comme mortes. J'ai fait ici la connaissance d'un riche marchand ; c'était un Afghan de Kaboul, qui depuis quinze ans s'était établi en cette ville. Il m'invita à venir le voir.

Sa résidence se compose de quelques cours sur lesquelles se trouvent des magasins et des ateliers pour le dévidage de la soie. Au milieu est la demeure du propriétaire ; elle a deux étages ; l'étage supérieur est fort bien agencé pour recevoir. Les murs et le plafond sont blanchis à la chaux et ornés d'arabesques en relief exécutées avec beaucoup de goût; sur les murs, d'élégantes vignettes entourent des bouquets de fleurs aux riantes couleurs; sur le plafond, les nuances les plus vives s'harmonisent dans des dessins que peut seule produire la fantaisie orientale. Le plancher était couvert de tapis turcs. Le repas consista, suivant l'usage, en pilau aux carottes, thé, fruits et confitures. Ce qui m'intéressa le plus, ce furent les renseignements que mon hôte me donna sur le commerce de la soie.

Les meilleurs cocons de la vallée du Zerefchan sont ceux de Boukhara. A Boukhara, le prix d'un tcherek (cinq livres russes, deux kilogrammes) est de quatre à huit khoqands (de quatre-vingts kopeks à un rouble soixante kopeks). Les meilleurs cocons de Kettèh-Qourghan ne dépassent pas sept khoqands (un rouble quarante kopeks). Les cocons de Khoqand sont encore plus estimés que ceux de Boukhara; cependant les Khoqandis ne savent pas travailler la soie; c'est pourquoi celle de Boukhara est beaucoup plus chère que la leur. D'après les procédés d'ici, trente-deux tchereks (quatre livres, 1 600 grammes) de cocons ne donnent que deux tchereks de soie premier choix et quatre ou cinq tchereks de soie inférieure. Autour de Kettèh-Qourghan, l'industrie de la soie est très-active; mon hôte estimait que les beyliks de Kettèh-Qourghan et de Pendjchenbèh produisent environ cinq cents batmans, soit cinq mille livres de soie crue. La soie dévidée ici est tout entière expédiée à Boukhara; on y expédie même celle de Samarqand; les Iraniens n'en tissent sur place qu'une faible partie. A Kettèh-Qourghan, il n'y a point de fabriques de soie. De Boukhara, on envoie une grande quantité de soie crue dans l'Inde. Le prix de cette soie bonne qualité est ici de cent khoqands (vingt roubles) le tcherek; la mauvaise soie ne vaut que trois tillas cinq khoqands (douze roubles) le tcherek.

Je visitai la fabrique de soie et ne m'étonnai pas qu'avec des procédés aussi peu rationnels on n'obtienne qu'un seizième de rendement. La soie est dévidée sur un immense dévidoir qui a, au moins, quatre archines de diamètre. Cet immense diamètre a pour but d'obtenir un travail plus rapide. Il y a deux ouvriers; l'un tourne la roue, l'autre y met la soie.

La production du coton dans le beylik de Kettèh-Qourghan est aussi insignifiante que la production de la soie. Mais on ne travaille ici qu'une très-petite partie du coton recueilli; la plus grande partie des cotons premier choix est envoyée à l'état brut à Boukhara.

Le métier de tisserand est peu lucratif. Un ouvrier ne peut pas produire plus de huit archines par jour et ne gagne pas plus de huit kopeks.

Les métiers à tisser ne sont pas mieux établis que les dévidoirs dont je parlais plus haut. Quand la toile est tissée, on la mouille d'une eau gommée qui lui donne une sorte de vernis. Il y a des ateliers particuliers pour ce travail. Je visitai l'un d'entre eux; le travail est très-pénible et ne rapporte guère plus de dix kopeks par jour. J'ai visité aussi un moulin à eau. Les moulins sont situés au-dessous du niveau du ruisseau. L'eau du ruisseau coule par un chéneau en bois et tombe sur une roue horizontale;

cette roue fait avec la meule un angle d'environ quarante degrés ; toutes deux tournent en même temps. Avec un pareil agencement, il faut que l'eau ait une chute énorme pour accélérer la marche de la roue.

On vanne le blé avec d'immenses vans ; les ouvriers jettent avec beaucoup d'adresse le grain à une hauteur de plus d'une sagène et le recueillent sur le crible. Le crible a près d'une archine de diamètre. Le moulin avait deux meules et chacune d'elles pouvait moudre dix batmans (cent pouds ou soixante kilogrammes) en vingt-quatre heures. Le meunier reçoit par batman cinq tchereks pour salaire (quinze livres russes). Il y a dans les environs de Kettèh-Qourghan environ trois cents moulins de cette espèce.

Le bazar de Kettèh-Qourghan se tient les mercredis et samedis. Ces jours-là, la ville et ses environs sont fort animés. Les artisans et les marchands de la ville restent au bazar ; les habitants de Pendjchenbèh, Yenghi-Qourghan et de tous les environs exposent leurs marchandises en dehors de l'enceinte.

Le bazar commence de fort bonne heure et est déjà fini à onze heures du matin. Il ne sera pas sans intérêt de donner ici les prix des principales denrées [1].

MOUTON.

La livre vaut six kopeks. Les moutons viennent de Cheherisebz ou de Qarchy. Un mouton de bonne taille ne vaut pas moins de quarante khoqands (huit roubles). Autrefois il ne dépassait pas trente

---

[1]. Il ne faut pas oublier que ces chiffres ont été notés en 1868.
(*Trad.*)

khoqands (six roubles). C'est l'état de guerre qui a amené cette augmentation.

BŒUF.

De trois à quatre kopeks la livre. Pendant les chaleurs, le bœuf est à très-bon marché, parce que les bouchers ne peuvent le garder longtemps. Pendant l'hiver, il monte à huit ou neuf kopeks. Du reste, on en vend peu. Les habitants de l'Asie centrale ne l'aiment point.

LAINE.

La laine brute se trouve au bazar en trois qualités : la première vaut quarante khoqands (huit roubles) le batman; la moyenne, trente-deux khoqands; la dernière, vingt et un khoqands. On m'a dit que la laine purifiée vaut cinq roubles les quarante livres. A Tachkend, seize pouds (six cent quarante livres) de laine purifiée valent vingt-quatre tillas (quatre-vingt-seize roubles).

SEL.

Cinq livres de sel valent huit kopeks. Le prix a été triplé depuis quelque temps, par suite de la guerre. Avant, un tcherek valait de deux à trois kopeks. On ne trouve ici que du sel gemme de couleur rougeâtre, tiré des montagnes de Qarchy.

SAVON.

Il se vend ici par morceaux ronds de deux livres; il est assez blanc et solide; il vient de Kettèh-Qourghan et des environs. Un morceau de deux livres vaut quinze kopeks. Il n'y a point de fabrique spéciale; on le prépare dans des maisons particulières.

TABAC.

Il se vend tout haché et en petite quantité. La livre vaut quatre kopeks. On ne fume point ici, et l'on ne fait que du tabac à priser, qui vaut de huit à neuf kopeks la livre.

MATIÈRES TINCTORIALES.

Le bouzgandj (rouge) vaut vingt-huit khoqands (cinq roubles soixante kopeks) la livre.

Le roïan (jaune), racine importée de Boukhara, vaut douze kopeks la livre.

Le naïpous (jaune), qu'on recueille sur place, vaut dix kopeks la livre.

Le tamak, qui vient d'Oura-Tèpèh, vaut deux roubles quarante kopeks la demi-livre.

GRAINE DE TRÈFLE CHINOIS.

La graine de la plante de bédè, qui sert à ensemencer les prairies artificielles, vaut deux kopeks la livre. Il faut un demi-poud (quarante livres) pour ensemencer un tanap. Il pousse quatre années de suite et se fauche trois fois par an.

FRUITS.

Pommes : première qualité, la livre, deux kopeks; qualité inférieure, un kopek, un kopek et demi.

Pêches : grosses, la livre, trois kopeks; petites, deux kopeks.

Raisin : première qualité, quatre kopeks; deuxième qualité, deux kopeks.

BLÉ.

En grains, le batman, dix-huit khoqands (trois roubles soixante kopeks).

Farine de froment, vingt-deux khoqands (quatre roubles quarante kopeks). La farine est en ce moment très-chère. En temps habituel, elle ne dépasse pas dix-sept ou dix-huit khoqands.

ORGE.

L'orge s'emploie ici pour la nourriture des chevaux. Un batman vaut douze khoqands (deux roubles quarante kopeks).

RIZ.

Le riz non mondé vaut vingt-quatre khoqands (quatre roubles quatre-vingts kopeks) le batman. Mondé, première qualité, il vaut soixante-quatre khoqands (douze roubles quatre-vingts kopeks) le batman.

De qualité inférieure, il vaut vingt-deux khoqands (quatre roubles quarante kopeks).

POTERIE.

Assiettes et plats vernis, de quinze à vingt kopeks; grands plats, trente kopeks. Petites tasses, dix kopeks la pièce.

Cruches non vernies : petites, de cinq à six kopeks; grandes, dix kopeks; énormes, d'une archine et demie de hauteur, vingt kopeks.

Il y a à Kettèh-Qourghan six potiers; l'un d'entre eux a sa poterie au bazar; il occupe deux ouvriers, qui font par jour jusqu'à soixante et dix grandes cruches. Ils reçoivent par mois vingt khoqands (quatre roubles) et se nourrissent à leurs frais.

Les magasins qui tiennent des étoffes vendent, outre les cotons de Kettèh-Qourghan, des soieries et des cotonnades de Khoqand, de Boukhara et de Kaboul.

1. PRODUITS DE KHOQAND.

Mata (toile de coton grossière), huit paquets de douze archines, un tilla cinq khoqands (cinq roubles).

Daraï (étoffe demi-soie), deux pièces de trois archines un quart, un tilla (quatre roubles).

Chahy (étoffe de soie), huit archines, de cinq à six roubles.

Couvertures ouatées de coton grossier, d'un à trois roubles.

Robes longues, un rouble et demi.

2. PRODUITS DE BOUKHARA.

Chahy (étoffe de soie), le morceau de dix-huit archines, de quinze à dix-huit roubles. Le chahy est de couleur bigarrée, à deux endroits (lilas, bleu et jaune-verdâtre), ou d'une seule couleur (rouge, blanc, jaune), ou blanc avec des raies noires ou jaunes.

Padichahy (étoffe demi-soie), dix-huit archines au prix de sept ou huit roubles.

Basmatchit (étoffe grossière de diverses couleurs), cent pièces de vingt-deux archines coûtent de cent dix à cent vingt roubles.

Sarghoudja (étoffe de coton, qualité inférieure, connue sous le nom de *qirghiz*), dix-huit archines pour un rouble; qualité supérieure, dix-huit archines pour deux roubles.

3. PRODUITS DE KABOUL.

Nil (indigo), les quarante livres, de quatorze à quinze tillas (cinquante-six à soixante roubles).

Daké (étoffe blanche, mince), vingt-quatre archines, de cinq à six roubles.

Kamkhat (étoffe de soie avec des ornements d'or), sept archines, cinquante tillas (cent roubles).

On importe par Kaboul beaucoup de produits anglais, principalement des dakés et d'autres étoffes blanches.

4. PRODUITS DE MECHHED.

Ser (étoffe fine de coton), cinquante archines valent dix roubles.

Les longues robes doublées de coton sont importées de Khoqand et de Boukhara; elles sont de prix très-divers.

Robes de coton, de deux à cinq roubles.

— de daraï, de sept à neuf roubles.

— de chahy, de dix à quatorze roubles.

— de drap, vingt roubles.

— de drap brodé, vingt-cinq à trente roubles.

— de peluche à fond rouge brodé d'or ou d'argent, quarante roubles.

Robes de cachemire, de cinquante à soixante roubles.

— de damas, de quarante à quatre-vingts roubles.

On importe de Kachgar du thé et de l'argent par lingots de trente-deux tillas. Le thé qui vient de Chine est vert; c'est le breuvage favori des riches Tatars.

Parmi les autres objets de commerce, il faut encore mentionner les tapis, qui viennent en grande quantité de la Perse septentrionale et de la steppe turcomane, par la voie de Boukhara. Ils sont en soie et d'un magnifique travail. Le prix dépend de la matière et de la beauté du travail; il varie de dix à cent roubles. Les selles viennent de Samarqand.

Les fourrures brutes, excepté les peaux de mouton, sont envoyées à Boukhara; les peaux de mouton vont à Tachkend.

Tels sont les principaux renseignements que j'ai recueillis au bazar de Kettèh-Qourghan.

Les villages de la vallée du Zerefchan.

La vallée du Zerefchan est couverte de longues files de villages ; mais on en trouve fort peu sur les flancs des montagnes et ils sont peu importants : c'est que l'eau leur manquerait.

Les villages que nous rencontrâmes sur la route de

Samarqand à Kettèh-Qourghan sont peu considérables et consistent en quelques maisonnettes jetées sur la steppe nue. Les principaux sont Qara-sou-daoul, Zara-boulaq. Ils font sur le voyageur l'impression la plus désagréable; les maisons sont de couleur grise comme la steppe qui les entoure; les jardins manquent; c'est un luxe auquel il faut renoncer, faute d'eau; des puits artificiels fournissent à peine ce qu'il faut pour boire. En revanche, les flancs ondulés des montagnes sont couverts d'innombrables guérets qui ne réclament point un arrosage artificiel. Il est étonnant de voir comme le blé pousse bien sur ce sol aride. Mais ce blé produit une impression aussi peu agréable que la steppe. Ce ne sont pas nos champs de blé avec leur mer d'épis jaunissants; là ne croissent que de courtes tiges, à travers lesquelles on aperçoit, de tous côtés, un sol d'un gris monotone. Vus de loin, ces champs ne se distinguent pas de la steppe. Leur produit est, dit-on, fort maigre. A peine le blé rend-il quatre ou cinq grains pour un.

Au nord du Zerefchan, l'eau est plus abondante; on trouve des plantations assez importantes et des prairies. En général, les villages entre l'Aq-tagh et la vallée du Zerefchan ne se distinguent des villages riverains que par un seul détail : les maisons et les jardins y sont groupés en longues files le long des ruisseaux. Là aussi, beaucoup de coteaux sont semés de froment.

Dans les parties élevées du Nourâta-tagh, entre le Qara-tagh, l'Aq-tagh, le Qaradjèh-tagh et le Khadoum-tagh, les villages sont rares, faute d'eau. La partie occidentale de ces montagnes jusqu'à la petite ville de Seraï appartient au beylik de Nourâta. La ville principale, Nourâta, est située, dans la vallée, à l'ouest de ces montagnes ; elle est, dit-on, moins considérable que Kettèh-Qourghan, quoiqu'elle soit la plus considérable et presque la seule ville de tout le beylik. Il y a, en outre, un certain nombre de bourgs à bazar : Tchioe, Baghadjat, Aqtchap, Djouch, Khoch-ravat, Pichat ; ils n'ont pas plus de cinquante à cent maisons : Aqtchap, Djouch, Pichat ont une certaine quantité de jardins. Les autres villages n'ont qu'un très-petit nombre de maisons et sont situés, pour la plupart, sur les penchants des monts du Nord et du Midi. Les habitants s'occupent d'agriculture et établissent leurs champs dans les régions élevées, où il n'est pas besoin d'irrigation artificielle. L'horticulture est insignifiante ; le riz et le coton viennent mal. L'élève du bétail est peu répandue ; la steppe nue ne fournit point de pâturages au bétail.

Les localités de la montagne à l'est de Seraï appartenaient autrefois au beylik de Djizaq ; elles sont encore moins peuplées que la partie orientale de la montagne et, à l'exception de Tursun, village assez important, on ne rencontre que des hameaux composés de maisons dispersées çà et là. Les habitants vivent, pour la plupart, dans des tentes de feutre sur les bords des petites rivières. Il n'y a ici presque point de jardins. On trouve, autour des tentes, des prairies artificielles. La population est un peu plus dense dans le voisinage de Nakrout et de Qara-abdal ; elle le devient tout à fait dans la vallée qui s'étend entre Qaradjèh-tagh et Khadoum-tagh, au sud du village de Qonghrat ; auprès de Djouma-bazar, les habitations humaines se pressent comme dans la vallée du Zerefchan.

De là, une suite de villages s'étend sans interruption jusqu'au sud-ouest de la ville de Tchilek, plus petite que Kettèh-Qourghan, mais qui fut pourtant la résidence d'un bey. Je n'ai pas de renseignements sur les environs de Tchilek. Je n'ai pas visité le versant septentrional du Qara-tagh, qui appartenait auparavant au beylik de Djizaq. Cette région ressemble, m'a-t-on dit, au reste de la région du Nourâta-tagh. Le seul point un peu important est la forteresse d'Oukhoum.

Voies de communication.

Les principales routes qui traversent la vallée du Zcrefchan de l'est à l'ouest sont les voies de communication entre Boukhara et Tachkend (Khoqand). La route la plus courte entre Tachkend et Boukhara passe par la forteresse de Tchinaz, et suit une steppe aride jusqu'à Djizaq. A Tchinaz, on traverse le Syr-deria sur un bac en fer. Cette route était autrefois la plus fréquentée. C'est ce que démontre le magnifique caravansérail en briques appelé Mirzaravat, au milieu d'une steppe sans eau, entre Tchinaz et Djizaq. Le Mirzaravat, aujourd'hui, est presque détruit et ses bassins souterrains pour la conservation de l'eau de pluie sont dans le plus triste état. Dans les dernières années, cette route n'a été fréquentée que par un très-petit nombre de caravanes ; le sultan des Qirghiz, Sadiq-Tourèh, sur l'ordre de l'émir de Boukhara, dépouillait les voyageurs. Seuls, les voyageurs russes sous l'escorte d'un fort convoi se hasardaient à suivre cette route ; chaque mois, le gouvernement désignait un détachement pour maintenir les communications entre Tchinaz et Djizaq.

La route de Tachkend à Djizaq traverse ensuite les villes de Khodjent (on passe en bac le Syr-deria), Naou, Oura-tepèh et Zemin. La route de la steppe a de cent quatre-vingts à deux cents verstes; celle de Khodjent a trois cent cinquante verstes. La route de Khoqand rejoint cette dernière au sud de Khodjent.

De Djizaq, trois routes principales conduisent à Boukhara:

1. La route du Nord. Elle conduit par le versant septentrional du Nourâta-tagh à la ville de Nourâta, et, de là, directement à Boukhara.

2. La route du Centre. Elle conduit, par le défilé de Bar-ichek, à Djouma-bazar du nord (entre Qaradjèh-tagh et Khadoum-tagh), à Qatyrtchi.

3. La route du Sud. Elle conduit par les portes de Tamerlan, le long de la rivière Ilaneti, non loin de la forteresse de Yenghi-Qourghan, à Samarqand.

Après Samarqand, cette route se partage en deux:

1. La route extérieure, au sud de la vallée du Zerefchan, traverse les villages de Daoul, Tchimbaï, Chir-Koudouk et Zara-boulaq; elle se dirige ensuite à travers les monts Tim-tagh et la steppe d'Orta-tcheul vers Boukhara.

2. La route de la vallée du Zerefchan traverse Yenghi-Qourghan, Kettèh-Qourghan, Kerminéh et Boukhara.

La moitié occidentale de la route extérieure est sans eau; il faut, en outre, traverser le Tim-tagh; aussi les voyageurs préfèrent la route extérieure jusqu'au village de Tchar-Koudouk, et de là, par Kettèh-Qourghan, ils regagnent la route intérieure.

Entre les montagnes septentrionales, il y a une route importante sur le versant méridional du Qara-tagh ; elle réunit la forteresse de Yenghi-Qourghan et la ville de Djizaq avec le village d'Aqtchap et la ville de Nourâta. Les principaux villages qu'elle traverse sont : Qara-Ablad, Nakrout, Seraï, Khoch-ravat, Djouk et Aqtchap. D'elle se détachent les routes suivantes, qui vont vers le sud :

1. De Qara-ablad, entre Qaradjèh-tagh et Khadoum-tagh, à Tchilek ;

2. De Nakrout, par Tursun, à Tchilek ;

3. De Khoch-ravat, par Pichat et Aq-tepèh, à Mitan ;

4. De Khoch-ravat, par Tatty, à Zerbent ;

5. De Khoch-ravat, par Kerehènèh, à Zerbend ;

6. De Qara-tagh, par Kauntchi, à Andak ;

7. De Qara-tagh, par Qaraoul, à Burheng ;

8. De Baghadjat, par Tikenlik, à Djisman (Tasmakhi).

Les routes 1, 2, 3 et 8 sont les principales ; dans les autres, le passage de l'Aq-tagh crée de sérieuses difficultés. Le passage de Tikenlik ne peut s'effectuer que sur des chevaux de somme ou des chameaux ; il est d'ailleurs sans danger. Les routes 4, 5, 6 et 7 sont, dit-on, très difficiles, même pour les chevaux de somme.

Au nord se détachent les routes suivantes :

1. D'Aqtchap à Temir-Qaouq ;

2. De Seraï ou Djoucha, par Seouruk ou Oustun, vers Oukhoum ;

3. De Qara-ablad, par Zara-bel, vers Koulma.

Les passages des montagnes sont tous fort difficiles, spécialement sur la route d'Oukhoum.

Au sud-ouest de la route de Djizaq trois passages traversent le Nourâta-tagh :

1. Celui d'Ilan-eti (route ordinaire de Yenghi-Qourghan);
2. Celui de Bir-ichek ;
3. Celui de Sary-saï, par la montagne, à l'est de la rivière Kouakia.

Je ne suis pas en état d'indiquer toutes les routes de la vallée du Zerefchan. Vu la densité de la population, elles forment un réseau très-serré. Les plus importantes réunissent les villes et les bourgs, notamment Yenghi-Qourghan, Kettèh-Qourghan, Qatyrtchi, Pendjchenbèh et Tchilek.

Les routes principales sont les suivantes :

1. De Kettèh-Qourghan à Pendjchenbèh : par Kuncheghéï, Ianyvak, Mach-ravat, Koul-Qourghan, Iska, Jaby, Qadam, Pendjchenbèh.

2. De Kettèh-Qourghan à Qatyrtchi : Kettèh-Qourghan, Qouchbeghi-tepèh, Pelvan-tepèh, Djelaïr, Qara-Qyptchaq, Mezar-alaï, Kitchi-mingh, Kettèh-ming, Mouïnkhodja, Ouzat-khan, Boulamouktchi, Iabou, Isawaï-tepèh, Kimedouz, Qatyrtchi.

3. De Pendjchenbèh à Qatyrtchi : Pendjchenbèh, Tavyran, Naouka-tepèh, Qalmaq-tepèh, Ala-atlyq khodja, Begler-Qychlaq, Kachan, Manghyran, Ourous-Qychlaq, Kemedouz, Qatyrtchi.

4. De Kettèh-Qourghan à Ichtikhan : Kettèh-Qourghan, Kurpèh, Ghedcï-tapas, Aq-tchorghazy, Kiritchit, Kuterèh, Ichtikhan.

5. De Pendjchenbèh à Ichtikhan : Pendjchenbèh, Aman-khodja, Djouma-bazar, Baïlata, Ichtikhan.

6. De Ichtikhan à Yenghi-Qourghan : Ichtikhan, Sapa-khodja, Aramat, Saghantcha, Yenghi-Qourghan.

7. De Ichtikhan à Tchilek : Ichtikhan, Bekhran, Qara-Qychlaq, Mitan, Tchagataï, Sara-tchounaq, Kiat, Sarych, Toraïghyr, Veli, Tchibich-tepèh, Panyk, Sarytaï, Tchilek.

8. De Yenghi-Qourghan à Tchilek : Yenghi-Qourghan, Tchinazar, Bech-ketmenèh, Balta, Tchaparachly, Tchekouèh, Qotchy-teghyrmen, Esen-tcharyk, Tchilek.

9. De Tchilek à Samarqand : Tchilek, Bouloungour, Dou-aryk, Ich-maksa, Oukhler, Qalender, Dèhbid, Samarqand.

Vers l'est, une route importante mène de Samarqand à Pendjikent et de là à Our-mitan ; de cette route se détachent les routes suivantes : 1, par Qara-tepèh à Cheherisebz ; 2, par Djouma-bazar à Ourgout et à Djam ; 3, de Pendjikent, par Khourma, à la forteresse de Maghian.

De Kettèh-Qourghan, la route mène vers le sud à Djam par Seraï-Qourghan et Oulous et de là à Cheherisebz ; de cette route se détache celle qui va par Sipkèh à la ville de Qarchy ; une autre route conduit vers Qarchy, de la ville de Qatyrtchi à Sipkèh, par le village de Chirin-Khatoun.

Toutes ces routes sont dans un état déplorable ; les roues énormes des arabas creusent dans la glaise molle de profondes ornières qui, surtout dans les lieux bas, se remplissent d'eau et se changent en fosses, en marais ou en ruisseaux. Les routes des montagnes ne sont point entretenues, parce qu'on ne redoute point qu'elles soient envahies par les eaux; il s'y forme des crevasses de plus d'une sagène de profondeur. Les chemins ne sont entretenus que dans les parties basses de la vallée.

On rencontre ici peu de ponts ; on n'en construit que lorsqu'on ne peut faire autrement, par exemple, sur les canaux artificiels, dont les rivages sont toujours escarpés. Ainsi le Nourpaï et les grands canaux à l'est de Samarqand ont un pont à chaque village. Ces ponts sont fort mauvais. Ils sont construits en poutres non équarries et en planches, le passage est assez dangereux. Je n'ai vu qu'un seul pont en briques : c'est le Khicht-keupreu dont j'ai déjà parlé; il est au nord du village d'Aq-tepèh, entre Djizaq et Samarqand. Pour les habitants de l'Asie centrale, c'est une construction monumentale; pour l'Européen, c'est une misérable bâtisse inférieure à nos ponts rustiques; il a été construit il y a cinquante ans par le père de l'émir actuel.

Les rivières et les ruisseaux dont les rives sont en pente douce et le fond caillouteux n'ont pas de ponts; sur les cours d'eau les plus importants, on rencontre des bateaux fort grossiers pour le transport des voyageurs et des marchandises. On traverse les gués à pied, par exemple ceux du Zerefchan, auprès des monts Tchoupanàta. Ces gués, à certains endroits, ne sont pas sans danger. Les petits canaux n'ont point de ponts, et les voyageurs de l'Asie centrale se rappelleront longtemps avec terreur ces passages fangeux où les équipages s'embourbent souvent pendant de longues heures.

Le seul et unique pont, maintenant ruiné, qui offrît un aspect intéressant, se trouve au nord des monts Tchoupan-âta, à l'endroit même où aujourd'hui on traverse un gué fort dangereux du Zerefchan. Il était construit en briques et maintenant encore ses deux arches gigantesques pénètrent au loin dans la rivière. Le reste a été détruit par le temps. Ce pont a-t-il jamais été achevé ? C'est une question à laquelle il est difficile de répondre aujourd'hui ; en dehors des deux arches qui s'élèvent sur la rive gauche à une hauteur de cinq sagènes, on ne trouve nulle part trace d'un pont. La digue qui sépare le Qara-deria et l'Aq-deria s'élève précisément en cet endroit; on peut donc supposer que ce pont, avec ses immenses piliers, a servi jadis de point d'appui à cette digue ; je n'ai pu savoir par qui ce pont a été construit, les habitants du pays n'y font aucune attention. Ce pont présente un intérêt particulier : c'est le seul monument civil de tout le pays.

Population.

La population de la vallée du Zerefchan et de ses environs se divise en deux parties : 1° tribus parlant les dialectes turcs ; 2° tribus parlant le persan. Les premières constituent la partie principale de la population, les autres vivent dispersées au milieu d'elles.

Les indigènes de langue persane sont connus ici sous le nom général de Tadjiks. Ils vivent en grande partie dans les villes et s'occupent presque exclusivement de commerce et d'industrie. Ce sont, les uns d'anciens habitants du pays, les autres des émigrants venus depuis peu du nord de la Perse ou des esclaves vendus chaque année en grand nombre par les Turkomans. On appelle ces derniers Iraniens; ils suivent pour la plupart — en secret — la doctrine chiite.

Les principaux centres des Tadjiks sont : la ville de Khodjend, sur le Syr-deria, qui comprend une ville uzbek et une ville tadjik; Oura-tepèh, Djizaq, presque entièrement tadjik, et Samarqand. A Samarqand, la ville intérieure n'est presque peuplée que de Tadjiks, et l'on n'y entend guère d'autre langue que le persan; il en est de même dans les jardins qui s'étendent au sud de la ville. Il s'y est formé quelques villages d'Iraniens qui s'occupent uniquement de la culture de la soie.

Les Tadjiks de la ville ne savent rien de leur origine.

Les représentants des anciens habitants persans de la ville sont évidemment les Haldja ou Tadjiks de la montagne. Ils vivent dans des groupes de villages sur les montagnes des khanats de Boukhara et de Khoqand. Il est à présumer qu'ils ont été refoulés dans les montagnes par l'invasion des tribus turques. D'après mes renseignements, les établissements des Tadjiks montagnards sont ainsi répartis :

1. Sur la route de Khoqand à Devan, sur une étendue égale à une journée de marche : Chaïdan, Behadourkhan, Tangas;

2. Sur les montagnes au sud-ouest de Tachkend;

3. Sur le versant septentrional du Qara-tagh, entre Djizaq et Temir-Qaouq;

4. Sur le cours supérieur du Zerefchan, à l'est de Pendjikent. On y désigne les habitants par les noms de Haldja et de Qara-teghin ou Qara-tiin.

Malheureusement, je n'ai pu visiter une seule de ces localités.

Les habitants de la vallée du Zerefchan sont, pour la plupart, des Turcs, sauf dans quelques localités, sur le Nourpaï, dans les beyliks de Kettèh-Qourghan et de Ziaouddin, qui sont peuplés d'Arabes. Mais ces Arabes sont devenus des Tatars et ont complétement oublié leur propre langue.

Les Turcs se répartissent de la manière suivante :

1. UZBEKS.

1. Les Khitay-Qyptchaq vivent dans la vallée du moyen Zerefchan, entre Samarqand et Qatyrtchi et au nord de Tchilek. Ils se subdivisent en :

Khitay,
Sary-Khitay (Khitay jaunes),
Otartchy,
Qandjighely (avec les courroies),
Koch-tamghaly (à double marque),
Tchemuchlu (à la cruche),
Balghaly (au marteau),
Qyptchaq,
Teurt-tamghaly (à quatre marques),
Sary-Qyptchaq (Qyptchaq jaunes),
Toghouz-Baï (les neuf riches).

Le cri de guerre des Khitay est *Oulou-tagh,* celui des Qyptchaq est *Toksaba*. Il est à noter que les Qyptchaq occupent la plus grande partie de la population du khanat de Khoqand. Ils y mènent une vie nomade ; mais il y en a aussi de sédentaires dans les villes. Les Qyptchaq du Khoqand se considèrent en général comme des Uzbeks. Les restes de cette tribu jadis puissante sont disséminés partout au milieu des Turcs. Il y a chez les Qirghiz une tribu importante de Qyptchaq. On en trouve aussi chez les Qalmouqs de l'Altaï. Il y a encore dans cette région sur le lac Teletsk une tribu des Toghouz (comparez chez les Qyptchaq du Zerefchan les Toghouz-Baï). Dans la vallée du Zerefchan, les Qyptchaq vivent principalement autour de Yenghi-Qourghan, entre Samarqand et Kettèh-Qourghan. Les Qyptchaq et les Khitay se sont tellement mélangés qu'ils se considèrent comme une seule famille et prennent eux-mêmes le nom de Khitay-Qyptchaqmyn.

2. Les Qyrq-myman-iuz (Qirghiz et Iuz) occupent une région considérable entre Khodjend, Oura-tepèh, Zemin, Djizaq, la forteresse de Yenghi-Qourghan ; ils s'étendent au sud jusqu'à la ville de Pendjikent.

Entre Khodjend, Oura-tepèh et Zemin vit la tribu des Iuz ; elle va jusqu'à Pendjikent; autour de Djizaq et de Yenghi-Qourghan vivent les Qirghiz; ils portent la dénomination générale de Marka.

Leurs familles sont les suivantes :
Qyrq (quarante),
Qara-Qoïli (les moutons noirs),
Qaratchèh,
Qara-Sirak,
Tchapa-rachly,
Iuz (la centaine),
Qaraptchèh,
Tighiryk,
Perchèh-iuz,

Koïan-Qoulaqly (les oreilles de lièvre),
Touïakly (les pieds fourchus),
Syrghaly,
Erghenhekly,
Solakly,
Khan-Khodja-Khitayssy,
Hadji-Khitayssy.

La tribu des Touïakly constitue la population de la ville de Pendjikent. La tribu des Iuz se retrouve chez les Tatars Tchernev, qui vivent auprès du lac Teletsk. Il est à remarquer que les Qirghiz sont également divisés en trois hordes qui s'appellent Iuz (centaine). Ainsi ces deux tribus si intimement rattachées l'une à l'autre expriment par leur nom deux nombres : Qirq = 40, Iuz = 100.

C'est peut-être de Qirq-iuz qu'est venu le nom des Qirghiz. Cette permutation répond parfaitement aux lois phonétiques des langues tatares. Je n'oserais affirmer l'exactitude absolue de cette hypothèse, mais je crois pouvoir la présenter.

3. Kanghly. Petite tribu qui vit près de Djizaq.

4. Naïman. Cette tribu vit au sud de Kettèh-Qourghan dans les villages d'Oulous, Sipkèh, etc., et dans la ville de Djam. Le cri de guerre des Naïman est *Iakhchybaï*. Cette tribu est très-répandue chez les Qirghiz.

5. Ming. Tribu assez importante qui vit au sud-est de la ville de Samarqand, vers les monts Altab. A Qara-tepèh et à Ourgout, on trouve, dit-on, des représentants de cette tribu. A Khoqand, elle est, paraît-il, très-répandue. Le khan lui-même s'y rattache.

6. Keneghes. La grande tribu des Keneghes forme la population principale de Cheherisebz. Elle est fort répandue, notamment dans le khanat de Khiva. Les Tatars de Qazan s'appellent eux-mêmes Kinès; ils doivent se rattacher à cette tribu.

7. Manghyts. Cette tribu constitue la population principale de la ville de Qarchy et de ses environs. L'émir de Boukhara en est originaire.

8. Les tribus de Mesit, Iaby, Tama portent ordinairement le nom générique d'Outch-ourough (les trois familles); elles vivent dans le beylik de Ziaouddin jusqu'aux environs de Khochk Haouz.

9. Saraï. Ils vivent à l'ouest de Khochk Haouz, jusqu'à la ville de Kantcharvaghy.

10. Bourkout. Ils vivent entre Kerminèh et Melikèh.

11. Allat. Ils vivent entre Qara-Kelia, Boukhara et Chardjèh.

12. Bekhrin. C'est une petite tribu, près de Pendjchenbèh, au nord de Kettèh-Qourghan.

13. Batach. Cette tribu vit, en divers endroits, mêlée à d'autres.

2. LES QARA-QALPAQ.

Ils sont très-peu nombreux dans la vallée du Zerefchan; ils vivent à l'est de Samarqand, entre les Khitay-Qyptchaq et les Qirq-myman-Iuz, dans diverses régions autour d'Aq-tepèh, et dans le canton de Bech-Aryk. On dit que, depuis fort peu de temps, ils ont émigré dans ces régions, après avoir quitté le pays de l'Amou-Deria; ils y mènent une vie sédentaire. On m'a indiqué, comme des subdivisions de cette tribu, celles d'Oïmant, d'Aq-qoïly et de Qara-Songhor.

3. TURKMENS.

Ils vivent pour la plupart à l'est de l'Amou-Deria ; on n'en trouve ici que trois tribus, celles de Kasaï-aghly, Khan-djighaly, Bugheujulu.

Les deux dernières appartiennent à la tribu plus importante des Ouïssoun. Ils peuplent tout le beylik de Nourâta. Ils sont ici sédentaires comme les habitants de la vallée du Zerefchan.

Ce sont là les principales tribus turques sur lesquelles j'ai appris quelque chose dans la vallée du moyen Zerefchan. Elles vivent sans trop se distinguer les unes des autres; cependant, une tribu constitue toujours un groupe dominant dans une localité donnée. Les tribus se sont souvent mêlées ; ce qui le prouve, c'est la grande quantité de villages qui ont emprunté leur nom à celui d'une tribu. Ainsi, il y a un village de Ming chez les Khitay-Qyptchaq; un village de Djelaïr et de Qoughrat chez d'autres tribus. Sur la parenté des tribus circulent diverses légendes. Ainsi, on dit que Manghyt et Keneghes étaient deux frères. Il ne me paraît pas utile de reproduire ces traditions, qui, la plupart du temps, se contredisent. Je ne relèverai qu'un détail. Quand l'émir de Boukhara, qui est de la famille des Manghyts, commence son règne, on l'assied sur un morceau de feutre blanc dont les quatre coins sont soutenus par les représentants des quatre tribus de Ming, Allat, Bekhrin et Batach.

Je dirai aussi quelques mots des tribus qui vivent au nord-est de la vallée du Zerefchan, c'est-à-dire dans les régions de Tachkend, Tchemkend, Aulia-âta.

Dans ces régions septentrionales, l'élément persan est très-peu important. Dans les villes et les villages et dans la steppe, on ne parle que des dialectes turcs. La population sédentaire des villes de Tachkend, Tchemkend, Aulia-âta, Merkèh et Turkestan, et de tous les villages qui les environnent, est désignée sous le nom commun de Sartes : c'est le nom qu'emploient également les Qirghiz et les Uzbeks. Je ne puis pas déterminer exactement l'origine de ces Sartes ; je n'ai pu connaître leurs noms de famille ; au point de vue du type, ils ressemblent énormément aux Tadjiks. Mais la langue persane est pour eux une langue inconnue, s'ils ne l'ont point apprise dans les medressèhs de Boukhara ou de Samarqand. Ils se distinguent d'une façon bien tranchée des Tadjiks, qui vivent isolés au milieu d'eux. D'après les explications de Vambéry, on pourrait croire que les Sartes sont des Tadjiks d'origine. Voici ce qu'il dit en parlant des Sartes de Khiva : « Les Sartes, appelés Tadjiks à Boukhara et dans le Khoqand, sont les anciens habitants persans du Kharezm. Je m'étonne que les Sartes qui vivent ici, au nord, en grandes masses, se soient si complétement tatarisés, tandis que les Tadjiks des villages isolés ont conservé le persan. »

D'autre part, le nom de Sartes leur a, peut-être, été donné par d'autres ; ainsi, les émigrés de Boukhara, sur la rivière de Tobol, s'appellent actuellement Sartes, parce que les Tatars du pays leur ont donné ce nom; les Tatars et les Qalmouqs de l'Altaï ont reçu des Russes des noms qu'ils ignoraient eux-mêmes. Les Sartes de Tachkend ont peut-être reçu leur nom des Qirghiz, qui appellent ainsi les mahométans sédentaires de l'Asie centrale : Uzbeks, Sartes, Tadjiks, Tatars de Kachgar.

Les habitants des contrées situées entre Tachkend et Khodjent, notamment aux environs du bourg de Toïtepèh, s'appellent eux-mêmes Qourama. Les Qirghiz affirment qu'ils ont appris ce nom, parce qu'ils constituent un mélange de Qirghiz et de Sartes. Avant, ils étaient, dit-on, de purs Qirghiz; aujourd'hui, mélangés avec les Sartes, ils mènent une vie sédentaire. Il paraît vraisemblable, en tout cas, qu'ils constituent une race mêlée et se sont établis, depuis peu, dans les villages. Ils se divisent en quatre groupes :

Djelaïr,
Tama,
Djaghalbaïly,
Taraqly.

Les steppes autour de Tachkend, Tchemkend, Auliaâta et Turkestan sont habitées par beaucoup de tribus qirghiz; comme leurs voisines du nord, elles s'appellent Qazaqs. Les Qirghiz qui vivent près de ces villes, notamment de Tachkend, sont beaucoup plus pauvres que leurs frères du nord ; beaucoup s'occupent d'agriculture. Ces Qirghiz, descendants des trois hordes, constituent un mélange fort bigarré. Voici des détails assez exacts sur ces groupes :

1. Ouïssoun, Grande Horde (Oulou-djuz);
Sikym (aux environs de Tachkend);
Djany,
Temir,
Chymyr,
Bot-paï (aux environs d'Aulia-âta),
Qouroulas (c'est le peuple du héros Ideghe-by, le vainqueur de Tokhtamich-khan),
Sirgheli, Ysty, Otakchy, Djelaïr, Chaprach (aux environs du Turkestan), désignés sous le nom générique de Bech-tenbala (les cinq frères pareils), sur la rivière Chou,
Kanghly (aux environs de Tachkend).
2. Orta-djuz (Horde Moyenne),
Qyptchaq (aux environs de Tachkend),
On eki Qonghrat (les douze Qonghrats),
Alty-ata Kekting-oulou (près de Tachkend),
Alty-ata Kektingchu (près de Tachkend),
Arghin (près de Tachkend),
Naïman (près de Tachkend),
Chanchkoul.
3. Kitchi-djuz (Petite Horde),
Ramadan (aux environs de Tchinaz),
Djaghalbaïly (aux environs de Tachkend),
Tama,
Taraqly.

Dans la vallée du Zerefchan, comme dans l'Asie centrale, on parle deux langues, le persan et le turc. Les dialectes persans paraissent différer peu de l'idiome de la Perse.

En ce qui concerne l'idiome turc, il se divise dans

les dialectes suivants : 1° qirghiz; 2° qara-qalpaq; 3° turkmen; 4° uzbek ou djagataï. Les trois premiers de ces dialectes sont fort voisins l'un de l'autre; l'uzbek s'en distingue d'une manière bien tranchée. Chez un peuple dispersé en des contrées lointaines comme les Uzbeks, la langue doit évidemment présenter des nuances diverses; elle n'en offre pas moins une incontestable unité. Tous les habitants des villes d'Aulia-âta à Boukhara se comprennent sans difficulté. C'est là un phénomène tout naturel; il y a toujours eu entre ces villes de nombreuses relations commerciales; d'autre part, les pèlerinages n'ont pas peu contribué à rapprocher les habitants.

La langue turque est parlée beaucoup plus purement dans la steppe, où la civilisation mahométane, destructive de toute nationalité, n'a pas encore pu pénétrer. Les Qirghiz sont de tous les peuples celui qui a pris le moins de mots persans et arabes; ceux qu'ils ont pris, ils les ont soumis à leurs lois phonétiques et se les sont assimilés. Cependant, leur langue même commence à se pénétrer d'éléments étrangers, comme le prouve l'idiome des Qirghiz qui vivent dans le voisinage des Sartes. Sous le rapport de la pureté, il faut citer, après le sous-dialecte qirghiz, la langue des Qara-qalpaq à l'est de Samarqand, et des Turkmens dans les monts Nourâta, bien que ces tribus soient déjà, au point de vue social, dominées par les Uzbeks et aient adopté nombre de mots étrangers. La langue des laboureurs uzbeks, dans les villages de la vallée du Zerefchan, est bien inférieure au point de vue de la pureté. Les mots arabes et persans, les tournures grammaticales de ces deux langues sont employés même par les illettrés ; la langue est encore plus corrompue dans les villes, où le bon ton exige qu'elle soit défigurée par des ornements étrangers. La chose est d'autant plus facile que la langue persane est propagée par les Tadjiks, qui sont fort nombreux. Dans les villes, la langue est d'autant plus corrompue, qu'elle est parlée par des gens plus instruits ; ils ont pour ainsi dire un dialecte à eux. Dans cette classe, on rencontre non-seulement une foule de mots étrangers, mais encore de tournures grammaticales ; les lois phonétiques du turc sont violées en faveur de l'élément étranger.

Les mollas, comme si la science était opposée à la nature, obligent les élèves à prononcer contrairement aux lois de la langue maternelle et blâment sévèrement la prononciation nationale. Aussi, tous les gens instruits adoptent-ils la prononciation brisée des mollas.

L'homme sans éducation, qui ne sait que lire et écrire, lit et écrit toujours en turc ; mais il s'efforce d'imiter la langue littéraire ; s'il a reçu une certaine éducation, s'il a fréquenté pendant quelque temps le medressèh, il se détourne avec dédain des livres turcs, produits de l'ignorance, aliments du vulgaire, et il s'enfonce dans l'étude du persan. Ce phénomène se produit non-seulement dans les localités où l'influence des Tadjiks pourrait l'expliquer, mais même dans celles où il n'y a point d'indigènes parlant le persan, par exemple à Tchemkend, à Auliaâta. Seulement, dans ce qu'ils écrivent, ces demi-savants n'emploient que le turc ; ils ne savent pas assez le persan. En arabe, ils ne lisent que le Qoran, les prières et quelques livres faciles avec une traduction littérale. Le savant qui a poussé jusqu'à la grammaire arabe et qui sait suffisamment cette langue se met aussitôt à dédaigner le persan et se consacre uniquement à l'étude de l'arabe, but suprême et idéal du lettré. Les jeunes mollas regardent avec une pieuse admiration ces coryphées de la science qui comprennent la langue sacrée; ils écoutent avec ferveur les discours auxquels se mêlent des phrases arabes, traduites ou commentées en langue turque. Pour leur correspondance, ces grands savants n'emploient que la langue persane, sans s'inquiéter de savoir si la lettre sera comprise du destinataire. Tant pis pour lui s'il est réduit à chercher un traducteur! Dans la vallée du Zerefchan, le traducteur est facile à trouver; les gens même les moins instruits connaissent cette langue.

La correspondance officielle, les avis et ordres du gouvernement sont toujours rédigés en persan, même à Khoqand. Tout fonctionnaire, même en voyage, a toujours avec lui un molla (mirza), qui naturellement écrit dans la langue savante. J'ai eu souvent l'occasion d'assister à la rédaction de ces documents officiels. Le fonctionnaire indique au molla le sujet à traiter; le molla rédige à sa fantaisie. Puis le fonctionnaire appose son cachet sur le document.

Dans ces circonstances, il est facile de s'expliquer pourquoi des éléments étrangers se glissent dans la langue des Uzbeks; mais ce qui exerce sur elle une influence dissolvante, c'est que ces éléments ne se soumettent pas aux lois de la langue turque et y restent avec une vie indépendante, comme des parasites.

En thèse générale, personne ne nie que les occupations intellectuelles ne développent l'esprit et ne forment le jugement. Dans l'Asie centrale, c'est le contraire qui se produit. Un jugement sain, un esprit pénétrant ne se rencontrent que chez les gens du peuple. La langue des Qirghiz est coulante et brillante; ils sont spirituels et montrent parfois beaucoup d'invention dans leurs demandes et leurs réponses; leur souplesse est souvent étonnante; le plus ignorant chez eux manie sa langue avec cette aisance qu'on ne remarque en Europe que chez les Français et les Russes. Leurs récits sont pleins de tournures agréables et pittoresques. On peut noter ces qualités dans les spécimens de littérature populaire que j'ai recueillis.

A ce point de vue, les Qara-qalpaq et les Turkmens offrent beaucoup d'analogie avec les Qirghiz.

Le laboureur uzbek de la vallée intérieure du Zerefchan a l'intelligence bien moins développée que l'enfant de la steppe; les gens instruits des villes s'expriment péniblement et sont fort ennuyeux dans leurs conversations; il n'en peut être autrement : la langue usuelle, par suite de l'intrusion des éléments étrangers, a perdu son type primitif. Le Qirghiz entend ses contes, ses fables, ses chansons dans sa langue maternelle; ils font sur lui une forte impression et lui inspirent le désir de les imiter. L'Uzbek, au contraire, entend le moindre récit dans une langue qu'il comprend fort peu et que le lecteur est obligé de lui commenter sans cesse. Plus il s'enfonce dans la science, plus la langue s'enveloppe d'un voile impénétrable. L'Uzbek s'habitue à deviner le sens qui résulte d'un ensemble de mots connus et inconnus, et à répéter des sons creux. Enfant, il apprend à prier en arabe; il lit le Qoran pendant des années sans en comprendre un mot. Cette éducation ne développe qu'une seule faculté, la mémoire; les autres s'atrophient. Et, en effet, la mémoire se développe d'une façon étonnante. L'un de mes compagnons de voyage savait par cœur des pages entières de prières arabes ou des fragments du Qoran, chantait des chapitres entiers du Mouhammedièh, des poëmes de Mir Ali-Chir, et était parfaitement incapable d'en comprendre le sens. La science suprême consiste à surmonter les difficultés des langues arabe et persane; le nombre de ceux qui y réussissent est fort limité.

Les principaux centres d'instruction sont les medressèhs, mais on ne s'y occupe que de théologie. Ici on considère comme un péché de se consacrer à la poésie ou à la littérature. On rencontre rarement, même chez les commerçants, des ouvrages poétiques en arabe, en persan ou en turc. Il m'a fallu beaucoup de peine pour découvrir quelques ouvrages de ce genre. Même chez le bas peuple, on a grand'peine à trouver autre chose que les légendes des saints, ou les Hikmet d'Ahmed-Yessevy, et autres productions analogues. Les chants populaires ou les contes se rencontrent fort rarement.

Ainsi, dans l'Asie centrale, la science et le fanatisme sont intimement unis. Plus un homme est savant, plus il est fanatique. Les savants sont la cause de tous les désordres. Ce sont eux qui ont soulevé les habitants de Samarqand contre les Russes et qui ont appelé sur cette ville toutes les misères qu'elle a eues à supporter. Ils obligent tous les chefs des croyants à violer les traités conclus avec les infidèles ; à leurs yeux, tous ces traités sont des crimes contre la foi.

La plus grande partie des membres de la classe intelligente appartiennent au commerce ; ils sont moins fanatiques que les savants et les dignitaires, par conséquent moins ennemis des Russes. Les plus tolérants sont ceux qui sont depuis longtemps en rapport avec la Russie et l'ont même souvent visitée. Le bas peuple est en général apathique et sans caractère. Il accomplit rigoureusement les rites extérieurs de la religion ; mais il n'aime pas les savants et les fonctionnaires, qui l'oppriment ; d'autre part, il se laisse facilement entraîner par les excitations du fanatisme.

Les Qirghiz et les Qara-qalpaq sont étrangers à ce fanatisme, bien qu'ils paraissent être d'ardents adeptes de l'Islam, plus ardents peut-être que les Uzbeks ; ils détestent les classes dirigeantes, qui se composent de Sartes, de Tadjiks, d'Uzbeks, spécialement les mollas instruits ; ils traitent ces derniers de païens, à cause de quelques rites qui leur sont restés du paganisme. De là vient que les Qirghiz ont été, dès le début, sympathiques aux Russes et toujours prêts à combattre les habitants des villes. Ils sont excités à la fois par d'anciennes haines et par l'amour du pillage.

Telle est la situation morale et politique des peuples soumis par les Russes dans l'Asie centrale. Deux éléments sont en lutte dans cette contrée : l'élément turc ou populaire ; l'élément persan, arabe ou mahométan. Ce dernier, malheureusement, a pris partout le dessus et a rendu impossible tout libre développement de l'esprit national. Dans ces circonstances, il ne peut être question de progrès intellectuel ou matériel. La lutte est trop inégale. Il faut que l'élément turc reçoive un concours énergique de la civilisation européenne. Mais il n'y a pas de temps à perdre ; le mahométisme a déjà enveloppé la steppe d'une chaîne qui ira chaque jour se resserrant. Encore quelques années, et il sera trop tard.

De même que dans la Turquie d'Europe le Grec rusé, habile, actif, se distingue du Turc paresseux, indifférent, mais honnête, de même dans l'Asie centrale le Persan se distingue du Tatar. Du reste, par suite de croisements avec l'élément persan, les Turcs des villes se sont rapprochés des Tadjiks. Comme eux, ils n'ont d'autre mot d'ordre que l'intérêt et l'avarice, d'autre but que les avantages matériels. Malgré le mépris que les mahométans professent pour tout ce qui se rapporte à ce misérable monde, l'or est leur unique idole. Ils n'ont égard ni aux liens du sang ni à aucune considération quand il s'agit de s'enrichir ; la principale occupation des habitants des villes est le commerce ; il permet d'acquérir la richesse sans se livrer au travail des mains, pour lequel les habitants des villes turques n'ont pas moins de répugnance que les Tadjiks. Il n'y a nulle part plus à marchander que dans les bazars de l'Asie centrale, où le vendeur fait tout ce qu'il peut pour tromper l'acheteur. La rapacité de ces habitants des villes ne connaît pas de limites. Un riche marchand, qui me montrait les monuments de Samarqand, fit comprendre au Qirghiz dont j'étais accompagné qu'il attendait de moi un petit présent. Pour l'éprouver, je lui donnai une pièce de vingt kopeks ; il la reçut avec la plus grande joie. Le mot *silau* (présent, pourboire) résonne ici à chaque pas ; pour le moindre service, pour vous avoir indiqué une rue, on réclame un présent. Le mot *silau* est toujours accompagné d'un aimable sourire et d'un mouvement de main facile à comprendre. Même le marchand auquel on achète quelque chose réclame, outre le prix convenu, un silau.

Après l'avidité et la passion du gain, le trait principal du caractère des citadins est l'avarice. Quand il s'agit de gagner, ils ne vous parlent pas de ce « misérable monde », mais ils l'invoquent souvent pour déguiser leur avarice. Les plus riches vivent aussi pauvrement que les indigents et se nourrissent comme eux. La seule chose qui les distingue est le luxe des maisons.

Il faut noter encore comme des traits dominants la poltronnerie, la cruauté, l'hypocrisie. Ils traitent d'une façon épouvantable les Qirghiz ou les Russes qui tombent entre leurs mains. Ainsi ils arrachèrent, chaque jour, une dent à un Qirghiz sous prétexte qu'ayant mangé le pain des infidèles, ses dents étaient devenues indignes de goûter le « don de Dieu ». A un autre, ils arrachèrent les veines et brisèrent les pieds et les jambes.

Les habitants des villages de la vallée produisent sur le voyageur une meilleure impression ; on remarque chez eux une cordialité qui ne se rencontre pas chez les citadins. L'avidité s'accuse moins chez eux ; ils ne sont pas actifs comme les habitants des villes, mais flegmatiques et paresseux ; cependant ils ne craignent point les travaux manuels. Ils n'aiment pas les Tadjiks, dont ils redoutent les ruses et l'habileté. Ils sont peureux et timides.

Les Qaraqalpaq, les Turkmens, les Qirghiz sont de véritables enfants de la nature ; rusés et trompeurs, ils ont cependant une certaine bonhomie et sont capables d'attachement. Ils redoutent le travail et admettaient volontiers que la nature doit les nourrir et les fournir du nécessaire. Je n'ai remarqué chez eux ni bravoure, ni instincts guerriers. Ils sont horriblement poltrons. Ils se rassemblent autour du nouveau venu et on a grand'peine à s'en débarrasser. Ils sont quémandeurs et mendiants. En ce qui concerne le physique, le type turc se distingue nettement ici du type persan pur ou métis. Les Qirghiz, les Qaraqalpaq et les Turkmens représentent encore aujourd'hui l'élément turc dans sa pureté ; ils sont en général de taille moyenne, trapus et vigoureux. Le visage est large, les pommettes saillantes, le nez gros, le front rejeté en arrière. Les sourcils sont étroits, la barbe rare. Les Tadjiks, les Sartes du Nord et une partie des Uzbeks sont pour la plupart grands, bien proportionnés et de faible complexion ; le visage est étroit, les traits accentués ; le nez est long et légèrement recourbé, les sourcils épais ; une barbe noire enveloppe un beau visage. La teinte noire des cheveux et de la barbe, les grands yeux noirs, brillants d'un feu sauvage, leur prêtent une expression de beauté virile ; toute la figure, au premier aspect, donne l'impression de la force et de la décision ; cette impression est encore augmentée par l'air sérieux qui, la plupart du temps, ennoblit les visages ; mais toute l'illusion disparaît quand on voit se dessiner le sourire mielleux et rusé qui distingue le Tadjik dans ses entretiens.

La manière de vivre des habitants de l'Asie centrale est aussi monotone que la structure de leurs villes et que la nature qui les environne. La vie publique, comme chez tous les mahométans, n'est faite que pour les hommes. On ne voit que des hommes errer d'un pas grave et sourd dans les rues. Ils portent pour vêtement des robes flottantes et bigarrées; ils sont chaussés de bottes à tiges longues et étroites, et de galoches vert clair. Leurs têtes sont coiffées d'immenses et fantastiques turbans de couleur blanche, verte et rouge. On ne voit que des hommes groupés au bazar ou à la mosquée, où ils ont des entretiens longs et animés. Parfois, au milieu de ces groupes, on voit se glisser une forme petite, élégante, enveloppée d'une longue robe bleue relevée sur la tête; les manches de cette robe descendent presque jusqu'à la jupe; c'est une femme ; d'une main, elle ramène sa robe sur sa poitrine; à son col droit est attaché un filet noir en crins qui couvre entièrement le visage. Comme un criminel qui redoute le contact de ses semblables, elle traverse humblement le groupe des hommes et cède le pas à tous ceux qu'elle rencontre.

Quittons maintenant la rue et entrons par des portes étroites dans la cour intérieure d'un édifice. Près de la porte, sous un auvent couvert en glaise et soutenu par des piliers de bois, sont les mangeoires des chevaux. Dans les grandes villes, près des bazars où la population est plus dense, ces mangeoires se trouvent ordinairement dans de larges corridors qui conduisent à de petites cours. La cour est presque toujours carrée et entourée de murs élevés ou d'habitations. L'un des côtés est la demeure du maître; on y trouve quelques petites portes ornées de sculptures grossières; devant elles s'élève une estrade ou terrasse quadrangulaire en argile fortement battue; elle est ordinairement recouverte de tapis. Les portes conduisent dans les chambres de réception, qui reçoivent la lumière par ces portes et par les petites ouvertures qui les surmontent; ces ouvertures sont garnies d'un grillage en bois auquel est collé du papier transparent. Les murs de ces chambres sont le plus souvent en terre glaise; chez les riches, ils sont badigeonnés ou même ornés d'arabesques. Le plafond est formé de longues poutres éloignées l'une de l'autre d'environ une demi-archine et couvertes de lattes entrelacées. Sur le tout s'étend une couche épaisse de glaise, qui constitue le toit plat de la maison. Le plafond est ordinairement blanchi; chez les riches, il est crépi à la chaux, peint et même doré. Dans les murs sont creusées, à une archine environ du sol, des niches où on place habituellement la bibliothèque du maître (il y a toujours parmi les livres un Qoran et un Heftiek) et les appareils à faire le thé. Le plancher est en terre battue et couvert de tapis turkmens. Sur le sol gisent des oreillers ronds couverts de soie aux brillantes couleurs, et pour les hôtes de distinction des couvertures de soie ouatée.

Un autre mur de la cour est percé d'une large porte, à travers laquelle quelques têtes d'enfants regardent curieusement l'étranger. Cette porte conduit à une seconde cour pareille à la première. C'est de ce côté que vit la famille du maître.

La plupart des maisons ont deux cours ; les pauvres seuls n'en ont qu'une ; elle est divisée par une natte en deux moitiés. Le devant est réservé aux hommes et le derrière à la famille. Le maître (surtout s'il est riche) visite rarement le jour l'appartement de derrière. C'est là que vit la femme, misérable esclave, et qu'elle accomplit ses insipides et monotones travaux. Elle reste seule ; ses enfants jouent autour d'elle ; elle coud, lave, fait la cuisine, cherche un coin à l'ombre et dort. J'ai eu l'occasion d'étudier la cour des femmes d'une maison voisine de la mienne, et j'ai pu me faire une idée de leur vie. Elles accomplissent tranquillement et avec lenteur leur tâche peu attrayante. Tout révèle l'ennui dont leur vie est pénétrée ; pour la femme, il n'y a ni contentement ni distraction ; à peine reçoit-elle parfois la visite d'une voisine. Heureusement que la chaleur invite fréquemment au sommeil ; sans ces heures de répit, elle ne pourrait pas supporter la vie.

Le logis de l'homme est le plus souvent désert ; il faut qu'il aille au bazar et il ne saurait manquer les prières de la mosquée. Mais, après le dîner, les hôtes se réunissent. La maison s'égaye ; on sert du thé, des fruits ; la conversation s'anime. La réunion est encore bien plus intéressante quand elle reçoit la visite de quelque molla, coiffé d'un turban élevé et blanc comme la neige, et qui s'appuie gravement sur un long bâton orné d'argent. Il occupe la place d'honneur, prend un des livres conservés dans une niche et commence à lire quelque texte arabe.

Les auditeurs sont évidemment fort touchés par cette lecture édifiante. Dès que le molla est parti, la maison se remplit de nouveaux hôtes, et on amène un garçon d'une douzaine d'années revêtu d'un vêtement de femme. Les hôtes s'asseyent dans la cour, en demi-cercle, et l'enfant commence une danse composée de mouvements horriblement disgracieux et fort indécents. Cette danse est accompagnée par les sons d'un instrument à cordes, semblable à la balalaïka russe; les assistants marquent la mesure en frappant dans leurs mains. Des regards lubriques suivent le jeune danseur, qui y répond par des mines coquettes, et jette à ses préférés des morceaux de pain ou de sucre sur lesquels ils se précipitent avidement et qu'ils dévorent avec une évidente satisfaction. Ces danses se prolongent bien avant dans la nuit; laissons-la couvrir de son ombre la fin de ces divertissements !

Les conséquences de ces débauches sont effroyables; elles brisent les derniers liens de la vie de famille; chaque jour des enfants de huit à douze ans font l'apprentissage de l'infamie.

L'alimentation des habitants de la vallée du Zerefchan est excessivement simple; elle est la même chez toutes les classes. Les pauvres et les ouvriers se nourrissent de fruits et de pain. Le pain est composé de farine de froment, d'eau et de sel; on ne le fait pas fermenter et on le cuit en galettes minces. Le pain frais est assez friand. Il y a, en outre, des espèces de gâteaux faits avec de la graisse de mouton, et qui sont peu agréables. Les fruits, qui naturellement changent avec les saisons, sont : les cerises, les âllou de Boukhara (espèce de prunes), les pommes, les poires, les pêches, les mûres, les melons, les pastèques. Les melons, qui sont magnifiques, constituent presque seuls, vers la fin de l'été, la nourriture des classes pauvres.

L'aliment cuit le plus usuel est le pilau, dont le nom est persan ; les indigènes l'appellent ici *ach* (nourriture) : c'est du riz épais, cuit avec du mouton et servi avec des carottes. Le pilau est le seul mets qu'on offre aux étrangers ; j'en ai mangé à en être dégoûté ; un autre mets fort usité, c'est le vermicelle cuit avec du bouillon ou du lait, ou le mouton rôti. Les aliments cuits avec du lait doux ou aigre (aïran) sont rares. On vend dans les bazars des petits pâtés cuits à la vapeur : ils sont très-gras, mais assez bons.

Les riches boivent surtout du thé vert ; ils le boivent avec des amandes, des raisins secs, des fruits secs. Il est assez mauvais, parce qu'on le fait bouillir sur le feu dans de grands vases en cuivre. Dans certains caravansérails, même dans les villages, j'ai rencontré le samovar russe. Mais il est encore peu connu de la masse du peuple.

Parmi les boissons, je mentionnerai le cherbet ; il se fait, paraît-il, avec du miel. On enferme le miel dans des vases en terre, qui sont hermétiquement bouchés et enfouis sous terre. Le miel se transforme en une sorte de sirop de teinte brune ; mélangé avec l'eau, il fournit un breuvage agréable. Je n'ai rencontré d'eau-de-vie de raisin que chez les juifs de Samarqand.

Les plats que je viens d'indiquer figurent à toutes les tables riches ou pauvres, même, m'a-t-on dit, à celle de l'émir ; je n'ai mangé ici que du mouton et rarement du bœuf. La viande de cheval, ce mets favori des Qirghiz, des Turkmens et des Tatars russes, ne paraît point en usage ici. On sert les plats, en général, sur des nappes sales étendues par terre. On mange avec les mains et on les lave avant et après le repas, suivant les prescriptions du Qoran. Je n'ai jamais vu de cuillers ni de fourchettes.

Gouvernement.

La vallée du Zerefchan appartenait, ainsi que toute la région au sud de Pendjikent, au Khanat de Boukharie. L'émir qui régnait sur le khanat, passait autrefois l'hiver à Boukhara, l'été à Qarchy, à Kettèh-Qourghan et à Samarqand. J'ai décrit plus haut sa résidence d'été de Kettèh-Qourghan.

Le gouvernement du khanat est un despotisme militaire et religieux; à ne considérer que les apparences, c'est un gouvernement purement militaire.

Tout le khanat est divisé en beyliks, gouvernés par des beys nommés par le khan. Les beyliks de la vallée moyenne du Zerefchan, jusqu'à l'occupation russe, étaient les suivants : 1° Djizaq, 2° Samarqand, 3° Pendjikent, 4° Tchilek, 5° Nourâta, 6° Pendjchenbèh, 7° Kettèh-Qourghan, 8° Qatyrtchi, 9° Ziaouddin.

Les beys commandent les troupes qui leur sont confiées, et qui tiennent garnison dans les villes principales du beylik; ils sont en outre les lieutenants de l'émir lui-même, et gouvernent leur province avec un pouvoir presque illimité. Leur principale occupation consiste à transmettre chaque année à l'émir une certaine quotité d'impôts, et à maintenir les sujets dans l'obéissance. Les beys se sont considérés souvent comme des souverains indépendants, et ils se sont fait la guerre entre eux. On en a même vu se soulever contre l'émir; aussi l'émir ne les laisse pas longtemps en place; il les choisit avec grand soin parmi ses proches, et au bout de quelque temps il les rappelle à sa cour.

Le nombre des troupes commandées par un bey varie en raison de l'importance du beylik. Il se compose en général de quelques centaines de volontaires, qui reçoivent par mois vingt tengas (quatre roubles) pour leur entretien et celui de leurs chevaux. Les officiers de ces troupes sont les iuzbachis (commandants de compagnies), le mirakhor (écuyer), adjudant du bey, qui commande parfois une troupe, les pendjabachis (qui commandent à cinquante hommes) et les dèhbachis (qui commandent à dix hommes).

Dès qu'une guerre est imminente, le bey doit, par tous les moyens possibles, mettre son armée ordinaire en état de rejoindre les troupes de l'émir. Les voyageurs, Vambéry, par exemple, exagèrent les forces militaires de Boukhara; elles ne comprennent que la garde de l'émir et les troupes des beyliks. On m'a assuré que le tout ne dépasse pas huit mille hommes; en temps de guerre, on peut arriver à vingt mille. Pour donner plus d'importance à l'armée au moment du combat, on contraint par la force les habitants des contrées voisines à se joindre aux soldats; en comptant ces gens non armés et la foule des curieux qui suit les opérations, on atteint un total de quarante mille hommes.

Mais ces non-combattants ne font évidemment qu'affaiblir la force réelle des combattants ; aussi, à chaque rencontre avec les Russes, on voit la plus grande partie de l'armée ennemie se débander au premier coup de canon. En revanche, les habitants des villes savent bien se défendre, et l'on prétend qu'ils se battent mieux que les troupes de l'émir. C'est ce que m'a affirmé un témoin oculaire.

Le commandant en chef de l'armée, l'asker-bachy, réside en général à la cour de l'émir. En 1868, ce commandant était un certain Osman-bey, renégat, déserteur de l'armée de Sibérie. On dit que d'autres déserteurs russes, la plupart mahométans, occupent des situations importantes dans l'armée de Boukhara. La garde personnelle de l'émir est composée en partie d'Afghans. Ce sont de véritables brigands, qui ne font la guerre que pour piller.

L'armée de Boukhara se compose en grande partie de cavaliers recrutés dans les troupes des beyliks et de soldats nouvellement recrutés. Leur armement est très-varié, et ils se jettent sur l'ennemi sans aucun ordre. L'infanterie est moins nombreuse, mieux armée, et a une sorte d'uniforme ; elle a une certaine instruction militaire ; elle la doit à des déserteurs russes ou à des Afghans qui ont naguère servi dans les cipayes.

Il n'y avait autrefois que de l'artillerie de forteresse, mais, pendant ces dernières années, les Boukhares se sont procuré des pièces de campagne ; on estime que l'émir en a de quarante à cinquante. Mais les tireurs sont maladroits, les pièces mal fondues, les boulets mal centrés. Les prétendus canons de montagne sont de véritables jouets d'enfants. Il y a quelques années, un officier russe fut pris par des Qirghiz et amené à Boukhara ; l'émir exigea qu'il instruisît son artillerie. Après avoir longtemps refusé, il dut consentir et se rendit sur l'esplanade ; quand il vit le matériel, il eut grand'-peine à s'empêcher de rire. Alors le commandant de l'artillerie lui expliqua, en fort bon russe, qu'il ne s'agissait point de railler, mais de tout approuver, et cela sous peine de la vie. Il suivit le conseil, et dit à l'émir que tout était pour le mieux ; il fut récompensé par un présent, et on le laissa tranquille.

Avant de décrire le gouvernement du pays, je dirai quelques mots des hauts fonctionnaires dont j'ai eu l'occasion de faire la connaissance à l'époque de mon voyage. C'étaient trois ambassadeurs envoyés par l'émir au quartier général russe de Samarqand, pour remettre le traité de paix signé par leur maître. Le premier, Moussa-bay, était le mirakhor, c'est-à-dire l'écuyer de l'émir ; le second, Ichan, appartenait au haut clergé ; le troisième était un fonctionnaire des finances. Moussa-bay était un rusé vieillard et un habile flatteur, il faisait à tout propos les plus belles promesses. Nous liâmes vite connaissance ; dès le second jour de notre liaison, il m'offrit un livre persan, en me demandant la permission de garder ce livre encore quelques jours. Je lui fis cadeau d'un beau Qoran ; il est parti en l'emportant, mais sans m'avoir rendu mon livre persan. Il parlait beaucoup, mais disait peu de choses sérieuses. Le second ambassadeur, Ichan (d'origine turkmene), fit sur moi une meilleure impression. C'était un esprit sérieux et assez franc ; il avait une certaine dignité ; il me donna beaucoup de détails intéressants sur les Turkmens. Mais le principal objet de nos conversations était l'Islam ; il s'efforçait de me convaincre de la prééminence de cette religion et de m'y convertir. Nos discussions furent ardentes, et je dus reconnaître sa grande habileté. Je n'ai jamais causé avec le troisième personnage. Ces ambassadeurs étaient revêtus de grandes robes longues, qui ne se distinguaient en rien du costume des autres Tatars. Les chabraques de leurs selles étaient brodées d'or ; les deux laïques portaient le sabre, et le prêtre, le bâton qui sied à sa profession ; quand il montait à cheval, il le faisait porter par un serviteur.

Lors de la délimitation des frontières, je fis la connaissance de trois beys : Rahmet-bi, bey de Ziaouddin ; Behadour-bi, bey de Qatyrtchi ; et Abdoul-Ghaffar, bey de Nourâta, Rahmet-bi est celui dont parle Vambéry, et qui, d'après lui, gouverne la Boukharie en l'absence de l'émir ; il était Tadjik d'origine. Il vint nous voir à Kettèh-Qourghan ; il se proposait d'aller ensuite à Samarqand pour réparer la digue du Zerefchan. Là, il reçut de l'émir l'ordre de prendre part à la délimitation des nouvelles frontières. Il s'habillait simplement, mais avec goût, et il prit en peu de temps les manières européennes. Il cherchait surtout à se faire valoir par l'amabilité. Je fis bientôt sa connaissance : il sut éluder habilement toutes mes questions concernant la Boukharie. Les affaires auxquelles il prit part se terminèrent promptement. Les habitants le traitaient avec respect, ce qui ne l'empêchait pas de mener avec lui deux betchèhs. On disait qu'il était en grande faveur auprès de l'émir.

Le bey de Qatyrtchi, Behadour-bi, présente un contraste frappant avec l'habile Rahmet-bi. C'était un personnage silencieux, mystérieux, lourdaud et de capacités fort limitées. Les gens qui l'entouraient se montraient avec lui brutaux et grossiers; bien souvent, tandis qu'il causait avec moi ou avec notre interprète, j'ai entendu les gens de sa suite lui dire: « Pourquoi parles-tu tant? Cela ne convient pas à ta situation. » Quand nous arrivâmes à Qatyrtchi, le commissaire russe l'invita à venir dans notre camp. Il refusa sous prétexte que l'émir ne lui avait pas envoyé d'instructions, et déclara qu'il transmettrait à l'un de ses parents son cachet, et enverrait en même temps quelques aqsaqals pour délimiter la frontière. Cette offre fut naturellement déclinée par notre commissaire, et on exigea qu'il vînt personnellement. Il consentit et désigna comme lieu de rencontre le village de Tasmatchi; mais il refusa de se rendre à Kimidouz où nous nous trouvions, sous prétexte qu'il ne pouvait quitter son beylik; il envoya des présents qui, dans ces circonstances, ne furent point acceptés. Nous nous rencontrâmes enfin au village de Tasmatchi. Il nous reçut sur la galerie d'une grande maison, entouré d'une suite de cent hommes assis autour de lui. Auprès de lui étaient assis l'yessaoul-bachy et quelques mollas. Il parlait peu; il laissait parler à sa place l'yessaoul-bachi et l'un des mollas; celui-ci nous expliqua tout d'abord que Behadour-bi, lui, était un tout autre homme que Rahmet-bi, qu'il était Uzbek et de race royale, parent de l'émir, tandis que Rahmet-bi n'était qu'un Tadjik et un parvenu. Le lendemain commença la délimitation des frontières; nous ne fûmes pas peu étonnés quand nous nous vîmes environnés d'une troupe de huit cents à mille cavaliers; c'était la suite du bey. Plus de deux cents d'entre eux étaient armés. Le bey était entouré de dix yessaouls, armés de bâtons blancs. Il avait évidemment peur de frayer avec nous. Il s'arrêtait à chaque village, et allégua deux fois la maladie pour s'éloigner. Plus tard, nous apprîmes qu'il tremblait de terreur quand il était obligé de nous accompagner, et qu'il avait rassemblé en hâte la cavalerie des villages voisins pour pouvoir se défendre en cas d'attaque. Quand, après la conclusion de nos travaux, je lui tendis le protocole en le priant de signer, il le prit et y mit son cachet sans le regarder et me le rendit. J'insistai pour qu'il le lût; il le passa à un molla qui le lut à haute voix.

Le troisième bey, Abdoul-Ghaffar, voulait d'abord nous envoyer son fils à sa place; il vint ensuite lui-même au village d'Aqtchap. Il fit sur moi une excellente impression; il n'était ni si aimable que Rahmet-bi, ni si grossier que Behadour-bi. Il était fort actif, connaissait bien le pays et les circonstances; il avait en outre beaucoup d'énergie. Il n'avait point de suite, et nul yessaoul ne portait de bâton devant lui. La population lui montrait beaucoup de respect et d'estime.

Il faut beaucoup d'habileté pour mener une négociation avec les diplomates de l'Asie centrale. Ils sont passés maîtres en matière de chicane et de faux-fuyants; ils s'efforcent surtout d'humilier leur adversaire aux yeux du peuple qui les entoure. C'est ce que fit par exemple Rahmet-bi avec un officier qu'on lui avait envoyé de Kettèh-Qourghan. Quand l'officier approcha, le bey fit semblant de vouloir descendre de cheval, mais garda un pied dans l'étrier. L'officier, voyant ce mouvement, descendit de cheval. Rahmet-bi se remit vivement en selle et tendit la main à l'officier, qui restait debout auprès de lui ; puis il poursuivit son chemin sans prêter plus d'attention au visiteur désappointé.

Revenons maintenant à l'administration intérieure du pays.

Le bey nommé par l'émir est, comme je l'ai dit plus haut, son représentant dans toutes les branches de l'administration ; ni le bey ni ses subordonnés ne reçoivent de traitement ; il entretient ses fonctionnaires et même ses soldats sur les ressources du beylik ; il a des impôts particuliers à sa disposition. Ses principaux auxiliaires sont ses parents qu'il envoie avec de pleins pouvoirs dans les diverses parties de sa province. Il choisit ses parents, parce qu'il suppose que, solidaires de ses intérêts, ils ne le tromperont pas. Ces parents sont reçus et traités par les populations comme le bey lui-même. Il s'entoure en outre d'yessaouls, dont le nombre et le choix dépendent entièrement de lui.

Le plus ancien est l'yessaoul-bachi. Ils forment la suite du bey, ils sont ses espions ; ils reçoivent en outre des missions de peu d'importance dans diverses parties de la province.

Tout le beylik se divise en petits districts gouvernés par des aqsaqals. Le plus important est celui qui gouverne la ville où réside le bey, il a le titre d'emin. Les aqsaqals sont les exécuteurs des ordres du bey, leur principale fonction est celle de collecteurs d'impôts. Dans chaque village il y a aussi un aqsaqal; il y en a pour les bazars et les aqueducs. Tous vivent sur les ressources locales. Il n'y a point ici d'organisation générale et de service réglé ; tous les fonctionnaires doivent agir suivant l'usage et suivant leur idée.

A côté de cette administration laïque, il y a aussi l'administration spirituelle. Elle est encore moins réglée que l'autre. Elle est constituée par une caste de savants qui entourent le bey et qui, avec les autres savants et les prêtres, quoique sans lien bien défini, enveloppent d'un solide réseau toute la province. Les seuls fonctionnaires de cette caste sont les qazys ou juges ; je n'ai pu savoir qui les nomme. Ce sont, je crois, les mollas, d'accord avec le bey.

Le qazy décide les procès des particuliers, juge les délits commis contre l'ordre public et les crimes. La loi d'après laquelle il doit juger est le chériat fondé sur le Qoran; cette loi est naturellement, à plus d'un point de vue, peu en harmonie avec la situation du pays ; malheureusement, les jurisconsultes ou plutôt les théologiens de l'Asie centrale ne s'efforcent pas de la développer conformément aux besoins du pays. Aussi le champ est-il largement ouvert à l'arbitraire des juges, d'autant plus que cette loi est écrite en arabe, et que le juge en est à la fois le traducteur et l'interprète. Dans ses décisions, il tient plus compte de l'intelligence des parties ou de leur influence sociale, que du texte de la loi. Je ne puis déterminer quelle est exactement la procédure des affaires criminelles ; je crois que le qazy les décide de concert avec l'aqsaqal et quelques personnes influentes. Je ne sais pas non plus jusqu'où s'étend la compétence du qazy. Je crois que dans les affaires importantes il doit réclamer le consentement du bey; mais le bey lui-même agit d'après l'opinion des mollas qui l'entourent. Le bey a le droit de condamner à mort; mais on m'a dit que ce droit est exercé par des fonctionnaires de district, sans l'intervention du bey. En cas d'insurrection, le bey agit à sa fantaisie, et pend autant de coupables qu'il lui plaît. On dit qu'il s'est passé autrefois d'épouvantables scènes ; l'importance et la valeur d'un bey dépendaient du nombre des pendus.

Les habitants de la vallée du Zerefchan sont tellement accoutumés à voir pendre, que cela ne produit plus sur eux aucun effet. C'est pour eux un spectacle public, un « temachâ ».

Les prêtres et les savants surveillent rigoureusement l'orthodoxie des croyants ; les violations de l'islamisme dépendent uniquement des tribunaux spirituels. Le bey, dans ce cas, n'a aucun pouvoir, et doit abandonner la victime aux fanatiques dont le concours lui est absolument nécessaire.

L'émir et les beys osent parfois résister au clergé et l'attaquer ouvertement ; ainsi l'émir Mouzaffer-Eddin a fait naguère, à ce qu'on m'a dit, pendre à Samarqand quelques dizaines de mollas qui excitaient le peuple contre lui.

A l'époque où je me trouvais dans la vallée du Zerefchan, tout le khanat était singulièrement agité. L'émir avait traité avec les Russes contre la volonté du clergé. Les mollas avaient soulevé le fils de l'émir contre lui ; le sultan des Qirghiz, Sadyq et les beys fanatiques s'étaient révoltés. Le bey de Chehehrisebz, ancien ennemi de l'émir, se joignit à eux. L'émir n'était pas en état de résister à tous ces adversaires, ce furent les Russes qui vinrent à son aide; par une marche sur le flanc gauche, ils obligèrent le bey de Chehehrisebz à abandonner ses alliés, puis ils chassèrent les insurgés de Qarchi, et rendirent cette ville à l'émir.

Evidemment, il ne faut pas songer à voir s'établir des relations affectueuses entre la Russie et les khanats indépendants de l'Asie centrale. Les Russes doivent toujours regarder ces khans comme des ennemis, et être toujours prêts à résister à leurs entreprises. C'est là une situation intolérable pour un empire civilisé qui n'a pas l'habitude de monter la garde à ses frontières. L'Europe doit être reconnaissante à la Russie de surveiller ces foyers de fanatisme et d'ignorance ; l'Angleterre elle-même n'aurait qu'à gagner si les Russes et les Anglais devenaient voisins dans l'Afghanistan. Supposer que les Russes peuvent exciter les Musulmans contre les Anglais, c'est rêver qu'un homme vivant avec son ennemi dans une maison de bois serait capable d'y mettre le feu.

Pour finir, je dirai quelques mots des impôts perçus par le gouvernement boukhare dans la vallée de Zerefchan. Ces impôts étaient de trois sortes : le kharadj, le tanap et le zekat. Le kharadj est un impôt sur les céréales que le laboureur paye en nature. Il paraît varier du huitième au cinquième de la récolte. Le tanap est un impôt sur l'agriculture et l'horticulture. Il atteint les fruits, les légumes, le coton, les prairies artificielles proportionnellement au sol. Il se paye en argent. Il y avait un impôt spécial sur les mûriers. Le zekat frappe les marchandises amenées au bazar, les caravanes, le bétail, les artisans, les auberges. Je ne suis pas en état de fournir des renseignements détaillés sur ces impôts. Ils sont fort lourds, fort injustes, fort irrégulièrement répartis, puisqu'ils frappent uniquement le travail et non le capital.

TABLEAU

DES MESURES, POIDS ET MONNAIES RUSSES

EMPLOYÉS DANS LES ITINÉRAIRES DE L'ASIE CENTRALE

Mesures de longueur.

La sagène .... = $2^m,134$
L'archine .... = $0^m,711$
Le verchok .... = $0^m,044$
La verste .... = 1066 mètres.

Poids.

Le poud .... = $16^k,380$
Le fount ou livre .... = $0^k,410$

Monnaies.

Le rouble vaut 4 francs. Le rouble papier, soumis à l'agio, varie de 3 fr. 40 à 2 fr. 40. Un rouble comprend 100 kopeks.

ITINÉRAIRES

L'intérêt qui s'attache aux documents relatifs à l'histoire ou à la géographie de l'Asie centrale m'a déterminé à insérer ici les Itinéraires de Pichâver à Kaboul, de Kaboul à Qandahar et de Qandahar à Hérât.

Ils sont extraits de l'ouvrage de Mohammed Abdoul Kerim Mounchy, intitulé *Tarikhi Ahmed*, et consacré à l'histoire du règne du fondateur de la dynastie des Dourâny.

Ces itinéraires offrent quelques différences avec ceux qui ont été publiés par M. Edw. Thorton dans le « *Gazetteer of the Countries adjacent to India on the West* », et par M. Charles Masson dans la relation qui a pour titre : « *Narrative of Various Journeys in Balochistan, Afghanistan and the Panjab* ».

Cette considération m'a engagé à en faire la traduction et à l'insérer dans un volume consacré à des travaux qui ont pour objet la connaissance de certaines contrées de l'extrême Orient et de l'Asie centrale.
C. S.

ITINÉRAIRE

DE

PICHÂVER A KABOUL

On part de Pichâver pour aller à Djamroud¹, distant de sept karouhs². Djamroud est bâti à l'entrée de la passe de Khayber³.

La deuxième station est celle de Guerhy La'l-Beik⁴. Il est situé au milieu de la vallée de Khayber. Les environs de ce village sont cultivés. La vallée et les montagnes qui la bordent sont habitées par les Afridy, tribu afghane⁵. On a établi de distance en distance des corps

1. Djam ou Djamroud est un petit village de cinquante ou soixante feux, entouré d'une muraille en pierres peu élevée.
2. 22^k,400. Le karouh vaut environ 2 milles anglais, c'est-à-dire 3^k,200.
3. La passe de Khayber, la clef de l'Afghanistan, s'étend sur une longueur de 85 kilomètres de Qadem, près de Pichâver, jusqu'à Dehka, à l'entrée de la plaine de Djelalâbad (Havelock, *War in Afghanistan,* London, 1840, t. II, p. 187-189).
4. Guerhy La'l-Beik n'est qu'un village de quatre-vingts ou cent maisons en pierres. Il est défendu par une tour solidement construite.
5. Les Afridy sont une fraction de la tribu des Khaybery, qui compte

de garde occupés par des gens armés appartenant à cette tribu, qui doivent veiller à la sécurité des voyageurs et des marchands. Ils reçoivent, à cet effet, une solde qui leur est payée par le trésor royal. Dans quelques localités ces Afridy rançonnent les marchands et les gens riches, au lieu de les protéger. Pendant la nuit, ils se livrent au vol et ils mettent en sûreté le produit de leurs rapines. La solde de ces gens est payée par le trésor royal à Pichâver et le gouvernement a, de plus, renoncé à percevoir aucun impôt dans la vallée de Khayber.

Le troisième jour on part du milieu de la vallée de Khayber et de Guerhy. On passe près de Landy-Khanèh [1] et on s'arrête à Dehka [2].

Le quatrième jour on va de Dehka à Hezarnao [3].

Le cinquième jour de Hezarnao à Behty-Kout [4], qui

cent vingt mille âmes. Les Khaybery se divisent en Afridy, Chenwary et Ourouq-Zey. Les Afridy, qui sont les plus nombreux, occupent les hauteurs orientales de la passe de Khayber, les plus rapprochées de Pichâver, et les Chenwary la partie occidentale du côté de Djelalâbad. Les Ourouq-Zey résident à Tirèh.

1. La maison de Landy. Le Landy, ou rivière du Pendj-Kourèh, prend sa source dans la partie méridionale de l'Hindou-Kouch, dans le pays inexploré qui s'étend au nord du Pendj-Kourèh, et elle se jette dans la rivière de Kaboul entre les montagnes de Khayber et l'Indus.

2. Dehka est un village situé non loin de la rivière de Djelalâbad, à la sortie occidentale de la passe de Khayber. Les caravanes s'arrêtent à Dehka et y payent un droit de transit à la tribu des Mohmend.

3. Hezar Nao (*les mille canaux*) est un gros village situé à égale distance (quatre karouhs) de Dehka et de Bassawal. Ses maisons éparpillées sont construites sur la pente d'une éminence.

4. Behty-Kout possède le tombeau d'un saint vénéré, Akhound

est la localité où les Mohmend¹ célèbrent la fête de la rupture du jeûne et celle des sacrifices.

Le sixième jour on part de Behty-Kout pour aller à Aly-Boghan². Cette petite ville est habitée par des Tadjiks parlant persan.

Le septième jour on va d'Aly-Boghan à Tchar-Bagh, localité également occupée par des Tadjiks.

Le huitième jour on part de Tchar-Bagh, on passe par Feth-Abâd et l'on s'arrête à Nimla³.

Le neuvième jour on va de Nimla à Guendoumek, où réside le chef de la tribu afghane des Khakwany.

Le dixième jour on part de Guendoumek et l'on atteint les bords d'une rivière qui porte le nom de Sourkh-Roud⁴.

Moussa, qui a la réputation d'avoir rendu inoffensifs les serpents qui se trouvent en abondance dans les montagnes voisines.

1. Les Mohmend sont une tribu afghane qui occupe les collines au sud de la branche méridionale de l'Hindou-Kouch. Ils possèdent aussi la plaine qui s'étend entre ces collines et la rivière de Kaboul, et leurs terres confinent au sud au district de Khayber.

2. Aly-Boghan est un village bâti sur une éminence, à quelque distance de Kamèh; on y voit le tombeau d'un saint auquel on attribue la vertu de guérir les aliénés que l'on y conduit.

3. Nimla est une petite ville entourée de beaux jardins, située dans la plaine de Djelalâbad. C'est près de cette ville que se livra la bataille à la suite de laquelle Châh Choudja, battu par Fethy Khan, dut s'enfuir du Kaboul et se réfugier dans les montagnes de Khayber (10 septembre 1801.)

4. Sourkh-Roud (*la rivière rouge*) prend sa source dans le Sefid-Kouh (*montagne blanche*) et se jette dans la rivière de Kaboul, à cinq milles de Djelalâbad. Le courant du Sourkh-Roud est d'une extrême violence. On remarque un pont d'une seule arche, d'une longueur de cent soixante-quinze mètres et d'une largeur de dix-huit, bâti en 1015 (1606), sous le règne de Châdjihan, par Aly Merdan Khan.

Ce pays n'est point cultivé et il est habité par les Khakwany dont nous venons de parler.

Le onzième jour, on s'éloigne du Sourkh-Roud et on atteint Djegdelèh, localité bien peuplée et qui constitue le domaine de la tribu afghane de Suleyman-Kheyl [1].

Le douzième jour, on va de Djegdelèh à Barikâb.

Le treizième jour, à Barikâb, on trouve deux routes : l'une est celle qui est suivie par les troupes royales et les caravanes et qui aboutit à Tezin. De Tezin on va à Khourd-Kaboul et de là à la résidence royale de Kaboul.

L'autre route, qui est celle de Koutel-bend-Lettèh et qui n'est fréquentée que par les piétons et les voyageurs isolés, va rejoindre la route royale à Bouti-Khak.

Le quatorzième jour on part de Tezin et on arrive à Khourd-Kaboul. Les environs en sont bien cultivés et le village est bien peuplé.

Le quinzième jour on part de Khourd-Kaboul et on arrive à Kaboul.

Les différentes étapes que nous venons de citer sont celles qui sont faites par les troupes royales. Les marchands, piétons et cavaliers peuvent se rendre de Pichâver à Kaboul en six ou sept jours.

La distance qui sépare chacune de ces stations est généralement de sept à huit karouhs [2]. On compte pour quelques-unes jusqu'à dix karouhs [3]. Pichâver et Kaboul

---

1. Les Suleyman-Kheyl forment la fraction la plus nombreuse de la grande tribu des Ghildjay. Ils se divisent en quatre oulous ou clans, qui comprennent à peu près cinq mille familles.

2. $22^k,500$ et $25^k,700$.

3. 32 kilomètres.

sont séparées par une distance approximative de cent vingt karouhs [1].

Kaboul, située dans la province de Bakhter, est remarquable par la variété des fruits et des fleurs que l'on y trouve. La ville et les bazars sont traversés par des eaux courantes provenant de différentes sources et qui ont un goût délicieux. Les fruits secs de Kaboul sont exportés dans tous les pays et principalement dans l'Inde. Les eaux de la ville et de ses environs sont légères et digestives. Pendant trois ou quatre mois, dans le courant de l'hiver, la neige tombe en grande abondance. Elle produit, surtout pour les gens qui sont en voyage, des effets désastreux. Elle engourdit, lorsqu'on ne prend point les précautions nécessaires, les doigts des pieds et des mains et elle les fait tomber.

Kaboul a été de toute antiquité la résidence de Tadjiks parlant le persan. Lorsqu'elle est devenue la capitale des souverains de la dynastie Dourâny, les Afghans de cette tribu et les Mogols Qizil-Bach s'y sont fixés et y ont élevé de magnifiques palais. Bien que la ville ne soit pas considérable, elle est belle et elle jouit d'une grande prospérité. On y trouve les marchandises de tous les pays, et principalement des chevaux et des soieries qui viennent de la Transoxiane et de la Perse.

Toutes les personnes qui, parties du Khorassan, de la Perse, de la Transoxiane, veulent se rendre dans l'Inde, doivent nécessairement passer par Kaboul.

Cette ville possède un magnifique bazar couvert, con-

---

1. 384 kilomètres.

struit en briques et en pierres reliées par du mortier. On a pratiqué de distance en distance, dans le toit de ce bazar, qui est fort long et fort large, des ouvertures pour donner du jour. On appelle ce bazar *Tchar-Sou*. Il a été construit par Aly-Merdan-Khan, originaire de Perse, qui, après avoir été fonctionnaire des rois Sèfèvy, se rendit auprès de Châh Djihan, empereur de l'Hindoustan. Il reçut de ce prince la haute dignité d'Emir oul Oumera. C'est ce même personnage qui a creusé le canal qui fournit l'eau à Châh-Djihan-Abâd (Delhy).

Les tremblements de terre sont très-fréquents à Kaboul. La population de cette ville se fait remarquer par sa grossièreté, son humeur batailleuse et son esprit de révolte.

La plupart des édifices sont en pierres de taille.

Les souverains Dourâny, avec les gens de leur tribu et les princes de leur sang, résident dans le Bâla-Hissan de Kaboul.

II

ITINÉRAIRE

DE

KABOUL A QANDAHAR

La première station après être parti de Kaboul est celle de Qalèhi Qazhy (le château fort du Qhazy). Les environs de cette localité sont habités par des Tadjiks de Kaboul.

De Qalèhi Qazhy, on arrive à Qalèhi Meïdan (le château fort de l'hippodrome). Cet endroit est bien peuplé et bien cultivé. Les Afghans Suleyman Kheil y sont établis jusqu'au pont de Derdek. Derdek est le nom des Afghans Sadat.

De Qalèhi Meïdan, on se rend au pont de Derdek (*Pouli Derdek*), où se trouve un château fort. Le pays est peuplé et bien cultivé.

Le quatrième jour, on part du pont de Derdek pour arriver à Qalèhi Tekkièh (le château fort du couvent). Le pays est bien cultivé et habité par des Afghans.

Le cinquième jour, de Qalèhi Tekkièh à Qalèhi Chech Gao (le château fort des six bœufs). Le pays est bien cultivé.

Le sixième jour, on part de Qalèhi Chech Gao et on arrive à Ghaznin. Cette ville a été autrefois la capitale de Sultan Mahmoud le Ghaznevide. Elle a joui d'une grande prospérité. Il y est tombé, une fois, une si grande quantité de neige, que la ville a été entièrement détruite et que quelques habitants seulement ont réussi à s'échapper vivants. La ville n'a pu se relever de cette catastrophe. Aujourd'hui, deux ou trois mille familles d'Afghans et de Tadjiks habitent l'intérieur du château.

Le septième jour, on part de Ghaznin pour arriver à Qalèhi Nany. Le pays est bien cultivé.

Le huitième jour, on va de Qalèhi Nany à Qara Bagh, château fort où réside l'inspecteur Dourâny. Les environs de Qara Bagh sont habités par la tribu d'Ender.

Le neuvième jour, on se rend de Qara Bagh au canal du château de Ghoutchan. Cette localité est habitée par les Afghans Kheil.

Le dixième jour, on part du canal du château de Ghoutchan pour s'arrêter au château de Mokour.

Le onzième jour, on va du château de Mokour à la source du Serèh. Cet endroit est stérile et désert; on y trouve des cavernes qui ont été mises en état de recevoir les voyageurs par le serdar Meded Khan Ishaq Zey, qui fut attaché au service de Timour Châh. Ils y trouvent, en été, un abri contre l'ardeur du soleil et, en hiver, contre la rigueur du froid. On trouve de l'eau dans cette localité.

Le pays, depuis Mokour jusqu'au Serèh, est habité par les Afghans Ghildjay et Turky.

Le douzième jour, on part de la source du Serèh pour

arriver au château de Terin. Le pays est partiellement cultivé.

Le treizième jour, on va du château de Terin au château de Kelât. Le pays est habité par les Afghans Toukhy[1].

Le quatorzième jour, on se rend de Kelât à Tir Endaz[2], situé sur le bord de la rivière de Ternek[3]. Cette localité a été la résidence de la tribu des Dourâny, qui de là étendit sa suprématie sur le reste de l'Afghanistan.

De Tir Endaz on arrive à la ville de Sefâ : elle a été bâtie par le Qazhy Feïz oullah, qui, sous le règne de Timour Châh, fut chargé du règlement des affaires les plus importantes de l'État.

Le seizième jour, on part de la ville de Sefâ pour arriver au canal d'Alhedo. Le dix-septième jour, on entre à Qandahar.

La distance parcourue dans chacune de ces journées de marche est généralement de douze, treize ou quatorze karouhs (38^k,400, 41^k,600, 44^k,800). On fait, dans quelques journées, jusqu'à seize karouhs (51^k,200).

La distance totale qui sépare Kaboul de Qandahar est, selon les uns, de deux cent vingt-cinq karouhs (720 ki-

1. Les Toukhy sont une fraction de la grande tribu des Ghildjay. Ils comptent douze mille familles et ils occupent la vallée du Ternek et la contrée occidentale qui borde l'Hindou Kouch.

2. Le Ternek est une petite rivière qui prend sa source à Mokour et qui, après un cours de deux milles, se jette dans l'Erghendâb, près de Douâbèh.

3. Tir Endaz signifie l'archer ou la portée de la flèche. On voit dans cet endroit une colonne en briques de trente ou quarante pieds de hauteur, qui marque la place où est tombée une flèche lancée par Ahmed Châh d'une colline voisine.

lomètres); selon les autres, de deux cent cinquante karouhs (800 kilomètres).

Qandahar est située au sud-ouest de Kaboul. C'est une ville très-ancienne. A la naissance de l'islamisme, elle était soumise à des rois. Elle a passé ensuite sous la domination des sultans de la race de Timour et des châhs Sèfèvy. Le gouvernement de Qandahar appartenait autrefois à la tribu des Afghans Ghildjay. Nadir Châh leur enleva la ville et la donna à la tribu des Abdaly, connue aujourd'hui sous le nom de Dourâny.

Ce conquérant rasa la ville et la citadelle, et construisit, à quelque distance, une autre ville à laquelle il donna le nom de Nadir Abad. Il y établit le siége du gouvernement.

Ahmed Châh Dourâny fit bâtir aussi, sous son règne, une nouvelle ville qu'il nomma Ahmed Châhy, et qu'il qualifia de « la plus noble des villes ».

Ahmed Châhy de Qandahar est, à l'heure où j'écris, florissante et bien peuplée. Ahmed Châh l'a entourée de solides remparts, et il a fait creuser des canaux qui traversent les bazars et bordent les boutiques, et le long desquels sont plantés des mûriers. Le bazar est quadrangulaire, et sur le carrefour où viennent aboutir les quatre voies, s'élève une coupole d'une grande hauteur.

On trouve à Qandahar de nombreuses espèces de figues et des raisins d'une excellente qualité. Il n'y tombe jamais de neige. La petite vérole est inconnue. Le climat est tempéré et d'une grande douceur. Les tremblements de terre sont très-rares; on prétend même qu'ils y sont inconnus.

III

ITINÉRAIRE

DE

QANDAHAR A HÉRAT

1. On part de Qandahar et l'on s'arrête à Koukeran, village bien peuplé [1].

2 De Koukeran on va à Achouqah, qui est aussi bien peuplé.

3. De Achouqah à Sengbar, village très-peuplé et très-prospère.

4. De Sengbar à Kouchki Nokhoud, centre de population [2].

5. De Kouchki Nokhoud à Khaki Tchoupan, endroit désert, mais où l'on trouve de l'eau.

1. Le village de Koukeran est situé sur les bords de l'Erghendâb, dans un endroit où cette rivière peut être passée à gué. Les environs, arrosés par des canaux dérivés de la rivière, sont bien cultivés et d'une extrême fertilité.

2. Kouchki Nokhoud (le château des pois chiches) se trouve au milieu d'un canton bien cultivé. Le village est entouré de bouquets d'arbres et de vergers. L'eau y est abondante. A quelque distance à l'ouest de Kouchki Nokhoud, on voit les ruines d'un ancien château fort qui porte le nom de Qalèhi Nadir.

6. De Khaki Tchoupan à Guirichk, ville arrosée par une rivière [1].

7. De Guirichk à Chourâbek, endroit désert et couvert d'eau.

8. De Chourâbek à Delkhek; on y voit un château abandonné et en ruines. Cette localité est déserte et entourée de marécages.

9. De Delhek on va à Khachroud, cours d'eau [2].

10. De Khachroud à Bekvâh, centre de population.

11. A la onzième station se trouvent deux routes : l'une passe par Ferah et Sebzvar et conduit à Hérât. Elle est surveillée par des troupes royales, et elle est suivie par les marchands. La seconde route, qui est fréquentée par les piétons et les cavaliers, part de Guermâb et aboutit à Hérât.

12. Ces deux routes partent de Guermâb, où j'ai mes propriétés et où l'on trouve de l'eau [3].

13. De Guermâb on se rend à Keraty ; il s'y trouve un

---

1. Guirichk, village composé de maisons basses en terre et situé sur la rive droite de la rivière de Hirmend. Ce village et le passage de la rivière sont défendus par un fort qui, s'il était bien armé, pourrait offrir une résistance sérieuse.

2. Le Khachroud, ou rivière de Khach, prend sa source dans les montagnes de la partie méridionale du Ghour, traverse la ville de Khach et se jette dans le Ichkenek, près de la rive orientale du lac Hamoun ; la ville de Khach, qui est défendue par un fort, est située sur la frontière de l'Afghanistan et du Sistan. Elle compte deux mille âmes.

3. Guermâb (eau chaude) est un lieu aujourd'hui inhabité, qui doit son nom à une source d'eau chaude. On y voit les ruines d'un édifice qui paraît avoir été autrefois une résidence princière, et un caravansérail qui est resté inachevé.

château fort. C'est un centre de population. On y visite en pèlerinage le tombeau de Molla Osman Akhound.

14. De Keraty à Chouz, localité bien cultivée.

15. De Chouz au château d'Aly Zey. Cette localité est bien peuplée.

16. Du château d'Aly Zey au château du Qazhy.

17. Du château du Qazhy à Rebathi Ewwel. C'est un endroit désert, mais on y trouve de l'eau. On y a construit un bâtiment où les voyageurs et les passants peuvent s'arrêter. On en ferme la porte à l'entrée de la nuit.

18. Rebathi Douwoum. C'est aussi un endroit désert, où se trouve un bâtiment semblable à celui dont nous venons de parler.

19. Le Rebath du Moustaufy, fils du cheikh Djamy, ministre au service de Timour Châh.

20. A la distance de deux karouhs (6^k,400) du Rebath du Moustaufy se trouve le tombeau de Essed Oullah Khan, oncle d'Amed Châh Dourâny.

Le pont de Mâlan (*Pouli Malan*) est à une distance de deux karouhs du tombeau d'Essed Oullah, et à deux karouhs plus loin est la ville de Hérât.

Les étapes sont généralement distantes l'une de l'autre dedix, onze, douze et quelquefois quinze karouhs (36 kilomètres, 39^k,200, 42^k,400, 48 kilomètres). La longueur totale de la route est approximativement de deux cent cinquante karouhs (800 kilomètres). Les cavaliers et les piétons peuvent franchir cette distance de Qandahar à Hérât en dix ou en quinze jours.

La route est praticable pour des troupes et pour de l'artillerie.

La ville de Hérât jouit d'une grande célébrité. Elle possède une très-forte citadelle ; les rues et les bazars sont sillonnés par des ruisseaux d'eau courante. Cette ville était autrefois placée sous la domination des rois de Perse.

Aujourd'hui, 1264 (1847), elle est gouvernée par le fils de Mahmoud Châh, fils de Timour Châh Dourâny.

Il y a quelques années, elle était gouvernée par le Châhzadèh Kamran, qui avait succédé à Mahmoud Châh. Il est probable qu'elle restera au pouvoir de ses descendants.

Sous le règne du Châhzadèh Kamran, son vézir Yar Mohammed Khan était le maître absolu de l'administration.

Le tombeau de Khodja Abdoullah Ençary, la colonne des cheikhs les plus illustres de l'islamisme, est situé à un karouh ($3^k,200$) à l'occident de la citadelle de Hérât.

Derrière la citadelle, du côté du couchant, campe la tribu de Qilidj Khan Timoury ; au sud et jusqu'à une distance de quinze karouhs (48 kilomètres), se trouve la tribu des Ouymaq Djemchidy.

Au delà, dans la plaine et au pied des montagnes, réside la tribu de Yssa Khan Kouhy. Les gens de cette tribu suivent le rite chiite. On en rencontre jusque dans les environs de la sainte ville de Mechhed. Autrefois tous ces chefs de tribus étaient soumis à Zeman Châh et obéissaient à ses ordres ; aujourd'hui, ils sont indépendants.

La sainte ville de Mechhed, qui renferme le tombeau resplendissant du huitième Imam, est située à dix journées de marche de Hérât.

A huit jours de marche au sud-ouest de Hérât réside Behram Khan Firouz Kouhy Ouymaq. Il est le chef de la tribu des Hezarèh, qui suivent le rite sunnite. La plupart des gens de cette tribu font des incursions sur la route et sur le territoire de la Perse pour piller et pour enlever des esclaves.

Au nord de Hérât, à la distance d'environ quarante karouhs (128 kilomètres), se trouvent la ville et la terre bénie de Tchecht.

Dans les montagnes de ce canton habite la tribu de Taïmen.

Entre le pied de ces montagnes et le territoire de Hérât campent les Tchar Ouymaq.

A l'ouest de Tchecht, et au-delà des montagnes, sont situées les villes de Meïmenèh et de Balkh, gouvernées par des Turks Uzbeks. Les habitants de ces contrées ont une grande vénération pour les saints personnages enterrés à Tchecht.

Au-delà des montagnes se trouvent les Hezarèh Chiites et les Afghans. Au-delà du territoire occupé par les Afghans s'étend le pays des Kafir Siâhpouch, que les musulmans ne cessent de combattre dans de saintes expéditions.

INDEX ORTHOGRAPHIQUE DES NOMS PROPRES CHINOIS

DU VOYAGE EN ANNAM.

La relation du voyage dans l'Annam de Tsaï Ting-lann a été traduite pour la première fois en russe, et c'est sur cette version que la traduction française donnée dans ce volume a été faite. On y a reproduit l'orthographe que le premier traducteur avait assignée aux noms propres donnés en chinois dans l'original; comme, toutefois, la majorité des lecteurs français est peu accoutumée à voir les mots chinois ainsi orthographiés *à la russe,* il nous a paru utile de donner ici une table par syllabes, présentant, à côté du terme tel qu'il est imprimé dans le texte, une transcription en rapport avec la valeur des lettres de notre alphabet français.

On trouvera donc, mises en regard dans la table qui suit : d'abord l'orthographe russe de la syllabe chinoise, puis sa transcription française donnée en se conformant toujours au mandarinique de Pé-king.

A
aï, ngaï.
ang, ngann.
ao, ngao.

B
ba, pa.
baï, paï.
bao, pao.
beï, peï.
beng, pënn.
bi, pi.
bin, ping.
bo, po.

C
cha, cha.
Chak-ia, Che-kia.
chan, chang.
chang, chann; p. 147,— chang.
che, che.
chen, chëng.
chi, che.
choun, hong.
chuang, chouann.
chui, chouëï.
chung, chouënn.
chy, che.

D
da, ta.
dan, tang.
dao, tao.
de, tè *ou* ti.
den, tëng.
di, ti.
dian (voir le suivant).
diang, tiènn.
din, ting.
dji, tchi.

du, tou.
duang, touann.
dui, touèï.
dun, tong.

E
er, eurr.

F
fan, fang.
feï, fèï.
fey, fèï.
fo, fo.
fou, feou.
fu, fou.
fyn, fëng. *Id.* quelquefois pour *fyng.* (Voir le suiv.)
fyng, fënn.

G
gen, këng (et *king,* quand

il signifie les cinq veilles de la nuit).
go, kouo.
gui, kouèï.

H

haï, haï.
han, hang. (Voir aussi huan.)
hang, hann.
hao, kao.
he, ho.
hen, hëng.
hin, ching ou king.
hoï, houèï.
hou, heou.
hu, hou.
hua, houa (p. 119, pour huan).
huan, kouang.
huang, kouann.
huï, kouèï.
hun, kong.
hy, voir hu.

I

i, i.
ia, ya.
ian, yang.
ieng, yènn.
in, ing.
ing, inn.
io, yo.
ioan, voir ioang.
ioang, youann.
ioe, youë.
ioï, yu.
ion, yong.
iong, yunn.
iu, you.
iuan (voir le suivant).
iuang, comme ioang, youann.
iun, yong.
iung, yunn.

J

jeng, jènn.
ji, je.
joï, yu.
juang, youann.
jun, yong.
jung, pour jun, yong.

K

kaï, haï.
kan, kang.
kao, kao.
kou, keou.
kuan, houang.
kui, kouèï.
kun, kong.

L

la, la.
laï, laï.
lang, lann.
lao, lao.
lé, lo.
len, lëng.
li, li.
lian, léang.
liang, lènn.
liao, léao.
lin, ling.
lioï, liu.
lo, lo.
lou, leou.
lu, lou.
lun, long.

M

ma, ma.
mang, mann.
mao, mao.
min, ming.
ming, voir min, ming.
moï, maï.
mu, mou.
muni, mou-ni.

myn, mëng.
myn, pour myng, mënn.
myng, mënn.

N

na, na.
nang, nann.
ni, ni.
niang, nènn.
nin, ning.
nun, nong.

P

pang, pann.
péï, pèï.
pin, ping.
poussa, pou-sa.
pu, pou.
pyn, pëng.

S

san (voir le suivant).
sang, sann.
si, si, sse et chi.
sia, chia.
sian, siang.
siang, sièun et chièun.
siao, siao.
sin, sing.
sing, sinn.
sio, sieou.
sioan, siouann.
sioï, siu.
siuang, siouann.
siung, siunn.
stioï, voir tsioï, tsiu.
su, sou.
sun, song.
sung, comme sun, song.
sy, sse.

T

taï, taï.
taïn, pour taï, taï.
tan, tang.

tao, tao.
tchan, tchang.
tchang, tchann. (Voir aussi *tchan.*)
tchao, tchao.
tchen, tchëng.
tcheng, tchenn.
tchjan, tchang.
tchjang, tchann.
tchjao, tchao.
tchjen, tchëng.
tchjeng, tchenn.
tchji, tche.
tchjou, tcheou.
tchju, tchou.
tchjua, tchoua.
tchjuan, tchouang.
tchjuang, tchouann.
tchjun, tchong.
tchuan, tchouang.
tchuang, tchouann.
tchung, chouënn.
te, tè.
ten, tëng.
tian (voir le suivant).

tiang, tiènn.
tin, ting.
tou, teou.
trin, pour *tsin.*
tsai, tsaï.
tsi, tse.
tsiang, tsiènn [1], kiènn [1].
tsiao, tsiao, kiao.
tsio, tsio, kio.
tsioï, tsiu, kiu.
— kiaï.
tsin, tsing, king.
tsing, tsinn.
tsiun, kiong.
tso, tso.
tsoï, tsaï.
tsy, tse.
tsze, tse.
tszen, tsëng.
tszi, tsi, ki.
tszia, kia.
tszian, tsiang, kiang.
tsziang, tsiènn, kiènn.
tszie, kiè.
tszin, tsing, king.

tszing, tsinn, kinn.
tsziong, kiunn.
tsziung (voir le précéd.).
tszor, tso.
tszu, tsou.
tszun, tsong.
tszung, tsouënn.
tun, tong.
tung, touënn.
tyn, tëng.

V

van, ouang. (Voir aussi le suiv.)
vang, ouann.
veï, oueï.
ven, pour *veng.*
veng, ouënn.
vou, wou, ou.
vu, wou, ou.
vyn, pour *vyng.*
vyng, ouënn.

Y

yu, you, yeou.

---

1. Le *k* devant un *i* a, en chinois, un son se rapprochant beaucoup de *ts.*

TABLE DES MATIÈRES

	Pages.
Journal d'une mission en Corée, par Koei-Ling, traduit du chinois par F. Scherzer	1
Notes et éclaircissements	41
Mémoires d'un voyageur chinois dans l'empire d'Annam, traduit par L. Leger	63
Courtes informations sur l'empire d'Annam	132
Itinéraires de l'Asie centrale, par A.-P. Khorochkine, traduits par L. Leger	162
I. D'Orenbourg à Qazalinsk	167
II. De Qazalinsk à Tachkend	173
III. De Tachkend à Toqmaq	179
IV. De Tachkend à Khoqand	184
V. Khoqand	192
VI. De Khoqand à Khodjend	201
VII. De Tachkend à Samarqand	202
VIII. Samarqand	207
Description de la mosquée de Hazret, par Mir Salih Bektchourin, traduit par L. Leger	245
Itinéraire de la vallée du moyen Zerefchan, par Radloff, traduit par L. Leger	259
Montagnes et rivières	264
De l'irrigation artificielle	270
Lieux habités : villages, bourgs et villes	278
Samarqand	284

	Pages
Les villages de la vallée du Zerefchan	311
Population	320
Gouvernement	344
Tableau des mesures, poids et monnaies russes	356
Itinéraires traduits du persan par C. Schefer	357
Itinéraire de Pichâver à Kaboul	358
— de Kaboul à Qandahar	367
— de Qandahar à Hérât	371
Index orthographique des noms propres chinois	376

www.ingramcontent.com/pod-product-compliance
Lightning Source LLC
Chambersburg PA
CBHW060603170426

43201CB00009B/882